市域社会治理现代化视角下
福建省青少年社会工作案例

福建省青年工作联席会议办公室
共 青 团 福 建 省 委 编

SHIYU SHEHUI ZHILI XIANDAIHUA SHIJIAOXIA
FUJIANSHENG QINGSHAONIAN SHEHUI GONGZUO ANLI

中国社会出版社
国家一级出版社 · 全国百佳图书出版单位

图书在版编目（CIP）数据

市域社会治理现代化视角下福建省青少年社会工作案例 / 福建省青年工作联席会议办公室，共青团福建省委编．—北京：中国社会出版社，2022.5

ISBN 978-7-5087-6703-1

Ⅰ．①市…　Ⅱ．①福…　②共…　Ⅲ．①青少年—社会工作—案例—福建　Ⅳ．①D432.6

中国版本图书馆 CIP 数据核字（2022）第 021374 号

出 版 人：浦善新　　　终 审 人：李　浩

责任编辑：朱赛亮　　　封面设计：火石图文设计中心

出版发行：中国社会出版社　　　地　　址：北京市西城区二龙路甲 33 号

邮政编码：100032　　　编 辑 部：(010)58124841

网　　址：shcbs.mca.gov.cn　　　发 行 部：(010)58124841；58124842

经　　销：新华书店

印刷装订：中国电影出版社印刷厂　　　开　　本：170 mm×240 mm　1/16

印　　张：19　　　字　　数：310 千字

版　　次：2022 年 5 月第 1 版　　　印　　次：2022 年 5 月第 1 次印刷

定　　价：65.00 元

中国社会出版社微信公众号　　　中国社会出版社天猫旗舰店

《市域社会治理现代化视角下福建省青少年社会工作案例》编委会名单

序

2020 年 11 月 29 日，党的十九届五中全会通过的《中共中央关于制定国民经济和社会发展第十四个五年规划和二〇三五年远景目标的建议》指出，要“发挥群团组织和社会组织在社会治理中的作用，畅通和规范市场主体、新社会阶层、社会工作者和志愿者等参与社会治理的途径。”这表明，社会工作是新时代社会治理的重要力量。2021 年 11 月 11 日，党的十九届六中全会通过的《中共中央关于党的百年奋斗重大成就和历史经验的决议》指出：“党的十八大以来，我国社会建设全面加强，人民生活全方位改善，社会治理社会化、法治化、智能化、专业化水平大幅度提升，发展了人民安居乐业、社会安定有序的良好局面，续写了社会长期稳定奇迹。”可见，社会治理的专业化水平大幅度提升，是新时代中国特色社会主义社会治理的一个重大成就。社会工作是推进新时代社会治理的重要专业化手段，要提升新时代社会治理的专业化水平，就必须充分发挥社会工作的专业化功能与作用。市域社会治理现代化是推进国家治理现代化的关键环节。目前，全国各地正在开展市域社会治理现代化的试点工作。可以说，由福建省青年工作联席会议办公室、共青团福建省委编的《市域社会治理现代化视角下福建省青少年社会工作案例》一书，正是对推进市域社会治理现代化试点工作的一个现实回应。

青少年是祖国的未来。正如梁启超先生所言：“少年智则国智，少年富则国富；少年强则国强，少年独立则国独立。”在当代社会，社会结构的急剧转型形塑了青少年价值观念的多元化，导致一部分青少年误入歧途，成为偏差行为青少年。青少年正处于人生的“拔节孕穗期”，未来无限可期。偏差行为青少年亦是如此，他们一样有着创造多彩未来的可能。然而，很多偏差行为青少年往往被家庭、学校、同伴所抛弃，从而使之无法创造多彩的未来。可喜的是，社会中有一个始终默默奉献、倾心关爱这些偏差行为青少年的群体，这就是我们的青少年社会工作者。青少年社会工作者既是引导偏差行为青少年走向新生的人生导师，也是推进市域社会治理现代化的重要力量。《市域社会治理现代化视角下福建省青少年社会工作案例》一书不仅是青少年社会工作者帮扶偏差行为青少年实践经验的系统总结，而且是青少年社会工作者积极参与市域社会治理实践的真实写照。

回应现实，展现专业化优势，是《市域社会治理现代化视角下福建省青少年社会工作案例》一书的显著特点。它不仅回应了当代社会中最为典型的青少年社会问题，而且展现了青少年社会工作在推进市域社会治理现代化的独特专业化优势。通览全书，其专业化优势尽收眼底：一是如何运用个案方法服务于偏差行为青少年、困境儿童、涉罪未成年人以及青少年危机干预；二是如何采用小组工作方法服务于偏差行为青少年学习、归侨青少年性教育、留守儿童亲子沟通互动；三是如何采用专项服务方法服务于社会公益，引导青少年参与市域社会治理。该书中的青少年社会工作案例具有较强的专业性，彰显了青少年社会工作者的专业理念、方法与技巧，呈现了青少年社会工作的专业过程与专业效果。可以肯定地说，该书不仅为青少年社会工作参与市域社会治理现代化提供了一个有益的“福建经验”样本，而且为青少年社会工作拓展了无限的专业化发展空间。

当然，《市域社会治理现代化视角下福建省青少年社会工作案例》只是当代青少年社会工作专业化实践的一个区域缩影。当代青少年社会工作的专业化发展仍然是一个不断探索、不断开拓的过程。我希望，该书的编写者以及全国专业社会工作者继续积极进取，砥砺前行，为推动青少年社会工作参与市域社会治理现代化贡献更多的力量！

陈成文

江西财经大学江西新时代社会治理研究中心主任，

江西财经大学首席教授、博士生导师

2021 年 11 月

目　录

| CONTENTS |

第一章　个案工作案例

第二章 小组工作案例

第三章 青少年社会工作专项服务案例

第四章 引导青少年参与社会治理案例

第一章　个案工作案例

导读：本章主要介绍了重点儿童青少年的个案辅导案例，并通过对现有实务案例的服务主体进行分类介绍，以呈现个案服务案例的多样性和类型化特征。第一类为偏差行为青少年服务案例，此类偏差行为青少年表现为偷窃行为、打架行为、人际冲突行为以及性行为问题等，主要运用心理社会治疗模式、任务中心模式、认知行为模式以及叙事治疗模式等进行介入；第二类为困境儿童服务案例，此类困境儿童包括受虐女童、家庭功能不健全青少年、孤残儿童、服刑人员子女等，主要运用生态系统理论、家庭系统理论、社会支持理论、认知行为模式、抗逆力理论、危机介入模式等进行干预；第三类为涉罪未成年人服务案例，此类青少年均为附条件不起诉对象，涉罪类型包括盗窃罪、危险驾驶、斗殴伤害、聚众斗殴等，其中盗窃犯罪居多，主要运用社会联结模式、认知行为治疗模式、任务中心模式、社会支持理论、理性情绪治疗模式等进行干预；第四类为青少年危机干预介入案例，此类青少年存在自杀、自残、焦虑等行为危机，主要运用危机介入模式、萨提亚家庭治疗模式、社会支持理论、理性情绪治疗模式以及认知行为治疗模式等进行危机干预。四种类型的个案服务案例类型典型、过程翔实，效果明显，且流程规范。辅导流程按照个案服务的通用流程开展，呈现建立关系、收集资料、问题界定及需求评估、服务计划（包含理论基础和服务模式、服务目标、服务策略和程序）、服务实施过程分析、评估与结案、服务总结和反思等流程，为重点儿童青少年个案服务提供了实务操作规范的指导、实务模式的梳理以及实务智慧的分享。

偏差行为青少年服务案例

一个“问题”男孩的“脱帽”之旅

厦门市集美区和欣社工服务中心　黄丹凤

一、案例介绍

小正，男，10岁，就读小学三年级。家里共有5口人，包括服务对象父母、弟弟、奶奶及其本人。小正成绩中等，其班主任反映服务对象经常在课堂上注意力不集中，与同学打架，并且有多次偷拿同学钱物的情况。在其班主任的介绍下，服务对象父亲找到驻校社会工作者，希望社会工作者能够帮忙矫正其偏差行为。通过几次入户探访，社会工作者了解到，服务对象为双职工家庭，其父母均为工厂工人，经常加班，无固定休息日，经常采用打骂的方式教育孩子；服务对象弟弟上幼儿园小班，服务对象一家四口住一起；服务对象奶奶单独居住在邻村，在家中加工工厂零部件，除晚上时间外兄弟两个由奶奶照顾。

小正资料的收集

1. 基本资料

男，10岁，三年级学生，现与父母、弟弟、奶奶共同生活。

2. 生理层面

体型较为强壮，皮肤白皙，身体素质良好；智力正常，头脑聪明；行动散漫，有时候比较拘谨。

3. 心理方面

认为班级同学和老师都不喜欢自己，感觉自己被排斥孤立；认为弟弟的存在对自己在家里的“地位”是一种威胁，而且父母都不关心和重视自己。性格较为内向，有表达自己的欲望，但是经常闷在心里不敢说。有未经允许就拿他人东西的习惯，缺乏自制力；经常与班上同学打架，情绪管理能力不足，情绪较不稳定，容易受到别人影响。

4. 社会层面

家庭关系：父亲与服务对象的互动较少，更偏爱小儿子，弟弟的出现让服务对象认为自身地位遇到挑战。父亲会不定期搜服务对象的背包，表示经常发现不属于家里的东西，服务对象平时不怎么和父亲讲话，觉得父亲非常凶，电话是父亲接听，服务对象均不讲话。母亲和服务对象的关系相对好些，服务对象和母亲的话比较多，偶尔会跟母亲分享一下心情状态。奶奶负责服务对象的生活起居，很关心孙子，奶奶的脾气也不好。服务对象就读一年级就被发现有偷东西的现象，父亲对他偷东西的行为感到非常的苦恼，并且认为采取暴力打骂就能改善偷窃的行为，但是没有效果。

朋辈关系：属于外来务工人员子女，在社区里没有朋友，在学校里面因为经常和同学起冲突，经常打架，好胜心强。平常没有几个朋友，而且缺乏社交能力，在班级处于被孤立状态。

学校支持情况：服务对象的班主任比较关心服务对象，对服务对象评价比较客观，觉得平时没有冲突的时候，服务对象对老师和同学还是比较有礼貌，但是发生冲突时，受到批评，服务对象便沉默不语，性格倔强，对自己行为认识不到错误，因此联系社工，希望社工能够帮助服务对象，愿意配合社工对服务对象进行帮扶。

二、分析预估

社会工作者分别对服务对象父母、奶奶及班主任进行了访谈，并对服务对象的情况进行系统分析之后，作出如下分析预估。

（一）服务对象面临的问题

1. 家庭系统支持情况

（1）家庭沟通

服务对象的父母经常加班，原本亲子之间相处机会较少。在服务对象犯错的时候，大多数时候，其父亲是采用打骂的方式进行教育的，并且很少询问孩子错误行为背后的原因，沟通基本单向，在面对批评的时候服务对象均不讲话，低头沉默。母亲脾气也比较急，虽认为暴力教育方式不好，但是自己也不知道如何用更合适的方法去教育，更多时候会听从父亲的想法。但相较于爸爸，服务对象会更愿意和妈妈沟通。奶奶认为服务对

象做错事就要被挨打，这样服务对象才会听话。(如图 1 所示)

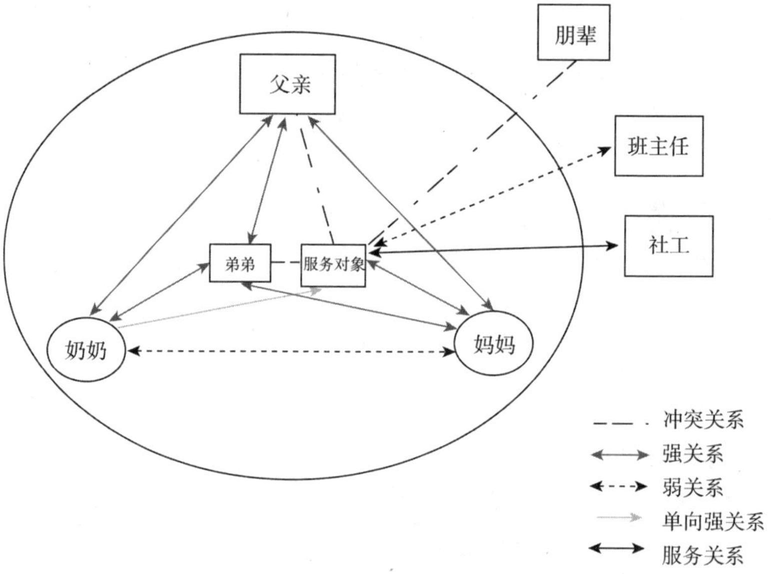

图 1　服务对象家庭结构生态图

（2）家庭互动与规则

服务对象与家庭成员之间的互动都是比较僵化而固定的。例如：父亲每天下班之后与服务对象的互动局限于检查作业，且父亲会不定期搜服务对象书包，并不尊重服务对象，如果搜出不属于家庭的东西，又是一通打骂；服务对象亦无法学习如何尊重他人，家庭规则单向、强势，基本家长说了算，既不需要任何理由，也不需要任何协商。在服务对象家里，信息的回馈圈是负向的，家庭互动形式维持不变的情况下，家人们想影响服务对象发生改变，但互动模式本身是导致服务对象行为的重要原因。

2. 朋辈支持系统

服务对象在朋辈交往过程中未能够真正做到尊重他人，对他人的物品没有清晰的界限，只要自己喜欢就拿，虽然自己也知道这样的方式不对，但还是忍不住会拿，服务对象的需求没有找到正确的表达方式。此外，服务对象在与同学发生冲突的时候，便动手开始打架，未能使用恰当的方式化解问题，导致与同学关系更加恶化。

3. 学校支持系统

目前观察服务对象的学校支持系统良好，服务对象的老师虽然觉得服务对象行为问题很大，但是对其好的行为也会适当的肯定，相对较为理性客观，也会给家长很多建议，并且也积极配合社工开展个案帮扶工作。

（二）服务对象具备的资源

1. 服务对象在课堂注意力不集中并且缺乏关注的情况下，仍能保持中等成绩，其学习能力较强；2. 服务对象其实有较强表达自己的需求；3. 在家中，服务对象与母亲的关系较好，心情较好的时候会跟母亲分享自己的想法；4. 班主任对服务对象较为关注；5. 服务对象对球类运动较为感兴趣；6. 服务对象父亲能够主动求助，能够意识到服务对象问题的严重性。

（三）理论支撑

系统理论认为系统是由各个部分（要素）组成的具有一定层次和结构，并与环境发生关系的复杂整体，其功能取决于它的组成部分以及这些部分之间的相互关系。人的生活环境十分复杂，而环境又可细分为不同的系统，如家庭、邻里、朋辈、学校和社区等，且系统与系统之间是相互关联的，任何一部分的改变都会影响另一部分的变化。在本案例中影响服务对象成长最大的在于家庭系统支持不良，家庭沟通暴力、互动不良，家庭规则单一强势，直接导致服务对象的偏差行为产生，并且影响着服务对象其他关系系统的建立，如朋辈支持系统、学校支持系统。因此，本案例的重点介入在于家庭支持系统的重建，并且通过行为训练、小组及社区服务的形式，帮助服务对象学习新的人际互动规则，学习尊重他人，合理表达自己的需求，改善朋辈支持系统，重获友谊。

三、服务计划

社会工作者根据收集的资料进行分析预估，以此为基础制定了相应的服务目标、服务策略及服务程序。

（一）服务需求

1. 减少并逐步改正偷别人东西的行为。

2. 学会勇敢表达自己的需求。

3. 改善与父亲的互动，加强家庭支持。

4. 提高人际交往能力，结交新朋友。

（二）服务目标

短期目标：

1. 与服务对象建立良好的专业关系并验证预估的问题；

2. 制止父母打骂服务对象行为的发生。

中长期目标：

1. 让服务对象家人学会平衡两个孩子之间的关注程度；

2. 矫正其偏差行为；

3. 优化家庭教育方式，改善亲子关系特别是父子关系，促进亲子沟通；

4. 扩大服务对象社会支持体系，让其至少交到 1 个朋友，并形成稳定交往关系。

（三）介入模式及策略

社工采用“3+1”的服务模式，有专业的社工力量介入，从家庭、朋辈、学校支持系统三个维度介入，改善系统的互动，形成合力促进服务对象成长。

1. 建立关系及验证预估问题准确性。以邀请服务对象参与每学期一对一“爱心义教”活动为切入点，与服务对象建立关系并验证社会工作者预估问题正确性。

2. 制止暴力教育行为的发生。通过邀请服务对象家庭参与情绪管理小组，以及填写情绪管理登记卡，让服务对象父母了解暴力教育对孩子的危害，学习情绪管理的技巧，并且通过情绪管理登记卡监督暴力行为的发生频率和情境。

3. 开展个案辅导和家庭治疗模式，促进其父母对孩子家庭结构的认识，增强其家庭对服务对象的关注。

4. 通过“积分奖励机制”，对服务对象的偷盗、打架等不良行为进行规范，矫正其偏差行为。

5. 让服务对象参与项目中的小志愿者队伍，结交新朋友，扩大其社会支持网络。

6. 鼓励班主任对于服务对象多给予正向关注，有积极行为给予正向的表扬。

通过上述措施，最终优化家庭教育方式，改善亲子关系特别是父子关系，提升朋辈关系及学校支持系统，促进服务对象学习新的行为模式，达到帮助服务对象正向成长的目的。

四、服务计划实施过程

（一）准备阶段

1. 访谈服务对象的“重要他人”

接到服务对象父亲的求助，社会工作者先后访问了服务对象的班主任、母亲及奶奶，对其父亲求助的问题进行了澄清，证实服务对象确实存在偷盗行为，也了解到服务对象父母经常采用打骂的方式对孩子进行教育，并且发现服务对象还有一个弟弟，推测服务对象偏差行为的深层问题是否为：①粗暴的家庭教育；②二孩家庭中对大孩子的关注不足。

2. 与服务对象建立信任关系

考虑到服务对象班主任对其较为关注，于是社会工作者通过班主任以“课业辅导”为名，邀请其加入每学期开展的一对一“爱心义教”活动当中，避免社会工作者的突然介入，让其产生防备心理，并通过大学生志愿者对服务对象的课堂表现及性格特征等进行反馈；利用服务对象喜欢球类运动这一情况，邀请服务对象每周二晚上至集美区党群活动中心打乒乓球，在这一过程中逐步与服务对象建立了良好的专业关系，在与服务对象接触过程中，其评价弟弟“赖皮鬼”“父母又不是他一个人的”；作业没做完，看到父亲就“不敢抬头”等行为有效验证了社会工作者之前的假设。并且在第 5 次打乒乓球之后，社工向服务对象说明了接近其的真实原因。

（二）统一教育观念，减少打骂行为的发生

在介入过程中社会工作者发现，困扰服务对象问题解决的一个重要障碍是家庭教育观念的不一致。服务对象父亲及奶奶认为“棍棒底下出孝子”，而服务对象母亲则认为暴力教育是不合理的，但找不出更好的办法进行教育，打孩子是“不得已而为之”，并且已经到了“不动手就手痒的情况”。为此社会工作者邀请了 7 对有情绪管理困扰的家庭，开展情绪管理小组。小组过程中通过情景模拟及角色扮演等形式，让其意识到了负面情绪对家长及孩子的成长带来的不良影响，并传授正面教育的方式，并且

社会工作者单独说服了奶奶，让其加入正面管教的阵营中来，通过社会工作者+服务对象母亲+服务对象奶奶+服务对象班主任的“联合撬动”，服务对象父亲最终同意了采用正面管教的方法进行活动。另外，通过情绪管理登记卡，监督服务对象父母情绪状况。每两个礼拜，社会工作者会回访一次，通过情绪管理卡的登记，回顾不良情绪发生的情境，并与其讨论“当时的情况下，有没有更好的方法解决问题”。服务管理卡片有效控制了服务对象父母发脾气的频率及程度。

（三）签订家庭公约，规范服务对象偏差行为

在服务对象家庭成员之间达成统一的教育观念之后，社会工作者与服务对象家庭共同制定了“家庭公约”，“家庭公约”采用“积分奖励机制”，如果违反了其中的一条“公约”，就需要在自己的积分卡上扣除 1 积分；积分每个月结算一次，分数最少的那个人需要独自一人将家中大扫除一次，积分最多的人则可以满足一个合理的愿望。并且服务对象兄弟两人可以通过做家务等获得一定的物资奖励。一方面，适当的金钱可以避免服务对象因为没钱而去偷东西；另一方面，可以培养服务对象正确的金钱观及金钱管理意识。

五、总结评估

（一）建立规则，家庭亲子关系明显改善

在家访过程中，服务对象奶奶反映：“小正‘竟然’跟他爸一起玩了”；其妈妈主动策划了一场家庭包饺子比赛；在每个月的不良情绪登记中，服务对象父母以及服务对象的发脾气次数呈现逐渐下降的趋势（如图 2、图 3 所示）。

（二）介入期间未发生偷盗行为，其他不良行为发生频率有效降低

在介入个案 5 个月中，服务对象未出现偷盗现象；班主任反映，服务对象在课堂上东张西望的次数减少，并且能够积极回答老师的问题。在家庭公约的积分登记中，服务对象在 5/7/8 月份都获得了最高积分（积分采用负数），并且分数呈上升趋势（如图 4 所示）。

（三）服务对象社会支持网络扩大

通过参与情绪管理小组、志愿者活动等，有效拓展了服务对象交友圈，认识了至少 2 名同学，并且经常相约一起玩耍。

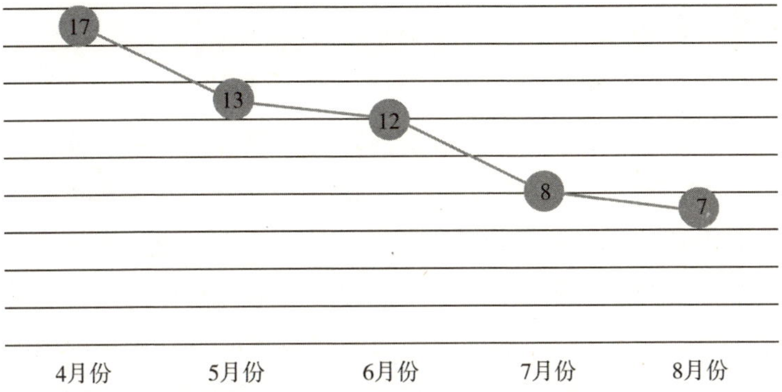

图 2　不良情绪发生频次登记（父亲）

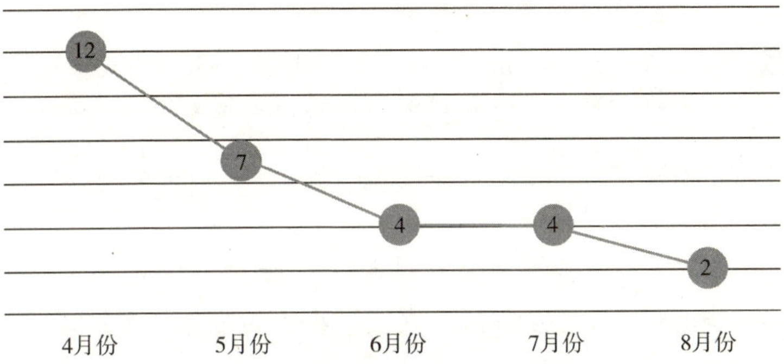

图 3　不良情绪发生频次登记（母亲）

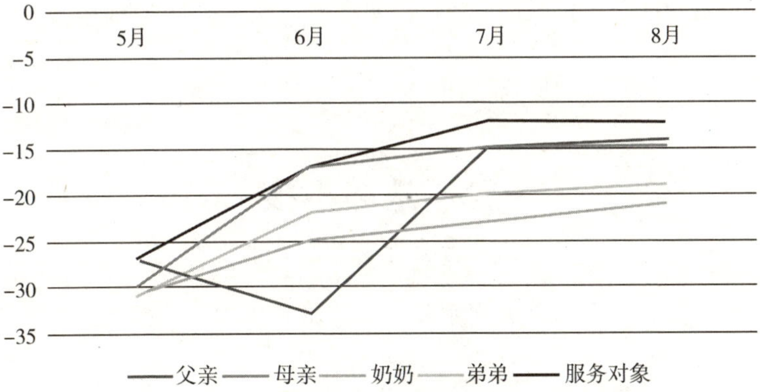

图 4　家庭积分登记情况

六、专业反思

（一）社会工作者对专业关系建立要有一定的敏感度

个案服务中，社会工作者将过多的时间和精力放在与服务对象建立关系上。一方面，社会工作者认为要与服务对象成为“好朋友”，才方便“说事”，将专业关系与朋友关系相混淆；另一方面，由于害怕服务对象受到伤害而迟迟不敢与服务对象说明自己介入的原因。社会工作者是否与服务对象建立专业关系，以是否能够向服务对象说明自身介入的原因为评判标准。关系过深会带入过多价值判断，关系过浅则对服务对象了解不全面，不方便个案的开展。

（二）重视服务对象自身的优势

本次个案过程中，以“班主任的关注”以及“喜欢球类运动”为切入点，与服务对象建立关系；以及利用“与母亲关系较好”，联合服务对象母亲及班主任对服务对象父亲进行劝导，取得了良好的效果。服务对象的自身优势在个案服务过程中起到了重要作用。

（三）服务对象从生活中来，到生活中去

服务对象通过其父亲的介绍，来到了我们的服务当中，经过了接近5个月的个案辅导，偏差行为得到了有效改变。社会工作者引导其加入项目志愿者队伍中，现在服务对象是队伍当中最积极的志愿者之一，体现了社会工作“助人自助”的理念。

我不是坏小孩

——“偏差行为青少年”成长变形记

漳州市龙文区向阳花青少年社会工作服务中心　高蜜蜜　陈　璐

一、案例介绍

（一）案例概述

小涛是由学校德育处转介的服务对象。在转介前曾多次因为破坏课堂纪律、打骂同学、生气时高举桌椅威胁老师等行为被德育老师批评教育，其班主任也曾尝试各种方法来纠正小涛的偏差行为，但收效甚微。最后，小涛被转介到学校社工站，社工开始与其接触进行介入。经过社工两个多月的介入和干预，小涛捣乱课堂纪律、打骂同学的行为频次减少，和老师、同学们的关系也得到了进一步改善。

（二）学校基本情况

学校环境优美，硬件设施齐全，图书室、电脑室、音乐教室、多功能教室、心理辅导站、学生服务中心、社工站等一应俱全。学校目前有学生3104名，其中外来务工人员随迁子女2552名，占全部学生数的82.2%。通过驻校社工服务为孩子们提供有益身心健康发展和城市融入等专业服务。

（三）服务对象的基本情况

师生眼里的坏小孩

小涛，男，11岁，四年级学生。平时情绪不稳定，在班级经常与同学发生冲突，破坏课堂纪律。比如：上课通过敲桌子制造声音、自言自语、举桌椅威胁老师等，屡教不改，因此被学校师生称为坏小孩。小涛在班级学习成绩不佳，试卷经常都放空，和任课教师、班级同学的关系比较紧张。副课老师因怕上课秩序受到小涛影响，于是上课前都要班主任把他叫到办公室罚站，以保证正常的上课秩序。小涛也成了大家眼中的“老鼠屎”。而班级同学也因为小涛的种种偏差行为与之疏离，甚至排挤他。

小涛父母因为工作原因经常不在家，爸爸对小涛的管教以打骂为主。目前父母双方感情破裂，关系紧张。据社工了解，小涛的妈妈近期已回老家，所以小涛平日里就跟奶奶和妹妹一同居住。小涛和妹妹相处不愉快，经常闹矛盾。据班主任反映，因为家里面对小涛的妹妹比较宠爱，但对小涛较为严格，所以小涛经常以欺负妹妹为乐。

二、分析预估

（一）小涛的问题分析和需求预估

1. 问题分析

(1) 学习问题。服务对象平时上课没认真听讲，作业完成程度差，学习成绩均不及格。学习过程中因家长忙于工作，无法发挥督促作用。

（2）行为习惯问题。上课时，小涛有趴着睡觉、敲桌椅制造噪声、自言自语等行为，当任课老师提醒其行为时，小涛有时会漠视老师的提醒，有时又会举起桌椅威胁老师。小涛下课时间经常会欺负同学，若同学跟老师反映，他便会更变本加厉地打骂同学。在家里，小涛经常跟妹妹起冲突，抢妹妹的玩具、打骂妹妹。

（3）认知问题。小涛认为谎言才会让大家信任，所以经常说谎话；平时不惧老师，认为威胁老师的感觉很爽，会让同学产生崇拜心理，所以经常与老师作对，破坏课堂纪律。小涛认为家人不喜欢他，只喜欢妹妹。因为妹妹一出生，大家的关注度都在妹妹身上，忽略了他，因此和家人关系紧张。

（4）人际互动问题。小涛在校的不良表现使大家都疏远他，甚至排挤他。在家里，小涛与家人的互动相对消极。

2. 需求评估

（1）融入环境的需求。学校与家庭对小涛的接纳，可有效改善其被排挤的处境，能够促进小涛更好地积极改变。

（2）渴望被认同、理解和关爱的需求。因被边缘化，归属和爱的需求没有办法得到满足。小涛会虚拟有一个姐姐，对他很好，是他这世上最爱的人。

（二）服务资源分析

1. 个人层面

小涛做事情比较认真，能坚持，喜欢看动漫、画画等。

2. 人际互动层面

小涛班主任表示愿意配合社工，多方面关注小涛，并调整自己对小涛的负面情绪，希望小涛能够有所进步。校德育处老师也把小涛作为重点关注对象，希望通过社工的介入可以往正向发展。

三、服务计划

（一）理论基础和服务模式

1. 理论基础

（1）需求理论。马斯洛需求层次理论认为人有五种基本需要，包括生理需要、安全需要、归属与爱的需要、尊重的需要和自我实现的需要。社工据了解，小涛归属与爱的需要没有得到相应满足，在人际关系群体中受到排挤、边缘化，导致小涛渴望成为同辈群体中的一员，希望得到关心和爱。阿尔德弗尔的ERG理论认为人的需要主要有三类，即：生存的需要、关系的需要和成长的需要。小涛关系的需要没有得到满足，需要通过与人正向接触的交往才能获得；其成长的需要也未得到满足，个人潜力和才能没有得到挖掘。

（2）认知行为理论。该理论认为社会工作的任务是帮助服务对象获得对世界的正确认知或完善理性思考的能力，从而使服务对象的行为能得到正确的、理性的指引。在认知行为理论指导下社工扮演带领者、指导者，带领小涛梳理自己的情绪，与小涛一起分析其认知过程，指导小涛学习新的认知技巧，通过分析不同因素对小涛的影响程度，让小涛清楚地看到自己对事件的态度、看法与行为之间的关系，提高小涛分析问题的能力。

（3）优势视角理论。该理论相信人们天生具有一种能力，即通过利用他们自身的自然资源来改变自身的能力。它是社会工作中的一种全新工作理念。优势视角着重于挖掘服务对象自身的优点，帮助服务对象认识其优势，从而达到解决服务对象外在或潜在的问题。

2. 服务模式

任务中心模式。任务中心模式把服务介入的焦点集中在为服务对象提供简要有效的服务上，希望帮助服务对象在有限的时间内实现自己所选定的明确目标。在本次个案辅导中，社工对问题的界定、服务对象的界定以及任务的界定是要全面且具体的，这是运用任务中心模式实施过程中需要非常关注的问题，也是重要特点，因为只有清晰界定这些问题，才有可能为服务对象制定简要的服务。社工针对小涛现存的问题，开展“交朋友取得信任—玩游戏发现优势—找兴趣挖掘潜能—用鼓励矫正行为”个别服务模式。

（二）服务目标

在社工的鼓励下，小涛积极表达自己的想法和意见。社工协助小涛罗列目前自己遇到的并且愿意通过完成任务来解决的问题作为服务目标来努力。

目标一：减少捣乱课堂的行为，如敲桌椅、交头接耳、随意走动。

目标二：减少与同学间的矛盾和肢体冲突，如：打架、警告、谩骂。

目标三：改善师生关系，减少与老师语言冲突甚至肢体的冲突；如顶嘴、举桌椅威胁老师等。

目标四：挖掘自身拥有的潜在能力，提高自身解决问题的能力。

（三）服务策略

1. 个人层面

社工与小涛建立信任关系，运用优势视角理论，挖掘小涛优势，激发小涛潜能，增强其改变的意愿。通过专业的辅导，改变小涛的认知偏差，引导其健康正向成长。

2. 人际关系层面

把小涛的变化与老师、同学联结在一起，让老师、同学一起看到小涛的进步，重新接纳小涛。让小涛得到同辈群体的支持，得到老师的肯定，维持积极改变的结果。

3. 家庭层面

改善家庭关系，加强小涛父母对小涛的关心与关注，重视亲职教育，多与小涛进行亲子互动，学会正面管教。

4. 学校社会工作服务层面

鼓励小涛多进行社群互动，如参与社工开展的情绪管理系列的小组，通过小组与组员建立关系，改善人际交往。

（四）服务程序

第一阶段：收集资料，了解问题，评估需求，并与小涛周围相关人员建立信任关系。

第二阶段：改变小涛不良认知。

第三阶段：推动小涛行为的改变与人际互动的关联，在行为改变的基础上改善人际互动。

第四阶段：改善小涛与家庭的关系，提升家庭对小涛的支持。

第五阶段：与小涛约定任务目标，鼓励小涛坚持自我改进，巩固小涛行为改变。

四、服务实施过程

（一）服务开展情况

1. 交朋友取得信任

社工初步介入以建立信任关系为目标，收集资料，评估需求。刚开始来社工站的时候，小涛一直保持沉默，对社工的询问只以点头、摇头为主。社工从小涛的兴趣入手，与小涛聊动漫，聊游戏，慢慢与之拉近距离，建立关系。之后小涛会回答社工的询问，并自己主动跟社工聊天。但是小涛跟社工的聊天有80%以上都是谎话，包括自己的姓名，还有家庭情况等。社工并没有马上揭穿小涛的谎言，而是在第三次辅导中，以真心话大冒险的游戏，把小涛之前的谎言在轻松的游戏环境中一一澄清。小涛发现了社工其实早就知道他的谎言，却没有指责他，而是接纳了别人眼里不讨喜的自己，所以他对社工打开了心扉，告诉社工他的真名、他在现实中没有姐姐、对人际关系的看法等信息，表示愿意在社工的协助下积极改变。

2. 玩游戏发现优势

在对小涛的介入中，社工发现越是紧张严肃的氛围，小涛就越表现得很不自在，甚至会产生逆反的心理与大人对着干。所以社工通过和小涛玩游戏，包括拼图、画画问答等，发现小涛的优势：

对于感兴趣的事情他很专注投入，并很快做好。

他很想得到大家的认同和关注，想把事情做好。

不怕失败，愿意尝试，能够坚持完成任务。

会画画、会玩拼图。

3. 找兴趣挖掘潜能

为促进小涛行为的积极改变，澄清对自我的认识，社工鼓励小涛通过自己的兴趣并挖掘自己的潜能，看到自己的能力。在与小涛的互动过程中，社工发现他对漫画非常感兴趣。因此在社工站辅导时，社工通过绘本、漫画正面引导小涛思考，挖掘自己的优势潜能：

他不是大家眼里难相处的人，他只是不懂怎么把握人际交往。

只要是小涛自己想完成的，坚持下去也能够完成得很好。

4. 用鼓励矫正行为

社工通过前期的介入、辅导，小涛和社工的关系进一步拉近。在校方、小涛家庭的大力支持下，在社工的帮助下，小涛一步一步慢慢改变。

（1）个人层面

社工和小涛共同建立改变目标，引导小涛看到自己的能力，增强小涛自我改变的信心，进一步巩固小涛改变意识，通过目标的完成，小涛得到自己心仪的奖状，并自豪地跟班级同学分享，得到班主任及家长的肯定。

（2）人际互动方面

社工与小涛立下“挑战书”，如果小涛在上课期间减少干扰上课秩序的行为频次即可加分得到奖状。小涛欣然接下第一个挑战，并很好地完成了任务，社工从班主任那边了解到了小涛的上课情况，老师表示小涛在社工的介入后，上课期间离开座位或是制造噪声的次数减少了，她也及时对小涛给予肯定。有了老师和社工的肯定，小涛更积极坚持上课不捣乱。

社工与小涛定下的第二个“挑战”：减少与同学发生冲突的次数，用言语与同学文明沟通。面对这个挑战，小涛表示有困难，社工鼓励小涛要相信自己，完成这个挑战即可获得更多的积分。小涛在社工的鼓励与支持下，尽量减少自己的“暴力”行为。社工询问小涛的同学，了解到小涛在这一个月期间，虽然和大家互动过程中，不如意的时候还是会大声骂人，但是动手的次数减少了。

（3）参与学校小组活动方面

在社工的邀请下，小涛参加了社工组织的“非暴力沟通”小组，在这个小组里，通过一次一次的小组活动，小涛与组员们的凝聚力加强，组员们也都化身为小涛身边的小小观察员，运用同辈群体的力量，一方面拉近了小涛与小伙伴之间的关系，另一方面小涛感受到了伙伴之间友好互助的氛围，在组员的接纳下，融入了群体，树立了自信。

（4）家庭关系方面

社工与小涛的奶奶保持沟通，和她反馈小涛的积极改变与进步。小涛的奶奶表示会让小涛的爸爸和妈妈对小涛多进行关注，共同教育好孩子。

（二）服务实施中的困难及其应对

1. 困难及其应对一

困难一：服务开始实施过程中，社工发现小涛谎话连篇，不知该如何处理。

应对一：社工从督导处获得专业支持，反思到小涛说谎话的行为呈现出渴望被关爱、关怀的需求，转变服务策略，给予小涛更多的理解、关心与尊重，最终与小涛建立信任关系。

2. 困难及其应对二

困难二：家庭层面的介入存在障碍。

应对二：由于驻校社工存在着入户家访的困难，经过与督导老师商讨，决定先从学校入手，开展服务。

五、评估和结案

（一）评估的方法

1. 观察法

在与小涛的每一次个案介入过程中，社工通过录音，实时记录并对比每一次访谈中小涛的改变情况，包括小涛对社工的态度、心情、谈话内容的深度及可信程度等。

2. 访谈法

在个案服务过程中，社工访谈班主任及小涛周围同学的看法，询问小涛在社工介入期间是否有较为显著的变化。

3. 自评法

每一次面对面访谈，社工让小涛自己分享并评价自身的任务完成情况。

（二）服务成效

成效一：小涛扰乱课堂的行为得到明显改善，社工从班主任与任课老师的反馈中了解到小涛目前上课可以保持安静听讲，基本不会在课堂上制造声音。

成效二：小涛与同学间的矛盾和肢体冲突大大减少。社工经与小涛同学的反馈中了解到小涛只和同学发生 1 次打架事件、2 次吵架事件，社工介入服务后近一个月就没再与同学发生矛盾。

成效三：师生关系得到明显改善，班主任提到小涛时，减少了原本的吐槽和批评，目前以夸赞小涛的改变为主，小涛现在能安静上课并且不会和老师随意顶嘴。

成效四：小涛克服自身的困难，完成与社工共同制定的所有任务，并且遇事不急躁，能够思考后再做行动，不再是那个遇到事情先动嘴或是先出拳头的那个男孩。

服务结案时，小涛可以很好地融入班级，不至于被群体边缘化，在一定程度上预防了青少年违法犯罪行为的发生。

（三）评估和结案的困难及其应对

困难：没有明确的量化指标可以说明小涛改变。

应对：社工通过多方面综合分析评估，了解到小涛改变情况。

六、总结和专业反思

（一）创新和不足

1. 创新：团区委、学校、家庭、社工“3+1”社工服务机制，共同关爱青少年的健康成长

团区委关注和回应流动儿童成长中的困难和问题，与学校、向阳花青少年社会工作服务中心达成合作共识，创新服务方式，打造“童心筑梦”流动儿童社会工作服务项目，开展驻校社工服务。社工依托学校社工服务站协助老师进一步了解流动儿童的成长需求，更好地为流动儿童提供学业以外的多样化补充教育和服务，进一步推动青少年事务社会工作服务的深入开展，为预防青少年违法犯罪工作深入开展和和谐社会建设增温添彩。社工聚焦小涛现有和深层次的问题，关注其需求，与团区委、学校多方联动，引导服务对象正向改变。

2. 不足：未能充分发挥“家校联动”的作用

小涛家长对小涛的教育方式长期以消极教育为主，并且拒绝与社工进一步探讨有关小涛的家庭亲职教育，社工难以为小涛家长提供更直接的辅导与介入。

（二）专业反思

在任务中心模式的介入过程中，社工与小涛共同梳理小涛目前面临的问题与困难，通过鼓励小涛的方式进一步挖掘小涛处理问题的自主性和潜

在能力。社工能够接纳每个阶段的小涛，让小涛感受到了充分的尊重与善意。小涛感觉到了社工的“与众不同”，愿意与社工建立专业的信任关系，并根据社工的建议完成“自我挑战”，促成自我积极改变。

服务对象为流动儿童，该群体存在一定的特殊性，如何更好地建立家校社联合的机制，值得探索和反思。

成长是一个打怪升级的游戏

——叙事理论在儿童自我认同个案中的运用

厦门市湖里区沐风社工服务中心　林婷婷

一、案例介绍

（一）案例概述

服务对象的主要困境为受环境的影响，在自我效能及自我认知上逐渐负向。个案聚焦于儿童的自我认同，以叙事理论为指导，陪伴服务对象，用服务对象的话语体系找寻生活故事中不一样的地方，推动服务对象认可自我是有力量的，找到自我关怀的能力；陪伴家庭共同发现家庭成员的优点，改善家庭沟通模式，建立正向联结。

（二）服务对象基本情况

小东，女，10岁，与继父、母亲居住在一起，姐姐偶尔过来。母亲与服务对象同住一间，服务对象继父单独住一间。

生理层面：服务对象短发，身高体型适中，相较于当前青少年偏好的瘦长体态属于偏胖。母亲与姐姐的体型均偏胖，服务对象晚睡，又喜欢吃夜宵，母亲担心服务对象以后会更胖；母亲担忧服务对象父亲的精神疾病会遗传给服务对象，曾带服务对象去医院检查，检查没有问题，但服务对象妈妈还是隐隐担忧，想送服务对象去特殊教育学校。

心理层面：服务对象主诉自己遭受来自他人的攻击，比如胖、笨、傻瓜等，主诉自己的脾气会比较暴躁，是自己的星座特点。在会谈中，服务对象整体的情绪状态较为稳定，社工发现服务对象在面对来自外界的否定时，还是有一定程度的乐观。

社会层面：在家庭环境中，服务对象曾遭受来自母亲的家庭暴力。在学校环境中，服务对象主诉自己被嘲讽，与男生打过架。在社区环境中，社区居委会对服务对象的了解甚少，对服务对象妈妈的印象是这个人很不靠谱，之前动不动就打市长热线去投诉奇奇怪怪的事，感觉精神状态不是很稳定。在邻里环境中，服务对象一家与邻居较常走动，服务对象家基本是开着门的。在朋辈互动方面，服务对象在学校里还是有少部分玩得好的朋友，朋友多以男生为主。

二、分析预估

（一）服务对象的问题分析和需求预估

1. 问题分析

（1）家庭暴力及紧张关系

母亲主诉曾遭受来自丈夫的家暴，父亲表示早年吵架、打架，这几年说不过就躲出去抽烟。母亲曾家暴服务对象，最早用棍子打过，后改用数据线，因为服务对象拖拉、成绩差、脾气暴躁，让她长记性。服务对象主诉最严重的一次，用了剪刀，出血了，服务对象和母亲都被吓到了。

服务对象大多数时间在托班度过，与母亲的互动时间大多是周日下午。服务对象与父亲的关系较为紧张，社工初次入户时，就起了口角。服务对象与母亲的关系处于较为矛盾的情况。服务对象遭受来自母亲的家庭暴力、肢体以及言语上的暴力。

（2）学校互动及朋辈关系

母亲主诉学校都是偏心成绩好的小孩子，曾因上课睡觉，服务对象被班主任老师拉到洗手间，用冷水泼脸让她清醒。服务对象主诉班级同学有四分之三都嘲笑过她，她曾与班级男生打过架，因为他们说她胖，骂她是猪。在学校里有少部分玩得好的朋友，朋友多以男生为主。

（3）自我认识负向

服务对象整体的支持系统是薄弱的，家庭内存在暴力；在学校人际关系紧张，与同学有一定的冲突与矛盾。结合儿童自我认识量表统计发现，服务对象整体自我意识水平过低，对自己行为的适当性的犹疑、对自己智力和学习的不满意、情绪状态较为焦虑、对人际关系不满意、对自己各方面的幸福与满足感较低。

2. 需求预估

个案的情况较为复杂，涵盖家庭暴力、自我认同以及朋辈社交等方面。服务对象母亲希望服务对象学习情绪管理，改掉坏脾气和拖延，学习成绩可以提高；服务对象在需求表达上较为零散，归纳为自我效能与自我认识、学习状态与成绩、家庭关系与亲子关系以及人际交往等方面。

（二）服务资源分析

服务对象有较为稳定持续的爱好，比如喜欢超轻黏土和魔术，与母亲有一定的正向积极互动。母亲支持服务对象进行魔术的学习，并在服务对象进行魔术表演时十分的捧场。母亲在服务对象每年过生日，都会和服务对象去拍一组照片作为纪念。

服务对象家基本是开着门的，家中也常有邻居走动，与服务对象妈妈、服务对象进行正向互动，家庭整体有一定的邻里支持。

三、服务计划

（一）理论基础和服务模式

本案例以叙事理论为指导，立足点是我们对于事件的理解，我们赋予事件的意义，都受制于特定的语境，只有理解这样的语境才能实行真正的阐释。

聚焦于形塑服务对象生活的叙事：致力于评估和改变服务对象关于自己生活的叙事，尤其是挑战负向出现的，对服务对象造成伤害的叙事，代之以替代性的有建设性的叙事。

将个人与问题分离：问题是问题，人是人，脱离问题的压制，尤其可以减少自我污名和责难，并反思自己的生活，从而寻找新的选择。

重构自己的主流故事：看到新故事的可能性，并将被忽视但意义重大的事件或体验表述，这样的实际或体验是例外或是特殊的结果，这个会成为新故事的切入。

（二）服务目标

个案的情况较为复杂，且在目标确认上，社工将服务对象提及的需求，与服务对象进行讨论，确认最希望可以有所改变的方向为服务目标。

1. 改善服务对象家庭环境，减少服务对象母亲对服务对象家暴的次数，直至没有。

2. 改善互动情况，增加家庭正向互动频率，从每周 1 次到每周 3~5 次递增，增强正向链接与支持。

3. 挖掘不少于 1 条新的故事线，协助服务对象从新的角度去看待自己的生活。

4. 创造不少于 1 次的展示机会，进行成功体验，增强服务对象自我效能感。

（三）服务策略

个体层面的介入进行叙事的运用；家庭层面的介入，改善家庭关系；社区层面的介入，创造社区参与的平台与机会，促进参与社区活动，获得正向评价与鼓励。在服务方法的使用上，采用同理、倾听、接纳、澄清、非批评等，陪伴服务对象及家庭成员共同寻找可改变的地方。

（四）服务程序

1. 关系建立——推进谈话，与服务对象共同探讨问题的影响。

2. 暴力制止——明确暴力的错误性，制止家庭肢体暴力的再发生，通过改善家庭沟通方式达成言语暴力的制止。

3. 核心问题命名——确定问题命名，探讨问题影响。

4. 寻找例外——叙事空间，寻找新的故事线。

5. 重塑对话——寻找重要人物，带来身份认同的积极影响，增强自我认同。

6. 生活中的见证人——巩固自我认同的成效。

四、服务实施过程

（一）服务开展

1. 服务对象方面

（1）从问题命名到例外故事

服务对象对于自己的核心命题命名为“自我放弃”，一开始服务对象的“自我放弃”是这样表述的：我是学渣，我不是天才、学霸、明星，我认为“自我放弃”是自责。在详细澄清时表示“自我放弃”是不信任自己，朋友说我坏话，学习很苦恼。

服务对象向社工分享她的世界，在她的梦境中，她是在面对怪物，这个怪物有时候是母亲，有时候是别人，在现实里，她试图反击攻击她的人，身体的受伤、认知上的打击，逐渐形成了“自我放弃”，但在梦里她很勇敢地找寻方向，逃跑、有人帮助她一起打败了怪物。

社工通过命名对话，在多次的会谈中，与服务对象通过游戏、信件、会谈等多种形式探讨问题对自己的影响，逐渐在会谈中发现主线故事中例外的事和人。

（2）从例外中看见自己

服务对象因为兴趣坚持学习魔术表演半年多，社工邀请服务对象在一场会演上进行魔术表演。开始前，社工与服务对象共同进行节目排练及预演。在表演时，社工及时协助，服务对象在应对表演意外时，也足够镇定。现场还设置跳蚤市场，服务对象也报名参与，将闲置物品进行兜售，兜售情况良好，服务对象表示感觉到自己有擅长的、厉害的地方。

社工将现场人员的反应、邀请嘉宾的肯定、工作人员的称赞转达给服务对象，大家看到的服务对象是落落大方的、漂亮的、可爱的、特别会调动现场气氛的……服务对象接收到来自他人的正向反馈时，初期有些犹豫，慢慢表现出更多的是期待与高兴。

（3）发现新的故事线

在服务对象的原有故事线中，服务对象是不信任自己有能力，朋友都是说她坏话的、是自责的，母亲说她是胖的、成绩不好的。

舞台表演后的几次会谈中，服务对象在自我方面开始出现了较多的正向词汇，比如信任、相信自己、不要放弃、别人说的话要有判断；同学还是会有说她是学渣、笨蛋，但是服务对象对自己有了新的认同并开始坚定，服务对象主诉他们说的×××（污名化绰号）不是我。

在家庭故事中主动提及姐姐，服务对象觉得姐姐喜欢她，陪她做超轻黏土，带自己出去玩。服务对象感受母亲对她的爱，也表达了自己对于鼓励的期待，同时正视来自母亲的攻击，在母亲说“没有人会来找你玩”的时候，会对社工说“你看，她又说我了”，当社工询问其对母亲话的感受时，服务对象坚定地说，不是她说的那样。

在学校故事中，也开始有了新的人物与新的故事线，服务对象的描述里开始更多关注到不攻击自己的好朋友、有趣的同桌、不嘲笑她的人（她喜欢的人），以及欣赏自己进步了的班主任老师。

（4）重组生命会员

在生命会员的探讨过程中，服务对象最先写下了自己“我”，服务对象认为在生命里最重要的是自己，自己对自己的评价也是十分重要的，而后写了好朋友的名字，以及自己最喜欢的几个动漫角色。动漫角色是服务对象的虚拟投射，服务对象希望自己和好朋友的关系就是两个动漫角色的关系。服务对象说：如果未来我们两个都优秀的话就可以一起努力买别墅，如果自己优秀而他不优秀的话可以买一个小一点的房子，我可以照顾他。在现实的学校生活中，服务对象通过保护好朋友，获得了重要的价值感，不仅仅是被支持的人，同时也在给予支持的力量给他人。

关于自我放弃，服务对象表示有从社工这里获得了力量，在个案期间，社工送给服务对象一张书签，上面写有这样一句话：我是独一无二的。服务对象表示自己是独一无二的，别人嘴里的我不是真的我。

2. 家庭方面

（1）关于家庭暴力的应对

社工在得知的第一时间，就告诉母亲，家暴是不对的，暴力不仅会给孩子留下身体上的伤口，更会在心理上留下难以愈合的伤口。服务对象母亲有认识到家暴的错误，停止了家暴。社工介入后，在服务对象四年级上学期的整个阶段，再也没有发生过家暴的情况。

（2）关于家庭沟通模式的探讨

在征得服务对象同意后，社工与母亲、父亲进行沟通。一开始母亲表示服务对象没有任何的优点，只有缺点，缺点已经多到看不到优点了，当提到服务对象被攻击胖、笨的时候，母亲表示别人说的是事实，难道还不让别人说了。继而母亲控诉学校、控诉父亲，沟通一度陷入僵局，父亲到外面抽烟。

社工向母亲澄清，社工是没有办法管教孩子的，社工只能陪伴服务对象一段时间，但妈妈是陪服务对象长大的，对她有关键影响的人。如果身边的人总是告诉自己，你不行、你太笨了、你就是这么差劲，那她要怎么相信自己是可以获得幸福的？妈妈是希望服务对象获得幸福的吧？母亲表示父亲一直没有承担起来，知道自己有做得不好的地方，也不知道要怎么办。社工表示可以试试找下服务对象的优点或者进步的地方，就比如班主任老师说的写试卷速度快了很多，这也是进步，肯定她，试着夸奖她。社工给服务对象母亲布置了一个任务，在下周至少找到服务对象 1 个优点或做得好的地方，肯定她、鼓励她。

社工向父亲澄清，服务对象没有嫌弃父亲文化水平低，只是希望爸爸多一些理解，学习真的很难，没有爸爸说的那么轻而易举。父亲肯定社工说的鼓励式教育，确实在生活中发现多鼓励她做得好的地方，她会更有信心去做，也会更愿意去做。

在之后的几周时间内，社工引导服务对象父母进行感受，正向表达对服务对象的影响。服务对象母亲从没有发现优点，到有发现一些变化，到主动表示有在控制自己的情绪，班主任老师也打电话来说服务对象进步很大，学习成绩也有了提高，母亲对服务对象的肯定次数慢慢多了起来。服务对象父亲较为明显的变化在于从热衷于拆穿服务对象魔术到开始给服务对象捧场，在社工面前夸奖服务对象与母亲。

（二）服务实施中的困难及应对

困难：初期与服务对象联系主要通过电话联系，但出现过联系不上的情况，且母亲对于时间较不敏感，社工担心出现忘记时间带服务对象外出的情况。

解决：开案后固定时间，尽可能不做变动；与服务对象互动的社工强化时间观念，让服务对象养成周天晚上与社工见面的习惯。

困难：廉租房重新续签的时间，服务对象一家因服务对象姐姐开始工作后，被取消了低保家庭的资格，担心住所会有所变动。

解决：与社区居委会保持积极沟通，持续跟进了解情况。

五、评估和结案

（一）评估方法

个案评估主要通过过程观察与记录（个案变化、家庭氛围变化的观察以及会谈过程记录）、儿童自我认识量表的前后测对比、服务对象满意度反馈综合进行评估。

（二）服务成效

1. 家庭层面

家庭成员的视角有转变。服务对象提及妈妈，爸爸提及妈妈，妈妈提及服务对象，都开始使用正向词汇。父母鼓励服务对象，发现服务对象的变化，也能听进他人对于服务对象的肯定，对于服务对象的支持有所增强。

家暴行为不再出现，服务对象母亲的焦虑情绪有所舒缓，服务对象母亲主动进行自己的情绪管理。

2. 学校及朋辈互动

在结案回访时，服务对象母亲表示服务对象期末考试有了非常大的进步，各科老师都给予了表扬，服务对象的学习成绩有了明显的提升。

在朋辈互动上，服务对象在邻里互动的情况保持良好，校内同学互动更为关注与自己有正向互动的同学与朋友。

3. 自我认同

服务对象对于自我否定的部分有所改善。有了正向自我肯定的话语表述，表现为从“自我放弃”到“相信自己”，从沉浸在“别人骂我笨，我是猪”转变为“别人的话不可以全部相信，要自己判断”。后测的儿童自我认识量表中幸福与满足感整体上升，焦虑情绪减少，在行为的适当性、对自己智力和学习、对人际关系的满意程度上有所改善，但仍低于该年龄阶段的平均值。

六、总结和专业反思

个案服务的过程并不是依据计划按部就班执行，是与服务对象、服务对象家庭的互动中去寻找新的方向的过程：

1. 需求的明确与回应，要立足服务对象的实际情况

在开始介入时，家暴话题似乎最能引起关注，也最需要重视。但在与服务对象、服务对象家庭沟通时，发现这并不是服务对象最想要、最急切去回应到的话题，再深入探讨会发现服务对象母亲与服务对象间的关系纠葛。亲子陪伴互动时间短、家庭暴力都是切实存在的，但也有爱的表达，社工要在深入了解个案的情况、评估家暴风险后，再贴合个案需要进行服务，不急于先做判断或者干预。

2. 社工的自我警醒与反思

叙事是一个对话的过程，意味着对人与问题之间故事的讲述、倾听或是复述。尤其在面对未成年人时，陪伴服务对象共同探索时，需要激发孩

子解决问题的积极性，鼓励他表达出自己的想法，在这个过程中，社工需要时时自我觉察并及时需求督导，警惕在服务对象故事重构中将自己的价值观强加于人的风险。

3. 以儿童为中心的个案服务，保持趣味与想象力

儿童具有独特的创造力，在以儿童为服务对象的个案中，儿童自身的行为方式、沟通方式都应该得到尊重。在该个案服务的过程中，社工将主动权交给服务对象，由服务对象安排每次会谈互动的内容与活动，当采用趣味的方法与儿童进行互动时，更能激发儿童的能力与创造力。当儿童在使用想象力时，成年人有时是觉察不到的，换言之，跟不上儿童的想象力。儿童常常会通过发挥自己的想象力去解决现实环境中面临的问题，这可能是儿童的特殊技能。在儿童为中心的个案服务中，社工更需要保持趣味与想象力。

我要"不耻""下问"

——儿童青少年偏差行为问题案例

厦门市湖里区沐风社工服务中心　沈永芳

一、案例介绍

随着时代的变化，儿童青少年发育的时间越来越提前，而性教育还没普及，部分儿童青少年在遇到性相关事情的时候羞于启齿，也没能得到较好的支持，就会出现一些行为问题，有些可能会发展成性生理疾病和性心理障碍，甚至是演变成性犯罪。因此，对这类儿童青少年的介入刻不容缓。

（一）案例概述

服务对象在参与社区活动中当着所有人的面有用手抓生殖器、裤裆的情况，有时还会尿出来；会直接用性器官的名称辱骂别人；身上有异味，受到其他人的排斥，其他参与者都不想与其坐在一起，不想和他一起玩。为此社会工作者主动找到服务对象的父母告知情况并表示可以跟进，服务

对象的爸爸最开始并不觉得自己的孩子有这些情况，委婉拒绝了社会工作者。两个月后，服务对象爸爸主动找到社工求助，说确实有这个情况，但在家里比较少发现。之前也有听服务对象说起在学校同学们经常起冲突，觉得问题好像还挺严重的，遂来找社会工作者求助，希望改善其行为问题。

（二）服务对象的基本情况

小安，男，12 岁，就读小学六年级，没有疾病或其他既往病史。服务对象思维清晰，有丰富的想象力，在与人交谈中容易偏离主题。

服务对象和家庭成员爸爸、妈妈、两岁多的弟弟、奶奶，一共五口人一起居住在小区三室一厅一百多平方米的房子里，居住环境良好，日常饮食起居主要由服务对象的奶奶负责。服务对象父母工作较忙，特别是妈妈，工作地点离家也比较远，较少有时间陪伴孩子。

（三）服务对象在社区和学校的基本情况

服务对象积极参加社区的活动和社会工作者举办的活动与小组，在过程中其他参与者较排斥与服务对象一起，表示不想和他一起玩。

据服务对象及其爸爸描述，服务对象在学校经常和同学发生矛盾冲突，有几次都打起来了。在学校没有要好的朋友，同学们都不愿意和他一起玩。

服务对象自己表示在学校会用性器官的名称辱骂同学。

二、分析预估

（一）服务对象的问题分析和需求预估

1. 问题分析

（1）大部分参与活动的人都不愿意与服务对象进行互动，社工通过与其他参与者沟通了解得知是因为他们觉得服务对象身上有异味，而且在接触过程中服务对象说话令人感到不舒服，并不是很愿意与其接触。有一次老师在全班面前要求其一定要洗完澡并换上干净的衣物和鞋子再来上课，在学校也经常被笑身上臭臭的。因为卫生和沟通方式上的问题，已经严重影响服务对象的社交和在校的处境。

（2）服务对象在公共场合会有用手抓生殖器、裤裆的情况，在学校会直接说出生殖器的名称与同学对骂、吐口水，在后续信任社工之后表达出甚至有几次想要去学校女厕所偷窥，后来因为害怕会被抓住而没有实行。觉得自己自慰的事情是可耻的，但是又克制不住自己，为此很讨厌自己。

（3）父母平时较忙，较少有时间陪伴服务对象，也经常因为教育观念不同在孩子面前吵架。妈妈对服务对象的学习要求相对较高，在学习成绩上会给其很大的压力，导致服务对象通过作弊的方式来“稳定”自己的成绩。

2. 需求预估

（1）改善人际关系的需要，从人际技巧的学习和卫生习惯的改善来改善人际关系。卫生习惯方面，则是有家庭照顾和监督的需要，以及个人对卫生习惯的正确认识。

（2）性教育的需求，需要正确认识生殖器官、两性关系等性方面的知识。

（3）缓解压力的需要，在平时的社区活动、小组、个案跟进过程中缓解自己的压力，改善家庭关系，改善父母关系和对服务对象沟通交流的方式，减少家长对服务对象带来的压力。

（二）服务资源分析

1. 家庭提供服务对象生活所需物资及家庭关爱。

2. 学校提供服务对象学习场地，并能为服务对象提供朋辈交友条件。

3. 社会工作者设计开展的各项社区活动和小组，通过电话、微信等方式向服务对象进行通知，服务对象都会积极参与。

4. 服务对象看过的课外书较多，课外知识较丰富，学校和老师对其给予肯定，也上过媒体报道，对服务对象来说是一个自信来源。

三、服务计划

（一）理论基础和服务模式

心理社会治疗模式是一种将服务对象的心理状态、心理过程同他生活的社会环境结合起来考虑并进行工作的方法。它帮助社会工作者整体地去了解、认识服务对象，从而既提供增加服务对象自我认识的服务，又针对服务对象所处的社会环境开展工作。该模式将有关意识、潜意识、人格功能、人类行为、情绪的知识结合在一起，帮助社会工作者制订个别化的“诊断与治疗计划”。它的主要措施是通过认识和理解人及其心理的发展过程，来认识服务对象问题的根源，以对症下药，帮助服务对象解决问题和个人成长。

基本理论假设：

1. 对人的成长发展的假设。个人生活在特定的社会环境中，受到包括生理、心理和社会三个方面因素的影响。

2. 对服务对象问题的假设。服务对象的问题与服务对象感受到的来自过去、现在以及问题处理过程中的压力有关。

3. 对人际沟通的假设。人际沟通是保证个人与个人之间进行有效沟通交流的基础，是形成个人健康人格的基本条件。

4. 对人的价值的假设。每个人都是有价值的。

七项原则：个别化、接纳、当事人自决权、不批判态度、表里一致、保密、有节制。

社会工作者从服务对象的生理、心理和社会三个方面的影响来协助服务对象个人成长。从缓解服务对象来自家庭对成绩要求的压力，与朋辈交流沟通方面和性教育方面的问题，来改善服务对象的情况。

（二）服务目标

1. 改善服务对象的人际关系，减少与朋辈的冲突。让服务对象从学习人际技巧的学习和卫生习惯的改善来改善人际关系。

2. 通过性教育，服务对象能正确认识生殖器官、性方面的知识。

3. 缓解服务对象的压力，并能正确对待成绩、考试等学习的问题。

（三）服务策略

1. 直接治疗策略：反思性直接治疗，社会工作者通过与服务对象相互沟通交流，关注反映服务对象内心的感受和想法，引导服务对象正确分析和理解自己的问题。从服务对象个人的认知、行为、态度来改变他对于性教育知识、卫生知识的看法和做法。

定向邀请服务对象来参加各种和性教育知识、卫生知识、人际沟通技巧的活动、小组等，通过三大方法结合来改善服务对象的问题。

2. 间接治疗策略：通过改善周围环境、辅导第三方即父母来间接影响服务对象，将介入的焦点拓展至服务对象的家庭和朋辈。改善服务对象父母的沟通方式和对孩子的教育方式，以及协助监督服务对象进行卫生方面的改善。

（四）服务程序

1. 接案与需求评估

前期爸爸并不认为服务对象有社工观察到的那些情况，拒绝了社会工作者的跟进，后因其行为日益显现严重，才主动求助。在这个过程中，社会工作者一直在留意服务对象的情况，掌握更多信息，与服务对象及其家庭成员详细了解他们的情况和需求。

2. 与服务对象及其父母建立关系

服务对象及其父母对社会工作者有所隐瞒，特别是服务对象个人的想法和家里的一些情况，随着社会工作者与其建立了良好的关系，慢慢都把真实的情况告诉了社会工作者。

3. 性教育与卫生教育

社会工作者通过邀请服务对象参加教育小组、朋辈互动与交流的活动，以此来转变服务对象对性知识的错误认识；通过卫生知识和带动起家庭关爱监督的方式来改变服务对象对卫生的重视和认识。

4. 寻找主要人物，即服务对象妈妈

服务对象压力主要来自妈妈对他的高期待和严格要求，社会工作者找到这个主要影响成员——妈妈，围绕孩子的情况与其探讨较为温和的教育方式，并鼓励其多肯定自己的孩子。

四、服务实施过程

（一）服务开展情况

社会工作者采用多层面的服务介入方式帮助服务对象：减轻服务对象的不安；改善服务对象的人际交往关系；增强服务对象的适应能力；减轻服务对象系统功能的失调。

1. 改变服务对象对卫生知识、性知识的认识，减轻服务对象的不安

社会工作者让服务对象解释和描述自己在公共场合用手抓生殖器、裤裆行为产生的原因和发展过程，为服务对象提供必要的情绪宣泄的机会，以减轻服务对象内在的冲突，改善服务对象不良的行为。过程中社会工作者进一步了解到服务对象第一次有此类情况是在以前某一次学校组织的体检中，因为一名女护士不小心触碰到服务对象的生殖器，服务对象觉得很

痒，然后便尿出来，至此以后每次在有新的刺激时都会有此类行为发生。新的刺激是指在自己紧张、不安、兴奋的时候出现较多。服务对象表示曾经在极力控制时也依然会尿在裤子上，社会工作者建议在这种情况下令自己放轻松，在遭遇新鲜刺激时不需要极力去控制，在轻松的情绪下再去观察是否会有该情况发生。

跟进过程中服务对象表示自己不洗澡不洗头，是因为听到看到一些“科普”，如经常洗头会容易拉肚子，所以就经常十天半个月不洗头，虽然痒也会忍着，就有了异味。

社会工作者引导其通过查阅资料、向其他人询问确认等方式去验证类似这种“科普”内容是否正确：如经常洗头会容易拉肚子吗，洗头的频率是怎样才好，等等。后来服务对象表示没经常洗澡的最大原因其实是洗澡的时候自己会手淫，他认为这是一件错误且很羞耻的事情，所以尽量避免洗澡。因为一洗澡就会手淫，自己觉得很羞耻也不敢问别人。社会工作者向他说明这是正常的生理现象，但也是私密的，平时要注意场合，不要过度，不要认为这是一件羞耻的事情，并向他普及了一些性知识。服务对象恍然大悟，表示之前没人和他说过这些，知道后心里轻松多了，以后有事情还是要问一下其他人。

在性教育小组中，着重观察服务对象在知识、认知方面的改变，并在之后的单独面谈中评估其在小组中学习到的性教育方面的知识。正确的认识减轻了服务对象的不安，让他不再认为自己的行为是可耻的，不再认为自己是“坏人”。

2. 教授人际交往技巧，并鼓励其实践，改善服务对象的人际交往关系，增强其适应能力

在改善卫生情况的同时，与服务对象讨论几次和同学发生剧烈冲突的情况，从中了解到冲突的原因大致分为两种：一种是服务对象想跟对方一起玩，但用的是贬低、辱骂对方的“找碴儿”的方式来吸引对方的注意，期望对方邀请自己一起玩，结果对方受到挑衅就与其发生冲突；另一种是因为同学嘲笑他身上脏有味道，他情绪控制不住就会辱骂对方甚至动手打对方。社会工作者与服务对象探讨在遇到上述两种情况时的解决办法，让其换位思考，如果自己被“找碴儿”还愿意和对方做朋友吗？服务对象表示确实是会不愿意。如此，引导其使用正确的方法和别人交朋友，教授其

一些基本人际沟通技巧。并和服务对象进行情景演练，增强其实践能力。针对另一种情况，除了改善其自身的卫生情况外，引导其了解解决问题的办法，懂得寻求学校、老师的帮助，并探讨一些适用自己控制情绪的办法。

除了每次面谈探讨之前的方法在学校的实际使用情况和效果及其遇到其他问题之外，还邀请服务对象参与到活动中，在活动中观察他和朋辈的互动情况，并引导其在互动中运用和社工之前讨论的人际沟通技巧。讨论过后强化服务对象做得好的地方，再共同探讨之后可以改善的地方。

3. 改善父母教育上的分歧和沟通方式，改善对孩子的教养方式，减轻服务对象系统功能的失调

与服务对象的爸爸妈妈面谈，从改善父母对服务对象的教养方式，减少服务对象的压力。母亲多用贬低的方法和服务对象沟通，对其学业上要求也很高，父亲与母亲在教育方法和强度上有较大的分歧，且经常为此在服务对象面前吵架。针对这一情况，社会工作者约两位进行面谈，给予一个能够平和沟通的平台，让他们各自阐述自己的教育理念和方法，说明在教育观念和方法上要完全一致是比较难的，但可以求同存异，找出彼此都能够接受的教育方法。服务对象看到父母因为自己吵架，感受很不好，社会工作者建议夫妻吵架的时候避开服务对象，和谐的家庭氛围有助于服务对象的行为改善。

父母平时较少有时间陪伴服务对象，建议他们留出更多空余时间来陪伴服务对象，后续爸爸有抽出更多的时间陪伴服务对象，比如一起去公园游玩、陪服务对象下棋等。社会工作者多次先通过电话联系妈妈反馈服务对象的情况，多次协调其方便的时间进行面谈。妈妈在后续也表示在面谈完更了解了服务对象，也改变了自己对待服务对象的一些方法，发现效果不错，整体情况有所改善。

（二）服务实施中的困难及其应对

1. 困难

（1）服务对象妈妈因为工作忙，社工前期一直未能约到，不能更全面地了解服务对象家庭情况。

（2）服务对象的问题是长期的周围环境形成的，要做改变较难。

卫生行为习惯的提升不能仅依靠社工的面谈和活动过程中的干预处理，更需父母平时的家庭监督，依赖于家庭的共同坚持，但家庭层面的情况，社工较难把控。

2. 应对

（1）尽量和其妈妈协调时间，选择她方便的时间加班面谈，另外从爸爸、奶奶、附近邻居了解更多的情况。

（2）社会工作者与服务对象及其家庭成员共同探讨制订服务计划，明确社会工作者能发挥的作用是有限的，鼓励服务对象父母与其进行积极互动，同时固定周期进行探访，保持实时积极的跟进。

五、评估和结案

（一）评估的方法

过程评估、服务对象反馈。根据服务对象及其家庭前后的态度、行为、认知的变化来判断跟进的成效。

（二）服务成效

1. 个人卫生方面的改变

从十几天洗一次头到两天洗一次，从三四天洗一次澡到每天都会勤换衣裤、勤洗澡的变化；经常不刷牙到基本上每天早上都刷牙的变化。

2. 人际关系改变方面

在人际方面，服务对象与班级同学从之前两天一小吵三天一动手的情况变成一个星期发生一次小争吵，与同学有动手打架的情况也没有发生了，偶尔还会在放学后和同学一起走路回家，在活动中其他参与者对他也没有那么排斥了，开始愿意与其一起参与活动了。

3. 性教育知识认识的改变

服务对象从认为自己有生理反应和手淫是一件极其可耻且不对的事情到正确认识了这些行为，明白了这并不可耻，是正常的发育过程。不再对此焦虑，也打消了因此而不洗澡的想法。抓生殖器、尿在裤子上的事情也没有了。也正确认识了性器官，发展发育过程中会发生的一些正常的生理变化。

4. 家庭情况及压力处理方面

服务对象父母在社会工作者的协调下，坐下来好好商量了教育孩子的方法，求同存异，达成相对的平衡，也承诺和做到不在孩子面前吵架。并抽出更多的时间陪伴孩子。对于学习成绩的压力，服务对象也表示没有之前那么焦虑了，也和父母商量去上补习班来改善学习情况。

之前妈妈极少肯定他，一般都是说他做得不好的地方，跟进后，会经常表扬他，如在家里父母看到他在清洗碗筷时会表扬他、鼓励他、肯定他，让他觉得很开心，与父母的关系也亲近了许多。

（三）评估和结案的困难及其应对

1. 困难：社会工作者跟进后，服务对象及其家庭的情况有了明显好转，但服务对象接下来会升初中，不管在学习上还是生活上、生理上都会遇到新的挑战，社会工作者对其家庭能否保持好良性改变持有担心，但因项目到期结束，社会工作者会离开所在项目点，只能偶尔打电话回访，无法再持续跟进服务对象及其家庭的情况。

2. 应对：在结案前，社会工作者告诉服务对象及其爸爸，服务对象升初中后可能会面临一些新的挑战及基本的解决办法。鼓励服务对象及其家庭成员在面临新的问题时要保持好现在的解决问题的动力和方法。

社会工作者寻找和联系了一些接下来可以为服务对象提供服务的资源，并附上联系方式交给服务对象的家长，告诉他们如果后续有遇到新的挑战，可参考这些资源寻求帮助。

六、总结和专业反思

（一）部分家长最开始会选择否认孩子有行为问题，并不是真的没有发现，或是不信任社工，而是短时间内无法接受这一事实，所以选择逃避。这时社会工作者需要给家长一些时间，同时告知不及时介入有可能会发生的风险。等到对方接受了这一事实并意识到问题的严重性的时候就会开始解决问题或向外界寻求帮助。

（二）在服务对象还没有十足的安全感的时候，是不敢说出自己内在真实想法和感受的，这时社会工作者需要与服务对象建立真正的信任关系，有可能会花费较长的时间，信任一但建立，后续的跟进发展就会很快。

（三）“人在情境中”，周围的环境对人的影响很大。当服务对象压力越大时（频繁手淫、攻击他人），行为就越严重，而对性知识错误的认知，会加剧他对自己的否定和羞耻感，行为上更加无法克制，然后情况越来越严重，恶性循环。当压力减小了，行为也慢慢缓解，所以减轻环境对服务对象的压力就能有效减轻他的行为问题。

（四）性教育是刻不容缓的事情，特别是对年龄较小的孩子而言。社会工作者在服务期间有遇到好几个儿童因为性教育不足而出现了很多问题，他们对于性知识的困惑有时会导致很多问题的发生，不管从学校、家庭、社会层面都可以再多做一些工作，不要羞于启齿。

困境儿童服务案例

“七彩童年，一起守护”

——护苗行动之受虐女童个案

南安市致和社工事务所　郭　艳　尤荣凡

一、案例介绍

小苗，女，13岁，小学在读。2016年父母离婚后服务对象开始与父亲、继母共同生活，继母育有一子，生母独自一人生活，每月会到学校探望服务对象。2019年，服务对象生母像往常一样前往学校探望服务对象，发现服务对象在炎热的天气仍然穿着长衣长裤，撩开袖子发现手臂上有多处伤痕，进一步检查发现满身伤痕，背部多处淤青，脖子有条状痕迹，手臂上有类似烫伤的伤口，生母怀疑服务对象受虐待立即报警。事件发生后，团市委联系所在地团委，了解此起恶劣事件的前因后果，安排青少年事务社工第一时间介入。社会工作者介入时服务对象已和生母一起生活，暂时转到其他学校就读等待新学期正式转学。

二、分析预估

（一）基本情况

1. 家庭层面

在父母离婚后服务对象和父亲、继母一起生活，继母育有一子。生母经常会过去学校探望，但服务对象怕伤痕被看到事件暴露抵触见面，生母没办法接近沟通。据悉2018年服务对象继母开始时常对其打骂，家务活做不好、没有照顾好弟弟等都是继母施暴的理由。继母认为自己的行为是在教育孩子，生父只有在继母打小儿子的时候会制止，邻居时常听到打骂声。学校老师发现服务对象身上的伤痕，询问时得到的答案都是服务对象自己不小心碰伤，与家长沟通也得到同样答案，无法进一步追究。服务对象之前所处的环境没办法向他人求助，压力没办法宣泄，没办法摆脱受虐待的状态。生母报警之后服务对象与生母同住，暂时转到其他学校读书，服务对象面临着适应新环境、亲子相处等新问题。

2. 生理层面

服务对象长期受继母虐待，手臂、背部、腿部可见明显伤痕，新伤旧伤叠加，服务对象精神状态不佳，评估身体需要一段时间恢复。

3. 心理层面

服务对象一直处于害怕犯错被打、害怕他人看到身上伤痕、默默忍受继母虐待的状态，分不清教育和虐待的界限，内心充满恐惧、心理压力极大，有一定心理阴影。

4. 社会层面

服务对象放学后着急回家帮忙做家务、照顾弟弟，没办法参加校园集体活动以及和同学们课后交往，没有人际交往空间，无法在人际关系方面得到支持，生活较枯燥。服务对象拒绝生母和老师查看伤口，害怕事情被发现，从老师那边得知 2018 年服务对象上课状态明显变差，注意力不集中，成绩下降，评估受虐待事实影响到了服务对象正常交往和学习状态。

（二）需求分析

1. 家庭层面

服务对象原家庭环境无法让其健康成长，需要到有助于身心健康成长的家庭环境中，抚养权归于生母后，有亲子关系调适、适应新环境、新的生活方式的需求。

2. 生理层面

服务对象身体多处伤痕需要时间恢复，有得到好的照顾的需求。

3. 心理层面

服务对象长期受虐待心理压力无法排解，内心充满恐惧，留下一定心理阴影，有改善不良情绪，缓解内心恐惧的需求。

4. 社会层面

服务对象有扩大交际圈，提升与人交往能力的需求，有转到适合目前生活状况的学校就读的需求。

三、服务计划

（一）服务目标

1. 关注服务对象亲子相处情况和生活状况，及时给予支持。

2. 给予生母支持，让服务对象能够得到好的照顾。

3. 改善服务对象对事件的不良情绪，协助其调整心态。

4. 整合资源，协助服务对象转学；鼓励服务对象参与到社会工作者组织的活动中，增加人际交往机会，提升自信心，恢复社会功能。

（二）服务策略

根据生态系统理论的观点，每个人都生活在系统中，个人与其生活系统之间的互动关系，决定了个人的生活状态。人在生存环境中，既受到各种不同社会系统的影响，也持续和具有活力地与其他系统相互作用。生态系统理论认为，个人所在的各个系统层次是一个层层相扣的巢状结构，大致分为三个系统：微观系统指个人在亲密情境下的人际关系活动形态与角色扮演，它包括了影响个人的生物、心理和社会系统；中观系统是指对个人有影响的小群体，包括家庭、工作群体和社会群体；宏观系统是指比家庭等中观系统更大的群体和系统，影响个人的四个重要的宏观系统是组织、机构、社区和文化。依据生态系统理论的观点，社会工作在开展个案时应将焦点放在四个方面：一是促进服务对象的成长和发展；二是增强服务对象适应环境的能力；三是移除环境对服务对象的阻碍；四是增加服务对象社会互动。服务对象的问题可能来自系统，而不是单纯的个人问题，我们在开展服务时，还应看到服务对象背后的生态系统，如服务对象的成长环境、生活环境等，把服务对象的问题和服务放在动态系统中来考察。

（三）服务程序

1. 微观系统层面

社会工作者要与服务对象建立良好的专业关系，首先要取得服务对象生母的信任和支持，进而接近服务对象建立关系为开展服务奠定基础；社会工作者及时关注服务对象身体恢复情况，联合心理咨询师对服务对象情绪和心理状况进行初步评估，持续关注服务对象情绪变化，提供及时的支持和心理疏导，缓解服务对象心理压力和心理阴影；和服务对象保持定期的沟通，及时提供支持。

2. 中观系统层面

社会工作者关注服务对象与其生母的互动情况、家庭适应情况、学校适应情况等，了解服务对象与生母、同学、老师等的沟通情况，以及其生母生活工作调整情况，协助服务对象和其生母将生活调整到双方舒服的状态，观察服务对象对新环境的反应与个人变化，及时提供支持。

3. 宏观系统层面

社会工作者鼓励服务对象参与到社会交往活动中，参与学校兴趣活动，参与到社会工作者开展的活动中来，在活动中锻炼自身能力，进一步提升服务对象与人交往能力、表达能力和自信心等。

（四）服务模式

心理-社会治疗模式假设人生活在特定的社会环境中，是由生活、心理、社会三个层面相互作用，推动个人成长和发展；假设服务对象对于过去、现在和问题处理三方面存在压力，出现心理困扰；假设每个人都是有价值的，即使面对困境，也具有潜能。服务对象从长期受家暴的家庭中回到生母身边，过去对其造成的伤害以及面对家庭、学校环境的改变带来的挑战，如何处理过去和目前存在的问题对于服务对象是个难题，但我们始终相信服务对象具有走出困境、自我疗愈的潜能。

四、服务实施过程

（一）建立关系，积极交流

社会工作者接到个案时服务对象已被其生母接走生活，抚养权转归其生母所有，暂时换到其他学校就读，刚刚从黑暗、恐惧的家庭环境中脱离出来，加上事件在网络上传开，此时其生母防备心较重，社会工作者无法直接与服务对象接触，为更好地接近服务对象与其建立关系，社会工作者通过线上沟通、到生母所在公司面对面交流等方式，和生母首先建立关系。通过社会工作者数次的交流和互动，生母对于社会工作者的工作有一定认识，社会工作者有了和服务对象见面的机会，也从最初的生母陪伴沟通过渡到放心社会工作者与服务对象单独沟通。社会工作者以作业辅导为切入点和服务对象互动，了解其现状，结合此前心理老师的初步评估，有一个初步的判断。服务对象性格开朗，对待社会工作者友好，学习成绩中等，愿意沟通交流，根据生母求助两人相处适应过程有一些困惑，社会工作者及时给予回应，同时也和服务对象保持定期的互动，及时了解服务对象思想动态、生活困难等。

（二）链接资源，排忧解难

在服务过程中社会工作者持续与服务对象和其生母保持互动，没多久生母遇到棘手的问题向社会工作者求助，原因是案件办理过程需要服务对象配合核对口供，但经过两次沟通服务对象面对警察的提问依然不愿意回应，于是其生母找到社工。时间迫在眉睫，证据收集需要服务对象的配合，在之前建立良好互动关系的基础上，社会工作者尝试和服务对象就案件进行沟通，向服务对象解释法律规定以及她所配合收集证据的意义，教服务对象辨认教育和虐待的区别，使其能够正确认识到事件的严重性，以及如何保护自己的权益，之后社会工作者陪同服务对象和其生母一起到派出所完成口供的核对。通过这件事社会工作者对于服务对象心理状态有进一步了解，加上生母的反馈，发现服务对象不愿意提及之前的生活，提到的时候会有害怕、委屈、伤心等情绪，社会工作者在服务过程中尽量链接心理资源介入，也尽量避免去谈及过往。

8 月份，面临即将到来的新学期让生母和服务对象感到迷茫，因为服务对象的转学事宜还未办理，因生母的工作和家庭等原因，需要转学到服务对象就近的学校就读。7 月份以来，社会工作者多次奔走于各个部门了解相关情况，没有得到直接的回应。8 月底，在开学之际社会工作者和生母再次奔走于妇联、团市委、教育局等部门，并协助争取到团市委、妇联给予转学情况证明，带着服务对象和生母一起到教育局和学校对接。经过两天的努力，服务对象转学情况有了眉目，在开学后两天，服务对象开始了新学期第一堂课。在开学后生活又面临新问题，周六生母需要上班，服务对象无人监管，独自在家存在安全隐患，社会工作者与生母商量解决办法，开设周六学习园地，让服务对象可以到社会工作者办公室完成作业，由社会工作者辅导陪伴，在完成作业之余还可以学习课外知识、技能，丰富服务对象周末生活，解决了燃眉之急。

继母被捕后社会工作者时刻关注案件动态，及时跟检察官沟通并向生母反馈，协助链接律师资源为生母答疑解惑。服务过程中生母和服务对象还面临如何平衡工作与生活、服务对象课后如何安排等问题，社会工作者协助生母和服务对象分析现状，共同商量如何将生活调整到一个最佳状态，让服务对象能够安心学习生活。

（三）走进阳光，乐观生活

在服务对象生活、学习回归到正常稳定状态后，社工邀请服务对象参与到社工活动中，包括小组活动参与者、大型社区活动的志愿协助者，让服务对象多看、多听、多想、多参与，感受人与人之间互动的乐趣，在参与过程中鼓励服务对象去表达、积极融入，进一步促进服务对象表达能力、交往能力的提升。自针对服务对象开展服务以来，服务对象状态向好转变，积极参与校园活动，渐渐放开自己，在参与中感受自己的价值与魅力，逐渐建立自信。

五、评估和结案

社工通过口头访谈的形式了解服务对象对社工、对机构、对服务的满意度，共同分析介入以来的变化，由什么因素引起的。社会工作者运用生态系统理论，从微观系统、中观系统、宏观系统三个方面入手，运用心理-社会治疗模式针对具体需求进行辅导，在努力与服务对象建立良好的专业关系的基础上，通过不断交流沟通改善服务对象的情绪问题，链接资源解决服务对象转学问题，课业辅导辅助服务对象学习，及时解决矛盾促进亲子关系和谐发展，增加服务对象活动参与，提升服务对象与人交往的能力，提升自信心。社会工作者在这一过程中充当资源链接者、教育者、支持者、使能者等角色，让服务对象和生母能够一步步战胜遇到的困难，从求助者变成自助者，服务对象对于服务的满意度高。服务对象目前与生母相处良好，能够得到好的照顾，心理状态良好，已成功转学并适应新环境，评估目标已达致，可结案。

六、总结和专业反思

服务对象从原受虐待家庭环境中被生母解救出来，社会工作者与其生母一起关爱帮助服务对象，建立专业关系应从和生母建立关系入手，取得其生母信任和支持会使服务更加有效，服务对象的生母是社会工作的间接服务对象。服务对象过去受虐待的事实对其心理的影响社会工作者无法评估，根据服务对象提及过往的反应来看可能需要一个较漫长的恢复期，社会工作者应尊重服务对象的想法，不触及过往经历，以一个积极向前看的态度和服务对象交流，让生活的美好化解服务对象心理的阴霾。

一通迟到十年的电话

建宁县启航青少年事务社会工作服务中心　张兰英　何永珍

一、案例背景

小夏，女，12岁，某学校初一学生。父母离异12年，离婚时被判给父亲，因父亲无力抚养，母亲看着孩子可怜，协商接回孩子自己抚养，没有成功。后母亲花钱从父亲处将女儿“买回”自己抚养，不再和父亲有联系，但因母亲再次组建家庭并且有了孩子，所以小夏被寄养在外婆家中，孩子觉得自己被父母抛弃了。上中学后，由于母亲和继父在外地做生意，为了获得母亲的关注，常常“制造一些小事端”要求母亲回家，几次三番后，母亲对此感到非常无力和疲惫，不知道怎么办。班主任也反映该生在校期间性格孤僻，不爱与人交往，推荐孩子进入成长小组。

二、案例分析

（一）理论依据

1. 家庭系统理论

家庭是一个系统，是一个稳定的系统。家庭成员交互作用时所产生的有形和无形规则构成了比较稳定的家庭结构与成员间形成特定的交往模式。同时，家庭系统又是一个开放的系统。家庭不断与家庭外系统发生交互作用，家庭内成员之间和亚系统之间也不断发生交互作用。家庭作为一个系统、一个整体，可以主动地与家庭外系统进行交互作用，也可以主动地脱离与家庭外系统的交互作用。

2. 社会支持理论

依据社会支持理论的观点，一个人所拥有的社会支持网络越强大，就能够越好地应对各种来自环境的挑战。个人所拥有的资源又可以分为个人资源和社会资源。个人资源包括个人的自我功能和应对能力，社会资源是指个人社会网络中的广度和网络中的人所能提供的社会支持功能的程度。社会支持理论取向的社会工作强调提供构建个人的社会支持网络来改变个人生活状况，特别对那些社会网络资源不足或者利用社会网络能力不足的个体，社会工作者致力于给他们以必要的帮助，帮助他们扩大社会网络资源，提高其利用社会网络的能力。

（二）个案困境分析

1. 朋辈方面

由于性格内向，不爱与人交往，所以社会交往的范围和能力都比较有限，没有特别要好的朋友。

2. 家庭方面

小夏从小父母离异，抚养权在父亲手中但却无力抚养，将她“卖给”不忍心的母亲，但却因为母亲再婚、生子并因为工作原因与新组家庭生活在外地，所以又被寄养在外婆家。导致小夏存在因为父母离异被抛弃的心理创伤，存在明显的求母亲关注的情况，需要用各种方式证明母亲是在乎自己的；安全感严重不足，性格孤僻，不敢信任人；缺乏家里家外的情绪资源支持网，存在焦虑情绪，尤其对父亲存在压抑的情绪。

3. 学校方面

学习成绩一般，不善交流，在学校老师和同学的眼中存在感弱。学校无法提供专业性的支持，于是老师推荐其进入成长小组课程。

4. 支持网络薄弱

正式支持与非正式支持网络弱，父母长期不在小夏身边，外婆对小夏只能提供生活上的照顾，也由于小夏性格内向，所以基本上不参加学校和社区的活动。

（三）小夏困境形成原因分析

1. 小夏社会支持网络薄弱

社会支持网络主要分为正式社会支持网络和非正式社会支持网络。正式社会支持网络包括社区、学校、机构等，非正式社会支持网络包括亲属、朋友、邻里等。对小夏支持网络进行评估，可以帮助小夏发掘和构建全新的社会支持网络体系，增强情感协调能力。

小夏的正式社会支持网络主要来自两个方面：社区、学校。由于复杂的家庭关系以及个人性格、交往能力上的障碍，导致小夏在学校和社区方面的社会支持网络没有构建起来，相关的活动参与率很低。

小夏的非正式社会支持网络主要来自两个方面：家庭、朋辈群体。小夏目前在非正式社会支持网络上主要获得的是母亲和外婆的支持，其他家庭亲属关系和朋辈关系偏一般，获得的支持很弱。

2. 小夏极度缺乏安全感

安全感是人与人进行交往，建立信任关系的前提。一般而言，当小夏拥有安全感才敢接近他人，并与之建立信任关系，从中体会到社交的快乐，进一步增强社交的意愿；反之，其社交的意愿也会受到阻碍。

两次被“抛弃”的经历使得小夏的内心极度缺乏安全感，在家庭关系中，需要依靠不断地制造一些“麻烦”来证明自己的价值，证明母亲是爱自己的，从而收获一些安全感。在外则表现为性格内向、不爱/不善与人交往，不参加学校和社区的活动，朋辈支持系统薄弱。

三、服务计划

（一）服务目标

1. 总目标

完善小夏家庭、朋辈的支持网络，让她能够适应中学生活，积极健康地学习和生活。

2. 分目标

（1）建立和母亲的正向沟通方式，能正面表达自己的需要。

（2）母亲有能力和孩子正向沟通，给予孩子成长的支持。

（3）帮助小夏化解对父母离婚和被抛弃的心结，建立家庭支持系统。

（4）帮助小夏建立外部支持系统，逐步提升安全感。

（5）激发小夏自我成长突破的动力，唤醒梦想，积极乐观学习。

（二）服务策略

家庭系统理论认为家庭系统由若干个子系统组成，主要是配偶系统、亲子系统和手足系统；是由不同的个人组成，是一个社会系统；它的特点是每一个子系统之间既相互联系又相互制约，与家庭系统形成相互依赖的关系，家庭中任何一个子系统或者任何一个成员发生改变都是会影响到其他子系统或其他成员的。小夏所在的家庭因父母离异、重组家庭、寄养外婆家等因素影响，家庭中的配偶、亲子和手足系统薄弱，家庭系统并不完整。本案需要社工介入小夏的家庭系统，尤其是亲子系统当中。

社会支持网络指的是一组个人之间的接触，通过这些接触，个人得以维持社会身份并且获得情绪支持、物质援助和服务、信息与新的社会接触。通过成长小组活动，给予小夏朋辈支持。

（三）服务过程

1. 家族系统方面

依据家庭系统理论介入小夏的家庭中，推动家庭系统对小夏的正向支持。在社工的介入中了解到小夏由于“两次被抛弃的经历”，极度缺乏安全感，对于母亲过度依赖，使得自己和母亲都无法正确处理“留守”情绪。于是社工和小夏的母亲作了前期沟通，获得其支持愿意从外地回建宁参加前两周的半天时间的小组家长课以及最后一次小组亲子活动。同时，由于父母的离异和父亲常年不负责的状态，导致母亲和小夏对父亲存在压抑情绪。对此社工在成长小组当中增加相关的引导，为其梳理对父亲的负面情绪，树立正向的生命信念。

2. 在朋辈网络方面

依据社会支持理论的观点，通过小组活动帮助小夏提升社会交往的能力和自信心，建立外部情绪支持网，推动朋辈网络的拓展。在成长小组中通过搭档体验互动、相互支持陪伴成长，逐步建立了小夏的外部情绪支持网，让她开始愿意和同龄人自由表达自己的思想，愿意开始信任周围的人，增强社会交往的能力和信心，增强外部交往的安全感。

四、服务计划实施阶段

（一）初步建立关系阶段

1. 社工介入

学校老师接收到小夏母亲的诉求，推荐到成长小组活动。社工在活动中进一步了解到小夏的情况，判断需要进一步与小夏的家庭关系和朋辈关系进行了解和沟通。

2. 小夏及其家庭关系

在进入成长小组活动前，社工初步了解到了小夏的基本情况和母亲的诉求，但是随着活动的深入使得社工注意到小夏各种求母亲关注的行为、不爱/不善交际等外在表现其实是家庭系统和社会支持系统出现了问题，亟须专业社工的心理干预。

社工首先从小夏的家庭系统介入。了解到小夏由于父母离异、家庭重组、寄居外婆家的“两次被抛弃经历”，使得小夏内心极度缺乏安全感，导致她对母亲的极度依赖和对外部交往关系的不信任。所以，在成长小组课程中社工极力邀请小夏母亲的支持，并与其母亲沟通她的支持对小夏的成长及转变来说是非常重要的，小夏母亲答应了从外地回到建宁参加活动，整个过程母亲积极配合——积极与助教及主带老师沟通反馈，同时愿意积极自我调整来支持孩子的成长。同时在成长小组活动过程中，小夏也愿意学习情绪管理，并在助教指导、母亲帮助下有意识地调整自己面对情绪的应对方式，能够逐步学会表达情绪和自己的需要。

3. 朋辈支持系统

在社会支持方面，成长小组中同学之间的每一次反馈、各种形式的体验互动、搭档之间的相互支持陪伴成长，逐步建立了小夏的外部情绪支持网，让小夏开始愿意和同龄人自由表达自己的思想，愿意开始信任周围的人，同时开始绽放笑容，当同学反馈给小夏时又进一步推动了她积极主动交流的意向。

（二）中期发展阶段

在一次孩子情绪爆发，周末不愿意住亲戚家执意晚上回乡下，自己在街上游荡不和亲戚及父母电话沟通，家人急得团团转的情况下，主动和主带老师张兰英联系求助，在兰英老师陪伴和疏导小夏负面情绪一个小时后，小夏的负面情绪得到疏导并释怀，顺利回到乡下外婆家。

在成长小组关于和父母关系的体验中，小夏出现比较大的转变，在面对父亲的体验中放下了对父亲的怨恨，结束后和主带老师说，想要给10年都没有再联系过的父亲打一个电话，并在老师鼓励下周末回家给父亲通了电话。

（三）后期变化阶段

与父亲关系的缓和让小夏感受到父亲并不是想象中的那样不负责，解开了许多误会，在最后一次亲子活动中，小夏母亲谈到自己可能没空，经兰英老师和母亲沟通是否可以试试看父亲是否愿意抽空参加，母亲不太乐意，老师继续鼓励小夏主动和父母沟通表达自己对他们来参加自己毕业活动的期待，最后达成小夏父母同时参与最后一次亲子活动。活动的互动环节中小夏感受到父母对自己的重视以及来自父母双方的爱，彻底化解了小夏积压在内心深处多年的心结。当小夏感受到父母都很爱自己时，她的内在的动力被唤醒，成长的种子开始破土而出。

（四）结案阶段

小夏的家庭系统和社会支持系统正在逐步建立和完善中，加强了内心的安全感和与人交往的自信心。亲子关系的缓和与正向的认知使得小夏可以正确处理复杂的家庭关系和内在的负面情绪，来自家庭系统的支持是她正向转变的内在动力；朋辈关系的相处能力提升使得她有外界交往的意愿，开始有自己的朋友圈并能正确处理人际交往关系。

五、总结评估

目标完成情况

小夏能够适应父母外出工作的中学生活，解开与父母离异的心结，与学校老师和同学建立积极的、友好的朋辈关系，积极健康地学习生活。

（一）建立小夏和母亲的正向、双向沟通方式，使得小夏能正面表达自己的需要，母亲能够给予孩子成长过程中的支持。

（二）帮助小夏化解了对父母离婚和被抛弃的心结，缓和了与常年不联系的父亲的关系，建立和完善了家庭支持系统。

（三）帮助小夏建立外部支持系统，逐步提升安全感。人际交往的意愿使得小夏变得更加积极主动地与人交流，交际圈得以拓展。

（四）激发小夏自我成长突破的动力，唤醒梦想，积极乐观学习。

六、创新点

幸福种子——儿童能力发展课程（国作登字-2021-A-00014493）以服务留守儿童身心健康发展为目标，以“引导正面教育，重塑儿童信心”为宗旨；通过“2（两次家长课）+7（七次儿童课）+1（一次亲子课）”来改变留守儿童照顾者的认知，提升家庭教育能力；帮助儿童突破行为偏差障碍，提升留守儿童自我效能感，重塑信心，树立正向生命信念；不断总结经验形成可复制模式，在社会各界儿童服务领域复制推广。

七、专业反思

帮助小夏打通和父母的关系心结，获得父母的支持，感受到父母的爱是小夏发生转变的很重要的动力来源。

必要的心理学知识普及，心理健康能力的提升是青少年成长的有效推力。儿童能力提升训练是有效地帮助青少年成长的方式。

让个案转变需要有家庭系统和社会支持网络的共同支持和家长、学校、班主任的积极配合，以及小夏自我意愿的积极推动。当小夏和家人都感受到爱的时候，转变就开始发生，甚至会有很多意想不到的收获。

团队互助陪伴式成长的方式对纠正青少年行为偏差和激发成长动力都是非常有效的。

风雨过后见彩虹

宁德市蕉城区曙光青少年事务服务中心　孙莺彬

一、案例介绍

（一）案例概述

汤某甲，男，16 周岁；汤某乙，男，10 周岁，兄弟关系。2018 年 2 月至 2018 年 7 月期间，以拉开未上锁小车车门的方式，多次盗窃他人车内财物，因涉嫌犯盗窃罪，被警方抓获。案发时汤某甲系初三学生，母亲已离家出走七八年，兄弟俩由父亲独自抚养却无固定收入，其父亲因常年酗酒导致身患肝硬化晚期而无钱医治，在审查起诉期间，汤氏兄弟的父亲去世，兄弟俩陷入困境。

（二）服务对象的基本情况

汤氏兄弟家庭情况十分特殊，母亲离家出走七八年，父亲独自抚养年幼的兄弟俩却无固定收入。其父亲常年酗酒导致身患肝硬化晚期而无钱医治，兄弟俩生活无着落且得不到有效监护，在审查起诉期间，汤氏兄弟的父亲去世，兄弟俩陷入困境。汤某甲在校表现老实懂事，虽成绩不佳但遵守纪律、尊敬老师，因家庭原因比较自卑，与同学交往较少；汤某乙性格活泼，但从小缺乏管束，纪律规则意识淡薄，未树立正确的人生观、价值观、世界观，易受物质享受诱惑。

（三）社工服务缘起

检察院以政府购买服务的形式，委托团属社工机构宁德市蕉城区曙光青少年事务服务中心介入服务，开展帮教。案发后，曙光中心多次组织资深心理咨询师、社工师进校园，为汤氏兄弟进行心理疏导、思想沟通、行为矫正，引导其树立正确的人生观、价值观、世界观，认清犯罪本质，重塑生活信心。因汤某乙学习兴趣低下，2019 年 5—10 月期间，组织了专职社工对其进行 12 次帮教，通过倾听故事、共读绘本、分享感受、辅导作业等方式，建立相互信任关系，逐渐培养汤某乙的阅读兴趣，让阅读改变思维，延伸热爱学习的主观能动性。

二、分析预估

（一）服务对象的问题分析和需求预估

1. 问题分析

为了获得更全面、详细的资料，了解汤氏兄弟犯罪原因、家庭生活环境和成长经历，采用实地观察法、访谈法和问卷调查法，对其家庭、就读学校、居住地所在派出所、社区等进行走访调查，得知汤某甲作案时未满 18 周岁，是在校的初三学生，尚未完成初中学业，之所以盗窃是因为家庭的经济困难，长期的家庭监管不到位等原因导致的，其犯罪情节轻微，认罪态度良好，有悔罪表现，并退还部分赃款。其弟弟汤某乙因未达刑事责任年龄不追究刑事责任，但从小缺乏管束，纪律规则意识淡薄，未树立正确的人生观、价值观、世界观，易受物质享受诱惑，其行为属严重不良行为，需进行专业心理评估、疏导和帮教矫正。

2. 需求预估

（1）生理需求：在审查起诉期间，其父亲去世，汤氏兄弟俩陷入困境，无人监护，生活无着落，吃住等方面均成问题。

（2）安全需求：父亲去世后，两兄弟无家庭固定收入，无固定的居住场所，且无成年人对其生活进行照看和监管，安全需求得不到满足。

（3）社交需求：该服务对象家庭情况十分特殊，从小缺乏家庭的关爱，在校时又因家庭原因比较自卑，与同学交往较少，对于亲情、友情等情感的需求未能得到满足。

（4）尊重需求：该服务对象被警方抓获后，认罪态度良好，有悔罪表现，希望能通过自己的劳动，提升自己，获得他人的尊重。

马斯洛的需求层次等级可以分为两级，其中生理上的需要、安全上的需要和感情上的需要都属于低一级的需要，这些需要通过外部条件就可以满足；而尊重的需要和自我实现的需要是高级需要，它们是通过内部因素才能满足的，而且一个人对尊重和自我实现的需要是无止境的。经过需求分析，该服务对象的生理需要及安全需要是首先要解决的需求，之后再逐步解决社交及尊重需求。

（二）服务资源分析

1. 机关单位资源

对于汤氏兄弟问题，团区委、区检察院等部门有效联动，多次走访社区、学校及其亲属家庭，积极动员爱心企业、社会组织等社会力量参与，为兄弟俩提供社会支持，维护合法权益。

对于其严重的不良行为，由社工与检察官、老师、志愿者等组成帮教小组对兄弟俩一并开展帮教矫正，帮助兄弟俩尽快摆脱生活困境。

2. 社工组织资源

宁德市蕉城区曙光青少年事务服务中心是以共青团服务青少年成长发展需求为导向，整合共享团内资源和社会资源，以专业化的工作方法和技巧为全区青少年提供法律咨询、心理团体辅导、阳光助学、禁毒宣传等公益服务的社会组织。

3. 社会资源

（1）学校

学校多方动员联系，解决服务对象日常吃饭、就诊问题。鼓励服务对象积极参加校园活动，帮助其更好地融入校园生活中。指定学校政教处人员和班主任作为爱心妈妈，从生活、学习和行为习惯等方面给予关爱与帮扶。

（2）社区

当地居委会了解了汤氏兄弟的情况后，立即给予了经费支持用于解决其燃眉之急。

（3）未成年人观护帮教基地

发挥未成年人观护帮教基地教育作用，安排兄弟俩周末到企业车行，接受生活照顾和监管，帮助其回归社会。

（4）爱心人士

慈善组织提供了扶困助学金，社会爱心人士对汤氏兄弟进行捐助，改善其租住房屋条件及其基本生活。

三、服务计划

（一）理论基础和服务模式

1. 认知行为治疗模式

认知是指一个人对一件事或某对象的认知和看法，对自己的看法、对他人的想法、对环境的认识和对事的见解等，认知行为治疗认为治疗的目标不仅仅是针对行为、情绪这些外在的表现，而且分析服务对象的思维活动和应付现实的策略，找出错误的认知加以纠正。汤氏兄弟案件的发生是家庭长期的监管不到位，缺乏管束，导致其纪律规则意识淡薄，未树立正确的人生观、价值观、世界观，易受物质享受诱惑。

2. 社会支持网络理论

社会支持网络指的是一组个人之间的接触，通过这些接触，个人得以维持社会身份并且获得情绪支持、物质援助和服务、信息与新的社会接触。依据社会支持理论的观点，一个人所拥有的社会支持网络越强大，就能够越好地应对各种来自环境的挑战。汤氏兄弟的社会支持网络比较薄弱，在个人资源上，由于母亲的离开和父亲的酗酒，无人看顾，缺乏安全感，自我功能和应对能力都受到一定的影响。就社会资源而言，因家庭原因比较自卑，与同学交往较少，生活在自己的小世界中，社会网络中的广度受到一定影响。

（二）服务目标

1. 通过链接学校、社区等资源，帮助服务对象解决基本生理需求。

2. 增强服务对象的社会支持网络，协助其从中获得情感支持，提升自信心和归属感。

3. 改变不合理的认知，协助服务对象重返校园。

（三）服务策略

1. 采用直接介入服务策略，组织专业社工师、心理咨询师，为汤氏兄弟进行定期心理疏导，帮助他们厘清遇到的问题，引导他们重树生活的信心，帮助其运用自己的内在资源和外在资源，对事物采取正确的分析态度和方法，从而有效解决问题，发掘他们的潜能，帮助建立积极的人生观。

2. 通过干预个人的社会网络来改变其在个人生活中的作用。帮助服务对象建立社会支持网络，确定监护人，并由班主任老师、社工师、检察官等与服务对象结对子，帮助其恢复正常的学习和生活，鼓励其多参与公益活动、校园活动等，扩宽交友圈。

（四）服务程序

1. 接案与建立联系

服务对象进行初步会面，签订帮教协议及保密协议，正式对接进行帮教，协同服务对象制订帮扶计划，初步建立信任关系。

2. 问题评估与服务介入

经过前期的资料收集和多次访谈，对服务对象的社会支持网络进行评估，分析原有的社会支持网络，如家庭、学校等方面能够在多大程度上为其提供支持，确定能够帮助其建立哪些新的联结，在此基础上，拟订具体的服务计划，为服务对象实施帮助。

四、服务实施过程

结合与服务对象班主任、所在社区的访谈，服务对象行为背后的原因是社会支持系统中家庭、学校、朋辈出现了问题，因此将主要从个人、家庭、学校三个方面介入，增强其社会支持系统。针对服务对象生活困难等问题，积极链接多方资源，提高其生活质量。

（一）个人方面

培养阅读兴趣，让阅读改变孩子思维。通过十二次的心理咨询，以倾听故事、共读绘本、分享感受、辅导作业等方式，建立相互信任关系，逐渐培养汤某乙的阅读兴趣，让阅读改变思维，延伸热爱学习的主观能动性，改变孩子的心态和认知，感受到文字的魅力、神奇，引发学习的兴趣，感受知识的力量，提升学习的主观能动性。调整服务对象的认知，改变其不合理的想法，例如认为自己表现好，就是帮助了他人，别人就应该给他一些物质奖励。鼓励他克服困难，重返校园，正常地交友学习。

（二）家庭方面

经过多方联系，为兄弟俩找回了离家出走多年的母亲，经批评教育和释法说理，兄弟俩的母亲终于同意回到兄弟俩身边承担起抚育监管职责。因为有了母亲的监管和照料，安全感和归属感逐渐增强，一切都在渐渐好转。

（三）学校方面

积极组织开展各类心理活动，鼓励服务对象参与学校活动，成为学校的小志愿者，还鼓励他们参加学校的航模社团、鼓号队社团，并出资购买所需物品，帮助他们更好地融入校园生活中。指定学校政教处人员和班主任作为爱心妈妈，从生活、学习和行为习惯等方面给予关爱与帮扶。

（四）社会方面

多方动员联系各社会资源，为服务对象争取扶困助学金，爱心人士资助及最低生活保障金以改善生活环境，并链接未成年人观护帮教基地某车行，利用周末时间进行勤工俭学，用自己的劳动赚取酬劳，提升社会责任感。

因为服务对象家庭的特殊性，服务实施过程中的困难基本来源于家庭，如母亲常年不在家，对于两兄弟的爱心捐助及最近生活保障金如何发放的问题，经过与各家属的多方协调，最终决定由学校代为接收，并用于孩子的学习与生活。

五、评估和结案

（一）评估的方法

本案例采用过程评估与结果评估相结合的方式，评估整个介入过程及将最后的结果与目标进行比对，检视目标结果与结果实现的程度和影响。

评估中采用了目标实现程度测量的方式，在开始介入时与服务对象共同制定服务目标，并量化目标完成的情况。在服务中期和后期对服务对象的目标实现程度进行评估，测量目标的实现程度。

（二）服务成效

通过社工的介入，为汤氏兄弟解决了生活的燃眉之急，改善其生活环境，并通过多次的心理咨询，转变其厌学的心态，在校园中积极参加各类活动，热心帮助其他同学，改善社会支持系统。并利用周末时间勤工俭学，用自己的劳动获得报酬，获得自己和他人的尊重。生活、就学状况均良好，达到预定目标。

（三）评估和结案的困难及其应对

由于结案意味着社会工作专业关系的终止，意味着要回到各自的生活世界里，也意味着其后社会工作者与服务对象就要停止接触，服务对象不再有社会工作者的陪伴。因此，终止关系带来了“分离焦虑”等感受，表现出忧郁沮丧的情绪。社会工作者需要采用同理方式表达对这种感受的理解，适当地表达自己分离的情绪，帮助服务对象情绪的释放，同时给予肯定并适时适当地进行强化，以增强服务对象对未来的信心。

六、总结和专业反思

（一）经验、创新和不足

通过“四合一”法治宣传工作暨“12355”进校园宣讲活动，让服务对象在团队的氛围中与同学们一起接受心理、法律等方面的积极教育，提升服务对象的社会参与感。并利用未成年人观护帮教基地，使得服务对象可以更好地融入社会，并用自己的劳动获得正当收入。

（二）专业反思

灵活运用认知行为疗法。改变服务对象的自我认知、交友认知，重新帮助服务对象建立正向积极的同辈群体互动圈，在内部改变的同时，结合外部环境改善和提升，让服务对象顺利回归校园。

在青少年的个案服务中，社工应多从青少年的角度和需求去思考，结合青少年的需求设计服务计划，发挥青少年的主观能动性，使其有参与感。在服务过程中不左右青少年的选择，注重与青少年的联系与支持，避免让其产生有任务、有事情才联系的错觉。

“我的梦想是当一名慈善家”

莆田市阳光青少年事务服务中心　徐佳俐

一、案例背景

小梦，女，10岁，现读三年级。服务对象在婴儿时期被其养母抚养，10年来一直与养母共同生活，养母未婚独居，身体状况不佳，以手工活为生，生活较为拮据。服务对象活泼开朗，学习成绩优秀，自理能力强，能经常帮衬身体不便的养母。但在2020年5月，养母因乳腺癌恶化不幸去世。经历了家庭变故的服务对象陷入哀伤，情绪敏感，经常思念养母，在养母去世之后，服务对象暂住在养母的好友家中。为了让服务对象能够健康成长，养母的好友联系了当地村干部，希望能为服务对象提供一个稳定的生活环境。

二、案例评估

（一）服务对象需求分析

1. 哀伤辅导和心理疏导的需求

养母去世之后，服务对象情绪悲伤敏感，暂住在养母好友家中更是听话懂事，在外人面前虽表现出坚强的模样，但据同住的知情人介绍，服务对象时常在深夜里独自哭泣，对养母去世的事情难以释怀，并且服务对象暂居他人家中，内心缺乏安全感、归属感，外在表现十分谨慎小心。

2. 改善生活条件的需求

服务对象养母生前依靠手工活来赚取微薄收入，现服务对象没有经济来源和稳定住处，在衣食住行均需开销的情况下，生活无法得到基本保障，生活学习将受到极大影响。

3. 情感支持的需求

从服务对象个人情感出发，服务对象生活发生剧烈变化，情绪哀伤、敏感、孤独，面对陌生环境，服务对象更倾向将悲伤压抑在内心深处，封闭自己的情感。亲生父母的抛弃、养母的去世、邻居的议论都加重了服务对象心理压力，使服务对象承受外界异样的眼光。

从服务对象的家庭层面来说，服务对象缺乏家庭父母角色榜样的引导和关爱，易产生自卑、自我否定等消极情绪，同时服务对象还是未成年儿童，存在家庭监护不足的困境。

从服务对象的社会系统来看，服务对象的同学朋友、学校老师均知晓服务对象的经历，但服务对象与朋辈群体的交往存在不确定性，在失去监护人照料引导的情况下，服务对象对于网络、游戏有较强的兴趣，并在网络上结交了一群“好友”，易对服务对象产生较大的影响。

（二）服务对象存在的优势评估

1. 服务对象自身抗逆力较强，生活自理能力较强，学习成绩优秀，弥补创伤的潜能较大。

2. 交往能力强。服务对象性格活泼开朗，与朋辈群体相处较为和谐，服务对象自诉在学校有很多好伙伴，他们都十分关心服务对象。

3. 社会支持充足。养母的好友认为服务对象是个聪明懂事的孩子，十分关心服务对象的学习和生活，在服务对象养母去世之后将服务对象接到家中照顾，能在服务对象需要帮助时提供支持。镇民政办、公安分局、村干部在了解情况之后均前往服务对象住处看望服务对象，并积极为服务对象链接政策资源。

三、服务目标和方案

（一）服务目标

1. 提供哀伤辅导与心理支持，缓解服务对象悲伤情绪，帮助服务对象实现自我调适，告别曾经过往，迎接未来生活，引导服务对象自立人格的形成，培养锻炼其乐观思维。

2. 从邻里、社会等方面了解服务对象相关信息，合力帮助服务对象获取支持，解决监护问题，建立服务对象个人与外界环境的新联系，同时做好服务对象接纳新环境的预先准备。

（二）理论支持

本个案根据优势视角中的抗逆力理论，对于处于风险中的服务对象所具有的资源和能力进行关注，挖掘和运用服务对象潜能，取代以往传统的问题视角，用更具能量的眼光看待服务对象的发展。

四、服务实施过程

（一）第一阶段　建立专业关系

服务对象是由区民政局推介的，社工接触到服务对象时，服务对象因陌生对于社工十分防备，能够回答社工的问题但不愿多聊。社工得知服务对象刚失去亲人，于是将服务对象的同辈群体作为切入点，运用真诚、同理心、鼓励、肯定等技巧拉近双方的距离，通过了解服务对象现阶段的学习生活状况，与服务对象找到共同话题，借助优势视角理论寻找服务对象的特长、兴趣爱好，以此打开服务对象心扉。随着与服务对象的深入接触，服务对象开始尝试和社工交流，愿意向社工分享她在学校的趣事以及她所交的同学朋友，并与社工交换了联系方式，社工逐渐与服务对象建立专业关系。

（二）第二阶段　提供哀伤辅导

在介入前期，服务对象的生活在其失去养母之后发生骤变，服务对象陷入亲人离去的悲伤情绪，同时服务对象的监护在此期间产生空白，服务对象易受困于生活和学习的压力。社工在介入之后，首先对服务对象的悲伤情绪进行辅导。服务对象在养母去世后，便在养母亲属的帮助下完成了养母的葬礼，服务对象能接受养母的去世，但在内心深处，依然难以割舍对养母的情感，于是社工运用抗逆力理论，通过尊重、倾听、自我披露等技巧，给予服务对象关怀、支持和鼓励，与服务对象澄清养母去世的事实，引导服务对象表达自己对养母的情感和思念，通过回忆、记录、写告别信的方式将被动情绪转化为主动情绪。促进服务对象在心理上接受自己与养母的分离，引导服务对象正视当前的生活境况，发挥自己的潜能面对未来生活。

（三）第三阶段　解决监护问题

在与服务对象建立专业关系、进行哀伤辅导之后，社工对服务对象的生态系统进行评估。服务对象暂住在养母的好友家（以下简称阿姨家）中，但阿姨家中已有三个同龄儿童，无论是从经济方面还是监护方面都只能为服务对象提供短暂的庇护。为解决根源性问题，社工依据服务对象的具体情况，确定服务对象所需要的资源和社会支持网络，联合服务对象所在村委会、区民政局、镇民政办、公安局多个部门，通过链接相关政策福利，协调对接社会儿童福利中心、SOS 儿童村，完成“资源—社会支持网络—服务对象”之间的对接，帮助服务对象解决监护问题，将服务对象妥善安置在 SOS 儿童村，村内有家庭妈妈负责照顾服务对象的学习生活，确保服务对象能够得到更好的照料和发展空间。入村时正值疫情期间，在陪伴服务对象进行核酸检测的途中，社工不经意间与服务对象谈到她的梦想这个话题，服务对象思考了片刻十分坚定地告诉社工：“我的梦想是当一名慈善家。”也正是这句话，让社工觉得眼前的困境是短暂的，风雨之后充满阳光的大道才是她的未来。

（四）第四阶段　进行结案回访

在服务对象入住 SOS 儿童村之际，社工肯定服务对象的表现，引导服务对象发现自身优势，鼓励服务对象以新的状态迎接生活，与服务对象共同创设新的生活环境，在已有的生活习惯上构建与新环境的链接，消除服务对象对于新环境的排斥，同时与家庭妈妈保持联系，及时沟通服务对象的适应情况。最后，给予服务对象适当的离别情绪处理，避免服务对象对社工产生移情。在之后的两个月内，服务对象正在逐步适应儿童村的家庭生活，社工应避免介入，否则易使服务对象产生依赖和抵抗情绪，不利于服务对象集体生活的培养。于是社工选择在两个月之后前来看望服务对象，对服务对象进行持续跟进，回访服务对象对于儿童村生活的评价，服务对象对新的生活环境接受程度较高，在人际交往和学习生活上均十分顺利，能够适应集体生活，社工也在服务对象脸上看到了久违的笑容。

五、服务成效

在区民政局、镇民政办、公安分局、村委会等多方与社工的共同努力下，个案最终达成了预先设定的所有目标，社工充分实现了助人自助。一方面，社工陪伴服务对象正视亲人去世的悲伤事实，鼓励服务对象以积极的状态进入新的生活，服务对象在家庭情况发生剧烈改变的过程中能发挥较强的抗逆力，能够运用自身优势转化困境中的负能量，使得服务对象原本具有的自信心得到进一步的增强。另一方面，在链接社会资源上，帮助服务对象落实监护问题，引导服务对象接纳、融入新环境，在新环境中社交、学习，为服务对象提供更好的发展平台。

六、社工反思

社工在服务过程中始终坚信服务对象的优势潜能以及自我改变的能力，从优势视角出发，给予服务对象赋能。在介入过程中，社工发现与服务对象建立信任关系需要更长的时间，特别是对于各方面看起来都很“优秀”的服务对象，往往会将生活骤变的压力隐藏在内心，让他人难以窥见。不足之处在于社工介入的时间过短，在服务对象同辈群体建设方面取得的成效不明显，服务对象虽然已有自己的好朋友，但是在进入儿童村后联系较少，难以形成支持力量。在处理服务对象悲伤情绪的心理疏导过程中存在经验不足的情况，应在邀请专业心理咨询师参与的基础上，加强自身素质的培养。

此外，社工在面对困境儿童个案时，不论他们的年龄大小、身份角色，应当站在服务对象的角度，充分理解、接纳和尊重服务对象，学会引导服务对象自我剖析，培养面对现实挫折的能力。同时，对于未成年儿童的帮扶，社会政策资源的支持和社会各部门的合力对服务对象至关重要，服务对象生活的环境、邻里关系、朋辈群体都将是服务对象可以运用的资源。

我的童年不受困

泰宁县泰阳青少年事务社会工作服务中心　黄倩楠

一、案例介绍

（一）案例概述

小志，女，8 岁，就读小学一年级。目前全家的经济来源来于爷爷打零工，智力水平较同龄儿童相比偏低，在与人交往过程中严重缺乏主动性，与同辈群体交流较少，学业方面严重跟不上。

（二）服务对象的基本情况

家庭关系方面：服务对象的父亲患有癫痫，母亲有智力障碍，无自理能力，还有一个不满一周的弟弟，平时的生活由爷爷照顾。

社会交往方面：服务对象的反应异于常人，对于同伴的欺负，不敢反抗，也不敢告诉老师、家长，语言能力与社交能力较差，同辈支持系统较弱。

生活习惯方面：走近她身边发现其衣服较脏，头发散发着难闻的臭味，脱下的外套、书包随手丢地上，可以看出家人对其疏于照顾，服务对象自身的生活习惯较差。

学校系统方面：据老师反映，服务对象在学习上欠缺自觉性和主动性，注意力不能集中，写作业的速度很慢，且不是没有本子，就是没有橡皮擦，考试的时候考卷写不完。

二、分析预估

服务对象的问题分析

1. 家庭生活环境和生活习惯。在进入服务对象的家中发现，服务对象的家庭环境比较简陋且脏乱，其家长忽视对她良好生活习惯的培养，不注重个人卫生，使她逐渐养成了邋遢的生活习惯，缺少了卫生健康的意识。社工在跟进过程中要先培养服务对象的生活习惯，加强对其进行个人卫生教育。

2. 学业相对比较薄弱。服务对象由于缺乏监管和引导，不了解学习的重要性，在学业方面努力程度不够，学业成绩也较差，因此老师的支持和鼓励也较难获得。学习动机不足，学习兴趣缺乏，学业倦怠和拖延现象凸显。

3. 人际交往存在障碍。服务对象因为亲子关系的缺失，导致在人际交往上先天不足。在人际交往上，容易害羞多疑，对与外人交流比较警惕，不大主动与人交往，喜欢独处。性格较为内向孤僻，不容易交到朋友，缺少有效的沟通和抚慰。

三、服务计划

（一）理论基础和服务模式

1. 优势视角理论

在某种程度上要立足于发现、寻求、探索及利用服务对象的优势和资源，协助他们达到自己的目标，实现他们的梦想，并面对他们生命中的挫折和不幸，抗拒社会主流的控制。

2. 心理社会治疗理论

心理社会治疗理论认为人生活在特定的社会环境中，生理、心理和社会三个层面的因素相互作用，共同影响着人的成长和发展。如果其中一个层面的发展遇到障碍，那么其他两个方面都可能受到不良影响。所以要想实现一个人的健康发展，就必须兼顾生理、心理和社会性三个层面。

（二）服务目标

1. 长期服务目标

培养服务对象的自信心，提高沟通和人际交往能力，培养服务对象的生活习惯，建立有益于自身发展的良好社会关系网络；提高自我认识，正视自我的优缺点，树立其对自我的认同感，从而增强服务对象的自我实现和满足感。

2. 短期目标

（1）协助服务对象树立自信心，以积极的心态面对生活和学习。

（2）增强服务对象沟通交流能力，促进服务对象与同辈、老师沟通交流，获得同辈支持。

（3）培养服务对象的生活习惯，加强对其进行个人卫生教育。

（三）服务策略

1. 第一阶段

目标：同服务对象建立良好的专业关系，和服务对象探讨现状，了解基本生活状况。

介入技巧及方法：与服务对象初步接触，了解服务对象的基本资料。为了获得服务对象的信任和接纳，社工从服务对象的兴趣爱好着手，从服务对象喜欢的谈起，并运用同感、尊重和接纳等技巧获得了服务对象的信任。谈话中进一步了解服务对象的情况，如对人际关系、学习成绩和家庭情况等几个方面。通过第一阶段的会谈，社工和服务对象建立了良好的专业关系，取得服务对象的信任。在收集资料的过程中，秉承平等、尊重、接纳和非批判等服务理念获得服务对象的接纳和认可。

2. 第二阶段

目标：全面了解服务对象的情况，从服务对象的支持网络入手，了解家庭具体情况，从家庭获取更多支持。

介入技巧及方法：首先，通过学校的资料了解服务对象的个人信息，并向班主任、科任老师和同学了解她的在校生活、学习习惯以及性格、为人处世的特点。其次，社工与服务对象的爷爷取得联系，与社工一同配合，在日常生活中加强对服务对象个人卫生教育，培养服务对象的生活习惯。社工发现服务对象对卫生的意义没有正确的认识，社工与服务对象签订不能将卫生要求转化成指导行为的自觉原则。只要她感觉到自己的行为受到约束，就会想方设法摆脱这种束缚。

3. 第三阶段

目标：协助服务对象树立自信心，加强服务对象沟通交流能力。

介入技巧及方法：服务对象性格较为内向孤僻，不喜欢也不知道如何与人沟通，通过发掘服务对象的长处，并不断给予鼓励和支持，从而树立其自信心，以积极的心态面对学习和生活。

4. 第四阶段

目标：扩大服务对象的社会交往范围，协助其建构比较完善的社会支持网络，努力分析和挖掘网络中有助于服务对象问题解决的资源。

介入技巧及方法：通过手工坊制作手工，使服务对象在手工中放松身心，协助其认识新朋友，丰富其朋友支持网络。在活动中，组员出于共同的兴趣和爱好，彼此之间相互尊重、理解和支持。通过互帮互助，服务对象会突然发觉自己对其他人的重要性，这可以产生提高自信心的功效。在小组活动中，社工运用小组分享等技巧使组员之间相互了解，帮助他们建立通讯录，倡导组员凭借自己的优势和长处来帮助其他有需要的组员。在小组课程结束后，服务对象询问社工下次是否还能来参加活动，在作出肯定的回答之后，服务对象表示很愿意和新朋友一起做手工。

另外，社工还协助服务对象爷爷与民政救助部门进行沟通，为其争取低保救助，可惜由于其救助条件不符合没有成功。但是在争取的过程中，其爷爷对相关的政策法规有了进一步的了解。

四、服务实施过程

（一）服务开展情况

1. 与服务对象初步接触，了解服务对象的基本资料。获得服务对象的信任和接纳，社工通过近一个月四点半课堂的时间，了解服务对象的基本情况，发现其身上存在的问题，通过服务对象的兴趣爱好着手，从课堂表现中，社工发现服务对象在画画方面有极高天赋，并且有很强的自信心，能够主动与同学分享自己的作品。社工了解情况后，与其爷爷就画画兴趣问题进行沟通，希望在家庭条件允许的情况下能够支持其画画，既可培养服务对象的兴趣爱好，同时也可引导其利用画画来宣泄不良情绪。其爷爷也表示，学习画画可以支持，在一天的四点半课堂结束后。服务对象找到社工，拿出自己亲手画的卡片送给社工，并且对社工表达喜爱。

2. 对于服务对象个人卫生习惯，在四点半课堂中，服务对象书包文具乱扔，社工通过设定指定位置，让其把书包放在指定位置，发现服务对象的手指很黑，社工陪伴其一起洗手，并且告知一些正确的行为习惯。社工利用周末的时间到服务对象的家中对其进行指导，为服务对象洗头，并告知洗头、洗手的正确方法。

3. 在课业辅导上，在课堂中利用“班级优化大师”进行评比，表现优秀的同学可以进行抽奖，服务对象被吸引，有强烈的抽奖欲望。社工要求她写完作业才能抽奖。从刚开始找借口不写作业，到自己把作业拿出来写，通过自己的努力，服务对象也获得了抽奖的机会，课后其班主任也找到社工，告知服务对象基本能完成学习任务，成绩也有了小小的进步，在与同辈交流时，也大胆了一些。

4. 在朋辈支持系统上，通过带领服务对象参与到手工兴趣小组，通过团队协作，让服务对象意识到自身对其他人的重要性，使其自信心得到提升，从而愿意也更敢于和同辈交往。

（二）服务实施中的困难及其应对

因为服务对象不是主动寻求帮助的，所以社工同服务对象关系的建立花费时间较长。在服务的开始阶段，服务对象的情绪比较抗拒。后来通过社工长期的跟进以及多次的家访，服务对象逐渐敞开自己的心扉，和社工分享自己的想法，并且向社工反映自己经常被同学欺负，自己不知道如何反抗。社工告诉服务对象被欺负时要及时向父母和老师反映，并且要让自己自信一些，让自己强大起来。在跟进的过程中，服务对象感谢社工一路的陪伴和鼓励，送给社工自己亲手画的卡片。

五、评估和结案

（一）评估的方法

1. 服务对象评估

该个案服务历经 3 个月的时间，每隔一个月，社工都会将之前的服务内容及成效与服务对象进行分享和交流，以巩固服务所带来的效果。社工主要是运用观察法对每个阶段及整体服务过程及服务成效进行评估的。

观察法：通过观察法，比较服务对象接触服务前后的变化。在交流中，社工特别关注服务对象的语言表达、表情及行为举止的变化，从中发现和总结服务对象所发生的改变。在一次四点半课堂结束后，服务对象说："以前我都不敢主动和别人交流，在四点半课堂和手工坊这段时间，我敢和别人交流了，现在还交了 6 个好朋友了。"通过仔细观察和分析服务对象的语言表达，可以发现服务对象正在一点一滴地改变，从起初胆小、不敢发言，到现在的活泼开朗。

2. 工作人员自我评估

（1）由于个案工作的专业方法还只是处于开始学习阶段，所以，在与服务对象沟通过程中有许多不足的地方，往往导致尴尬的场面，不知道用哪些理论进行分析，不能给服务对象确切的理论指导。但工作人员本身还是感觉到了自己的进步，能够尝试着将理论联系实际，努力运用专业的治疗理论和模式，既是对服务对象的负责又是对自己的一种锻炼。工作人员始终以接纳、尊重与积极、真诚的专业态度对待服务对象。

（2）工作人员在给个案分析诊断的过程中，由于初次学试，所以往往在许多时候急于求成，没有耐心，导致工作疏忽，不细致。这些都是工作人员以后需要改进的地方。

（二）服务成效

社工运用观察法，并与预先制定的服务目标相比照，经过三个多月家长与社工共同配合对服务对象的生活习惯进行培养。加之服务对象是女孩子，自身开始爱美，更加注重自身卫生情况；在人际交往方面，服务对象能够主动与同伴进行沟通，并且告知社工很少有人会欺负她了，社工也在四点半课堂中发现，同学会主动与其交流，建立了同辈支持网络。

六、总结和专业反思

1. 良好的朋辈关系，有助于青少年树立自信心，增强人际交往能力。积极的朋辈关系有助于服务对象获得他人的认同，提升自我认识，实现自我价值，增强人际沟通能力，形成健康的社会性格。

2. 社工应该设身处地从服务对象角度去思考问题，本着真诚、平等的态度，在轻松、愉快的气氛中和服务对象访谈，坦诚的交流是深入探究问题使服务对象自由表达感受的前提。

3. 对于初次接触此类个案，对于社工来说，之前比较棘手，也深感自身专业知识的匮乏，今后，我会加强此方面专业知识和技能的学习，去帮助这类群体。

在此个案服务过程中，看到服务对象从低落的情绪中走出来，一次比一次开朗，尤其是在小组活动中表现出来的协作、包容、自我认同，在今后的工作中也将认真对待每个服务对象，努力做好每个专业项目，为社会工作贡献自己的一份力量。

做一个平凡的女孩

清流县童行青少年社会工作服务中心　罗丽花

一、案例介绍

（一）案例概述

乐乐，女，12 周岁。社工接案时，其父刑满释放回家不久（因聚众斗殴被判有期徒刑五年）。父爱的缺失、母亲对父亲负面形象的长期灌输、父母夫妻关系的不和谐氛围、父亲回家后对母亲的频繁施暴，这些都对孩子的生理、心理、学习、生活造成了不同程度的伤害。社工从服务对象母亲的表述中得知：服务对象也曾遭受过一次父亲的家暴，之后发现服务对象会做出一些“古怪的行为”，经常会发出一些“奇怪的声音”，也不爱说话，经常会做噩梦。

（二）服务对象的基本情况

1. 情绪状况

服务对象是一名六年级学生，学习成绩在班级中上水平，即将面临小升初；喜欢画画，平时有参加兴趣班，在绘画比赛中多次获奖；但是，和父亲重新在一起生活后，让服务对象感受着巨大的压力，经常会有紧张焦虑的情绪出现。根据问卷测量发现服务对象出现轻度抑郁、中度焦虑，这也导致她的成绩大幅度下降。

2. 家庭资料

服务对象的父亲是一名孤儿，婚后住在妻子的娘家，在服务对象 7 周岁时，因聚众斗殴被判入狱五年。服务对象平时与外公、外婆、妈妈、妹妹一起生活，住在外公外婆在职时分配的房子中。家庭经济来源主要由母亲承担，以及外公外婆微薄的退休工资帮衬，母亲是一名随车售票员，早出晚归，服务对象的生活起居基本由外公外婆照料。

3. 人际关系

服务对象性格比较内向，平时较少说话；在学校和同学的交流一般；

在家里与外公、外婆、母亲、妹妹的交流也不多；回到家都是窝在自己的房间写作业或者做着其他的事情。

4. 行为表现

服务对象刚进入青春期，性格与行为上会有点叛逆的表现，在和家长交流无果时（如：想要玩手机但外婆不给）会大发脾气，也时常会和妹妹闹矛盾。

5. 支持网络

在家庭中，受学历、经验等限制，服务对象的外公、外婆、母亲不知道如何更好地帮助她；在学校里，服务对象基本不和老师、同学“分享”自己的情绪经验，获得的支持也较少。

服务对象是一名小学生，不知道如何调节自己的情绪，对此也不知道做些什么努力能改变现在的状况。

二、分析预估

（一）服务对象的问题分析和需求预估

本次个案辅导是服务对象的母亲主动寻求帮助的。据其反映：“我和那个人（服务对象父亲）不是因为相爱才结婚的，后来他因为打架入了狱。婚前就吊儿郎当的，对我的两个女儿也没有尽到一点做父亲的责任。入狱后，所有的家庭支出主要是靠我两千多块的工资，我父母的退休金也会接济一下。我现在和女儿都还住在我父母家。本来那个人（服务对象父亲）入狱，我也觉得我们虽然辛苦，但是挺快乐的，因为有他没他都一样。但是现在他刑满释放出来了，又‘赖’在我父母家里，打我，还打我的女儿，严重影响我和孩子们的正常生活。现在我已经准备向法院起诉离婚，我不想让那个人再住在家里，影响我女儿的学习和生活。”

社工通过与服务对象、家人及邻里等的面谈、问卷调研得知：①因服务对象父亲刑满释放回归家庭，打乱了服务对象5年来的生活节奏，服务对象父亲的“罪犯”身份，让服务对象害怕被他人知晓、变得自卑，从而心理和生理上都受到了影响。②服务对象父亲的回归，让服务对象回想起以前父亲家暴的事情，甚至现在都还出现了家暴的情况，进而导致服务对象静不下心学习，学习成绩从优秀变成了中下水平。和服务对象所在的绘画兴趣班的老师沟通了解到，服务对象原本对绘画非常感兴趣，并且也画得很好，是非常有天赋的，但近期总是发现她在绘画课上出现走神、开小差的状态，作品的完成度也很差，甚至有几节课都没有按时上。③从服务对象的妹妹、同学那里了解到，服务对象变得更加不爱说话，甚至在与人沟通的时候有抵触、不耐烦和焦虑的情绪出现。

通过与服务对象及其家人、邻里沟通，采用问卷调查等方式，预估服务对象的需求如下：①让服务对象与父亲分开生活，保护人身安全，寻求一个自由和谐的生活环境、学习环境；②根据问卷测量发现服务对象出现轻度抑郁、中度焦虑，需要为服务对象进行心理疏导，调节不良情绪；③服务对象的社会支持网络少，需要从家庭、学校、社会等方面为其提供支持。

（二）服务资源分析

1. 服务有团队保障

机构有 6 名社工、近 200 名志愿者，同时得到县心理咨询名师工作室和厦门市和欣社会工作服务中心（山海协作）的团队支持。

2. 服务有资源网络

作为团县委主管的社工机构，在实践中总结出了“社工+团干部+学校少辅+志愿者”四方联动服务模式，工作得到了有关单位和组织的大力支持与配合。

3. 服务有动力支撑

服务对象有改变现状的积极意愿，服务对象家长对社工服务的积极配合，有关单位对个案辅导服务的积极协调。

三、服务计划

（一）理论基础和服务模式

本案例运用增强权能、社会支持的理论开展服务。

“增强权能”是指个人通过与他人、环境的积极互动，获得更大的对生活空间的掌控能力和自信心，以及促进环境资源和机会的运用，以进一步帮助个人获得更多能力的过程。社工通过邀请服务对象参加夏令营、儿童成长小组、文娱康乐活动，帮助服务对象缓解生活环境带来的压力和因此形成的无力感，协助其提升自信心和应对此类事件的能力，回归正常生活。

在社会支持理论指导下，社工从情绪性支持和工具性支持两个方面为服务对象提供服务。受年龄、能力限制，服务对象此类家庭现象只能选择默默忍受，并随着父亲对母亲施暴次数的增多以及程度的逐渐加深，个人无力感也逐步加强，加上支持网络有限，包括不知如何链接资源支援自己，导致服务对象长期的悲观无助。社工通过与服务对象建立信任关系，了解其家庭生活、学校生活等情况及自身想法；舒缓情绪，输入希望；协助其去法院申请人身安全保护令。充分利用服务对象周身资源，为其提供必要支持，并邀请参加相关小组活动，培养其自助能力。

（二）服务目标

1. 儿童保护。协助申请人身安全保护令，让服务对象与父亲分开生活，给予服务对象一个自由和谐的生活环境、学习环境。

2. 儿童发展。为服务对象提供心理疏导，调节不良情绪；邀请服务对象参加群体活动，增强人际交往能力。

3. 儿童参与。邀请服务对象参与儿童青少年活动及社会化服务，帮助更多有需要的人，实现“助人自助、自助助人”，增强自身成就感和自信心。

（三）服务策略

本案采用危机介入模式开展服务。危机介入模式涉及两个方面：一是减轻危机事件的负面影响，二是利用危机事件帮助服务对象解决目前面临的现实问题，同时提升服务对象适应环境的能力。社工根据危机介入的基本原则（及时处理、限定目标、输入希望、提供支持、恢复自尊、培养自主能力）开展了以下服务：①协助服务对象母亲向法院提起离婚诉讼，并申请人身安全保护令，在人身安全保护期间，服务对象父亲将会暂离服务对象所居住所，从而不介入服务对象的学习和生活，让服务对象回归原本轻松、自由的生活模式；②针对服务对象的情况制订干预方案，包括开展心理健康测评、心理干预等，通过专业分析、心理咨询等排除服务对象的不良情绪；③邀请其参与社工开展的活动（如夏令营、成长小组等），在活动中观察其活动参与度及和朋辈的沟通次数，加强其朋辈关系并提升沟通交往能力，参与社会化的服务提升服务对象的自我认同度、强化自尊、自我能力与价值。

（四）服务程序

①与服务对象建立专业关系，签订个案服务协议；②通过服务对象本人、亲戚、邻里等，收集服务对象的相关资料；③和服务对象一起制定目的和目标；④通过邀请服务对象参与儿童青少年活动和社会化服务介入；⑤总结工作，评估服务对象在服务前后的变化及目标的实现情况；⑥与服务对象回顾工作过程、强化服务对象已有的改变、表达积极支持的态度，解除工作关系并做好结案记录。

四、服务实施过程

（一）服务开展情况

①与服务对象签订服务协议，建立工作关系；②协助服务对象向法院申请人身安全保护令；③采用专业问卷对服务对象进行健康测评并形成报告，在服务对象知情同意的情况下，根据分析结果进行心理辅导；④邀请服务对象参加暑期夏令营，在服务中观察其行为变化；⑤线上或线下和服务对象母亲反馈服务对象情况，并及时了解其在家中的行为变化；⑥邀请服务对象参与儿童成长小组，进一步加深朋辈关系（共 7 节次），促进服务对象与他人的交流和沟通，提升其社会交往能力；⑦定期进行面谈。

（二）服务实施中的困难及其应对方式

1. 困难

由于服务对象本身比较不喜欢说话，面谈质量较低。

2. 应对方式

社工通过邀请服务对象及其妹妹参与活动，从活动中观察其言行，综合同学朋友的评价，正面、侧面了解服务对象的情况。

五、评估和结案

（一）评估的方法

1. 评估主体

服务对象、服务对象家人和朋辈群体、社工。

2. 评估内容

服务开始前，针对服务对象的需求分析、资源保障进行评估；服务方案执行中的评估主要是形成评估，强调服务对象的“发展”功能，通过评估对服务过程进行监测和回馈，调整不适当方案，并协助方案继续执行；

服务方案执行后的评估主要以过程评估和结果评估为主要形式，针对工作过程中运用的技术、方法和策略，工作目标的实施程度、服务对象与社工之间的互动程度、服务计划的合理性、工作人员的角色表现等方面进行评估。

3. 评估方式

通过质性评估和量性评估相结合的方式，辅以服务意见反馈表、访谈等形式实现评估目标。

（二）服务成效

个案服务目标基本达成。具体表现在：①参与社工开展的活动，从开始的“不辞而别”，到主动与社工说“再见”，再到能与其他儿童结伴同行，服务对象已经可以很好地融入群体，与他人和谐相处和交流。②在后期访谈中，服务对象主动表达对社工的帮助很满意，觉得社工开展的活动有趣有意义，希望以后还能和妹妹一起参与。③服务对象的老师表示她的学习态度有了明显的改变，成绩稳步提升；同学也觉得服务对象现在变得比以前开朗，愿意和人交流了；服务对象的母亲表示，在社工介入的这几个月，服务对象的父亲没有再来打扰过她们的生活，服务对象除了这个年龄正常的叛逆外，状态比之前好很多，和妹妹的争吵变少了，也不再无缘无故地发脾气，也不再发出“奇怪的声音”。④进行最后一次心理辅导时，服务对象的焦虑和抑郁测量分析都在正常指标范围，也不再做噩梦了。

（三）评估和结案的困难及其应对

在服务介入前会签订服务协议，其中注明服务周期、介入计划，服务对象都是知情同意的，在即将结束辅导服务前（第 7 次个案面谈时）社工也有和服务对象强调服务目标已达成，服务周期即将结束，服务对象也表示理解和配合，因此结案时除了不舍，没有其他不良情绪，只是希望以后的活动还能参与。社工表示活动都会事先招募，只要符合条件都可以报名参与。

六、总结和专业反思

（一）经验、创新和不足

1. 经验

一是与服务对象建立了信任的服务关系，服务对象愿意并能够主动与社工倾诉当前面临的问题，使得社工能够“对症下药”；二是对服务对象的问题分析比较到位，根据服务对象的问题，制定服务目标、介入策略、服务计划等，比较切合服务对象的实际需求；三是在整个服务过程中，社工主要扮演使能者、教育者、联系人的角色，秉承着保密、尊重、助人自助的社会工作价值观，专业的社会工作理论应用，对解决服务对象的问题及满足服务对象需求产生了十分积极的作用。

2. 创新

针对本案的特殊情况，制订相关的解决方案：①协助申请人身安全保护令，同时也是保障服务对象及其家人的基本人身安全；②对服务对象进行问卷测量，从心理健康、抑郁、焦虑、自尊四个维度进行评估，链接机构活动、心理咨询师等相关资源，缓解其不良的心理状态。

3. 不足

社工应该让服务对象多思考，并主动提出解决自身问题的方法，提高其自决的能力，达到助人自助的目标。

（二）专业反思

1. 在面谈前要有充分的准备，要有能力引领服务对象的讲话。

2. 要合理运用个案工作技巧，包括交流技巧、解决问题技巧、改变行为技巧。

3. 要灵活运用社会工作的专业理论，并能把理论和实践相结合，从而在个案服务跟进中为服务对象提供更有效的服务。

涉罪未成年人社会工作服务案例

“守护你的未来”

福州市马尾区致睿青少年事务服务中心 陈晗清

一、背景介绍

（一）案件背景介绍

小福，女，17岁。2018年，服务对象伙同他人多次盗窃电动车、电瓶，盗窃物品数额较大。其行为触犯了《中华人民共和国刑法》，构成盗窃罪。考虑到服务对象尚未成年，有悔罪认罪表现，且到案后主动退还钱款。为使服务对象在未来生活中能够健康成长，也为践行我国对未成年人宽严并济的处罚政策，某区检察院在取得受害人谅解书后，对服务对象作出附条件不起诉的决定，并组建由区检察院、服务对象及其监护人、致睿青少年事务服务中心的三方监督考察小组，在6个月的考察期内共同开展监督考察工作，并对监督考察情况进行评估。

（二）介入前期社会调查

个人情况：服务对象从小成绩较差，初二后便辍学，在多个城市有过打工经验。打工期间结交了一些社会青年，沾染上不良思想和习惯。

家庭情况：幼年家庭生活不和谐，父母长期吵架，疏于管教，后经法院判处离婚。父母离异后，服务对象由父亲监护抚养，父亲工作不稳定，服务对象幼年曾随父亲辗转各地就学。

二、需求分析

（一）问题分析

1. 认知层面：消极的自我认知

服务对象从小多次转学，学习意愿不强，认为出去打工既能养活自己又能学到更多东西，是在积累社会经验。加上农村地区女孩“读书无用论”的影响，服务对象对学习提不起兴趣。服务对象由于犯罪一事情绪消沉，担心案件被他人知晓会对其今后生活产生负面影响，出现自责、负罪等不良情绪。在认知层面，存在对生活和再社会化的消极认知。

2. 行为层面：缺乏自控能力

服务对象经历了“父母离异”“流动”等生活变迁，得不到家人的关心。在打工期间结识的社会青年经常对其嘘寒问暖，让服务对象感受到“友谊”，觉得和他们在一起才能体现自己的价值。因而在“朋友”的带动下，服务对象经常混迹娱乐场所，纵情享乐，企图以此逃避现实的困难，对于自身行为缺乏一定的控制能力。

3. 知识技能层面：职业技能匮乏

服务对象初中辍学，除在奶茶店兼职过，没有其他工作经历，经验不足，也没有其他技能。虽渴望优越生活，但社会阅历少，职业技能匮乏，难以找到一份合适的工作。

4. 社会支持层面：支持网络薄弱

服务对象自幼和父母关系不亲密，特别是父母离异后，父亲因工作缘故对其关心爱护不够，加之文化素质不高，存在“重男轻女”的倾向，常常采取打骂的管教方式。服务对象辍学后就鲜少回家，也很少和父亲电话沟通。单亲的家庭环境下，服务对象家庭支持薄弱。

而朋辈层面，服务对象接触较多的是社会边缘群体，相互间的沟通交流大多停留在玩乐层面，较难给予服务对象正向的引导和支持。

（二）资源分析

1. 个人层面：悔过意识强烈

服务对象主观恶意不大，属于法律意识薄弱而一时起意的犯案，且到案后主动退还盗窃钱款，其认知行为可塑性高，悔过意识强烈。

2. 家庭层面：母亲的陪伴支持

案件发生后，服务对象母亲提出愿意担任服务对象监护人并负责其日常监管，对社工服务也很支持与配合。

三、理论模式

社会化理论是以个体社会化的过程、内容、方式和机制等为研究对象的理论。而在本案例中，服务对象处于早期社会化与继续社会化中与社会要求不相适应的社会化过程。结合此理论，帮助服务对象通过改变或调整原有的世界观、价值观、行为准则和生活方式，使之符合社会的规定与要求，重新塑造出新的价值观和行为模式。

四、服务目标

（一）介入目标

短期目标：缓解服务对象当下自责害怕的情绪状态，帮助服务对象梳理当下存在的困难与挑战，并制订服务计划。

最终目标：挖掘服务对象潜能，增强其应对困难的能力；在认知、行为、知识技能和社会支持四层面进行再社会化，纠正其偏差心理和行为。

（二）介入策略

社会化内容	社会化表现维度	干预类型		服务对象问题表现	干预方式	预期效果
价值观念社会化	1. 三观正向，对社会现象等问题没有偏激的看法 2. 心理健康	直接干预	认知干预	1. 过分化概括，对他人行为、社会事件以偏概全，过分解读，读书无用论思想根深蒂固 2. 糟糕之极，担心偷窃一事被他人知晓、影响未来，出现耻辱、自责自罪抑郁等不良情绪	1. 辩论式提问 2. 冥想	改变错误观念，发展健全人格和健康心理
行为模式社会化	1. 能够较好地控制行为和情绪，做事有预见性与计划性 2. 参与符合年龄特征的社会生活，生活习惯良好		不良行为干预	1. 缺乏自制力，难以很好控制自己的行动和情绪、做事缺乏计划性、持久性 2. 公共事务漠不关心、从不参与，沉迷网游，懒惰	1. 行为自制力干预：替代强化、习惯训练 2. 惰性行为干预：社会学习、正向激励	养成良好习惯，提高自制力，参与主流社会生活

续表

社会化内容	社会化表现维度	干预类型		服务对象问题表现	干预方式	预期效果
知识技能体系社会化	1. 职业规划明确 2. 掌握社会生活的基本常识和经验，学习职业技能	间接干预	知识技能学习	1. 职业生涯规划模糊 2. 缺乏谋生手段，学习能力较差，基础知识水平不足	1. 职业观念转变：职业生涯发展教育辅导 2. 职业能力提升：职业技能学习体验	提高知识水平和工作技能，增强回归社会意愿和信心
重构社会支持	1. 强化家庭关爱与沟通，发挥家庭功能 2. 拥有正常积极的同辈交际圈 3. 正向反馈的社会环境		社会支持体系再构	1. 与父母关系紧张、缺少家庭关爱、家庭结构有待改善 2. 缺乏健康的同辈群体 3. 支持系统薄弱	1. 链接资源提供职业支持 2. 扩大同辈群体交往圈 3. 检察机关进行全程指导、陪伴成长	强化家庭功能，重构社会支持系统

（三）介入程序

阶段	服务内容
接案阶段	社会工作者与区检察院、服务对象及其监护人签订三方附条件不起诉监督考察协议，掌握服务对象基本情况
预估阶段	在区检察院的监督指导下，社会工作者根据服务对象个体因素、外界因素、历史因素三方内容进行资料收集、整理和分析，撰写完成社会调查报告
计划阶段	整合服务对象基本信息，分析其违法犯罪原因、回归社会不利因素和有利因素，与区检察院和服务对象监护人共同探讨制订适合服务对象的干预帮教计划
介入阶段	建立专业关系 认知干预：采用辩论式提问介入“过分化概括”非理想信念和冥想介入“糟糕之极”非理想信念 不良行为干预：建立自制力行为和惰性行为干预机制 知识技能学习：职业生涯规划和职业能力提升 重构支持系统：家庭支持和社会支持重构与强化
评估阶段	针对服务目标的落实情况，对服务成效和服务过程进行监测评估
结案阶段	与服务对象及监护人以及检察院反馈考察监督期内服务对象表现情况，撰写附条件不起诉观察报告，做好结案离别处理和后续跟进计划

五、服务实施

（一）建立专业关系

第一次会谈在检察院内，服务对象呈现高度敏感紧张状态，社会工作者以尊重、接纳、同理的技巧与服务对象初步建立专业关系。

社会工作者：你穿这么少冷不冷？

服务对象低着头，没有说话。社会工作者轻轻拍了拍服务对象肩膀，示意她不要紧张。

社会工作者：我先自我介绍一下，我是一名社会工作者，我叫×××，是由检察院委派的社会服务机构给你提供支持帮助，陪伴你度过考察期的。针对帮教协议，你有什么疑问或者困惑吗？可以和我说说吗？（接纳，尊重）

社会工作者：我也是从你这个年纪过来的，以前也犯过错，我能理解你，你现在心里很忐忑、很后悔吧？（同理心）

服务对象：我很后悔，很怕别人看不起我。（说完把头深深地低了下去）

社会工作者：你别担心，服务期间我们遵循保密原则。你的情况我已知晓，我非常愿意陪伴你一起在接下来的日子里学习和成长的。（鼓励，用信任的眼光看着服务对象）

服务对象：谢谢。

社会工作者：我们一起好好度过考察期、完成帮教好不好？（作约定）

服务对象：嗯。（声音有点小，但是主动回应了社会工作者的提议）

（二）认知干预

1. 辩论式提问介入“过分化概括”非理想信念

首次会谈及接触中，社会工作者发现服务对象存在较偏激的观念，对他人行为、社会事件以偏概全，过分解读。因而社会工作者采用辩论式提问方式，让服务对象对某事物或观念给出评价，针对服务对象给出的“负面评价”，社会工作者与服务对象进行辩论，如“读书无用论”。通过辩论，服务对象将对自己80%的否定性评价作出了“肯定性”的调整，并对自己以往的一些想法进行了思考。

2. 冥想介入“糟糕之极”非理想信念

在第三次会谈中，社会工作者发现服务对象因偷窃一事担心他人知晓影响未来，出现过分害怕的不良情绪。为此，社会工作者与服务对象一起回顾其成长经历和重要他人，帮助服务对象把注意力引导到快乐回忆中，保持愉悦的状态。之后，通过冥想放松方式，引导服务对象思考三个问题：最重要的东西，最想要的东西，目前遇到的困难能否克服。

冥想放松过后，服务对象告诉社会工作者，最重要的是家人，最想要家庭和谐，也感觉事情其实没那么糟糕。社会工作者顺势强化服务对象克服困难的信心。

（三）不良行为干预

1. 自制力干预

替代强化，提高自我约束能力：社会工作者与服务对象一起观看《肖申克的救赎》的电影。观看中，服务对象全神贯注，社会工作者适时讲解，帮助其领会。事后，服务对象主动分享电影细节和感悟，要提高其对行为情绪的约束意识，正面激励作用得到发挥。

自制力训练，提高做事计划性和执行力：社会工作者和服务对象交谈，明确其最大的问题是自制力不足，不善于控制行为和情绪，达成进行自制力训练的共识。之后，社会工作者与其制定训练细则，包括娱乐、睡眠和家务的时间，并按照实际情况拟定计划表，细化时间与事项安排，由其父亲进行监督。训练实行两个多月后，服务对象父亲反馈，服务对象生活作息规律很多，做事条理性有改善。

2. 惰性行为干预

社会学习，培育社会责任感：检察机关规定要在考察期内完成一定公益服务。一开始，服务对象不情愿去，社会工作者引导其参与公益服务是有公德心和责任感的表现。后来，服务对象在社会工作者带领下，定期参与社区服务，协助活动签到、分发宣传手册等工作，从一开始的被动参与到后来主动积极询问活动时间地点，参与意识显著提升。

正向激励，培养自信，改变不良生活习惯：在某场活动中，服务对象表现积极，认真为参与青少年提供指引和解说，活动后受到参与者和组织单位的口头表扬。受此鼓舞，服务对象会主动与其他志愿者进行交流，互加联系方式，相约一起参与服务。

（四）知识技能学习

1. 职业生涯规划

在与服务对象数次跟进后，社会工作者发现服务对象对未来迷茫，于是，社会工作者对其展开职业生涯辅导会谈。

社会工作者：你对以后怎么打算呢？

服务对象：我也不清楚。可能还是继续打工吧，不过也不确定，我爸劝我去学门手艺，可我真的觉得学习好难。（倾听，认真注视着服务对象的眼神）

社会工作者：作出决定确实不是一件容易的事，那家人的意见你有认真考虑过吗？（共情）

服务对象：这事一提我就烦，我从小就不爱学习，头疼。（说完用手在桌子上撑着头）

社会工作者：但我看你朋友圈的动态，你对于美妆类的东西好像很有兴趣，而且你日常穿衣打扮还是很时髦的呀。这就很不错，你有自己擅长和感兴趣的部分，只是你以前没有发现。（接纳鼓励）

社会工作者：（社会工作者递给她一瓶水）再说，你现在真的做好准备闯荡社会了吗？就算你出去工作，没有一项技能，很难找到合适的工作。你现在害怕学习，我可以理解，但我觉得建议你还是可以考虑一下家人的意见。（尊重服务对象的自决权利，避免强迫）

……

经过引导后，一开始打算继续打工的服务对象，开始考虑父亲的建议，根据自己的兴趣去学习美妆方面的技术，在学习闲暇之时，还可以找份零工做做。同时，她也自愿断绝了与原来不良同伴的交往，寻找融入新的同伴圈。

2. 职业能力提升

社会工作者联系到某美妆培训老师，试图从根本上为其增权赋能。在社会工作者的沟通协商下，老师愿意以学徒形式教导服务对象学习美妆技术，并答应给予其一定劳动报酬。据老师反馈，服务对象在学习的半年里，学习态度比较端正，交办的工作也都按时完成。

（五）重构支持系统

1. 重构家庭支持

长期以来，服务对象与父母的直接沟通很少，为此社会工作者帮助其增加相互接触机会，改善沟通状态。社会工作者分别联系其父亲和母亲，传达服务对象对于家庭关爱和沟通的渴望，希望父母多给予她直接的鼓励与关爱，少一些消极评价，比如借助言语、行动、礼物、身体接触等表达关心和爱。服务对象父亲虽然不置可否，但也开始有意识尝试减少苛责行为，从日常小事入手，提供关心和支持。服务对象后来反馈道，有次自己回家晚了，父亲一直在等她回来后才吃饭，自己很感动，还在朋友圈发文“家人的陪伴最温暖”，母亲还给自己点赞。通过增加家庭关爱，服务对象家庭的情感缺失问题得到缓解，家庭支持功能开始逐渐增强。

2. 重构社会支持

进行知识技能学习是服务对象顺利度过考察期的重要环节。在这其中，借助职业技能的学习，服务对象增强了美妆方面的技能，具有一定的职业化水平。而且除老师外，其他学员对她也很关心，乐意指导帮助她，服务对象也与她们成了朋友。

六、评估总结

（一）效果评估

本次效果评估采取对服务对象进行跟踪回访的形式，通过介入前后服务对象各项社会化表现维度比较，服务对象出现了以下变化：

1. 部分偏激观点得到消除，生活态度转向积极

社会工作者重点针对读书无用论的观点，对服务对象进行提问和辩论，使其能够有意识地全面看待问题，读书无用论思想消除，不良情绪有所改观，对盗窃行为真诚道歉。

2. 性格逐渐开朗，自控能力有所提高

社会工作者主要在引导服务对象参与社会生活、提高自制力两方面进行介入。服务对象母亲反馈，“变化还是很大的，会帮忙收拾家务，早起早睡了”。可见，服务对象能初步主动控制行为和情绪，生活作息规律起来，主动参与社会生活。

3. 顺利完成美妆学习，职业技能得到提高

通过大半年的美妆学习，服务对象明确了自己今后的职业发展方向，掌握了基础的美妆技能，也积累了经验。

4. 家庭结构有所改善，社会支持网络初步建立

服务对象和父母关系有了较大转变，对父亲不再恶语相对。其父母也转变了教育孩子的观念和方式，增加对孩子关爱的表现。而隔离了以往边缘群体的负面作用，服务对象初步建立起正常积极的同辈交际圈，开始融入有组织的社区生活。

（二）过程评估

1. 社工自评

总体而言，在整个服务过程中，社会工作者严格遵守专业价值观，运用专业技术，服务过程环节完整，效果较好：在方案设计方面，社会工作者以再社会化理论作为依据，对服务对象进行了四维度介入，服务在短时间取得一定效果；在服务内容方面，社会工作者充分借助检察机关和社工优势，链接社区、企业资源，协助服务对象进行社区参与和社会化技能学习，初步构建起服务对象的社会支持网络。

2. 检察院评估

某区检察院一直密切关注服务介入情况。在服务前期，社会工作者收集相关信息，出具社会调查报告，初步制订了一套完整的帮教计划。在服务过程中，对服务对象定期进行心理辅导，安排其参与公益服务，链接职业技能资源，对其家庭沟通模式进行指导。服务结束后，客观地出具对服务对象的评估报告，并将有关资料交给检察院，作为检察院方面的参考资料。

3. 服务对象评估

社会工作者邀请服务对象填写服务意见收集表，收集反馈内容，可以看出服务对象对于社会工作者在考察期内所做的工作整体上十分满意。服务不仅帮助其顺利通过考察期，免予被起诉，更帮助服务对象改善家庭关系，服务对象说十分享受现在的家庭氛围。

（三）服务反思

由于特殊的现实环境，涉罪未成年人的配合意愿较低、干预效果存在不确定性。因而，在对涉罪未成年人的社工服务中，要留心微小细节，劝

说服务对象及其父母理解社工介入的必要性和重要性。还要注意对其进行后续的追踪访问，通过不定时的回访评估服务效果。

专业守护 青春不迷途

泉州市光明之城青少年事务社工发展中心　宋洪彦　黄启军

一、案例介绍

（一）案例概述

2020 年，小川因无驾驶资格，在道路上醉酒驾驶套牌二轮摩托车被交警当场查获，经鉴定，其血样中乙醇含量为 125.81mg/100ml，涉嫌危险驾驶罪。服务对象到案后如实供述自己的犯罪事实，悔罪态度较好，自愿认罪认罚。依据相关法律，检察院对其作出不起诉决定。社会工作者受检察院委托，对服务对象开展为期 3 个月的观护帮教服务。

（二）服务对象的基本情况

通过前期对服务对象、亲属等开展社会调查，社会工作者将服务对象的基本资料进行了梳理，具体情况如下表。

背景信息		详细说明
家庭背景		小川，男，今年 17 岁，父母亲常年在外打工，系独生子
个性特点	教育程度	初中文化，小学二年级时父母外出到浙江务工，被寄养在外婆家，四年级转学至浙江温州的学校，初一服务对象回到云南老家就读，与外婆一起生活，初中成绩尚可，后因老家坏境、手臂受伤等原因于初三辍学
	心理情况	服务对象无存在负面情绪，心理状态良好，存在认知行为偏差
	行为表现	服务对象 15 岁就外出，适应能力比较强，比较能吃苦
	社交情况	工作表现良好，和老乡工友们关系相处不错 2020 年 7 月跟随堂哥来泉州某公司务工，和老乡工友们一起住公司宿舍，休息的时候和同龄的工友打打篮球，没有和父母在一起打工，虽然和父母关系还好，但很少主动联系父母，不喜欢跟父母在一起，觉得父母比较唠叨，管得比较多

服务对象因违反道路交通安全法规，无驾驶资格在道路上醉酒驾驶套牌二轮摩托车被交警当场查获，经鉴定，其血样中乙醇含量为125.81mg/100ml，涉嫌危险驾驶罪。

对涉案行为的认识：通过此事，能认识到自己的错误，愿意接受社会工作者3个月的帮扶。

二、分析预估

（一）服务对象的问题分析和需求预估

社会工作者介入服务后，了解到服务对象与父母相隔万里各自在异乡打工，缺乏良好的沟通交流与陪伴，加上平时工作繁重，好不容易休息的时候就和老乡朋友们聚一聚、喝一喝，成为服务对象生活中很重要的休闲放松方式。

社会工作者通过面谈了解服务对象存在一定的认知行为偏差。对于法律的无知导致服务对象认为无证驾驶、醉酒驾驶不合规车辆是一件无所谓的事情；缺乏家庭温暖和陪伴的服务对象认为和朋友们喝酒聚会是良好的休闲放松方式。这种认知偏差跟自我中心的思维倾向特别是服务对象自身的需求有很大的关系，因此，服务对象主要存在以下需求：

1. 认知行为存在偏差。服务对象在认知行为方面存在偏差，需要调整服务对象的认知行为，一是指导同父母之间的沟通交流模式，学会体谅、理解父母，与父母之间的感情日益加深，得到更多情感上的支持，满足情感的需要；二是提升自我价值感，指导其积极向上的生活及休闲方式。

2. 法律知识薄弱。服务对象在校期间没有接受相关的法律知识的普及，法律意识较为薄弱。

3. 缺乏社会支持网络。服务对象因家庭原因，长期得不到关爱和支持，当面临困难时，家庭能给予的正能量较少。

4. 未来规划不明确。服务对象表示趁年轻要在外多打工挣钱，再回老家做点什么小生意，也没有特别明确的目标。

（二）服务资源分析

1. 非正式社会资源

因服务对象的父母在云南老家，其现在与堂哥在一起工作，所以堂哥作为服务对象的非正式社会资源，在生活工作中对服务对象特别关注，是促进服务对象改变的重要社会支持。

2. 正式的社会资源

链接周围社区资源，寻找帮教基地。附近社区有青少年事务综合服务中心，社工开展青少年事务社会工作服务项目，与社区签订共建帮教基地协议，利用社区平台开展帮教服务。

联合团委、关工委等单位举办青少年法治宣传进校园等活动对服务对象进行法治教育。

三、服务计划

（一）理论基础和服务模式

1. 认知行为理论

认知行为疗法是一组通过改变思维或信念和行为的方法来改变不良认知，“认知”是指一个人对一件事或某对象的认知和看法，对自己的看法、对人的看法、对环境的认知和对事的见解等。情绪和行为受制于认知，认知是人心理活动的决定因素，认知疗法就是通过改变人的认知过程和由这一过程中所产生的观念来纠正本人的适应不良的情绪或行为。服务对象一方面对父母的唠叨感到烦躁这样的认知进行调整，情绪进行疏导，帮助其训练建立进行正确的合理的沟通模式的行为；另一方面酒精对未成年人的危害进行认知调整，在行为上帮助其逐渐戒掉或少量饮酒；还对其与工友喝酒的方式才能和他们相处愉快成为朋友的认知进行调整及情绪疏导，帮助其建立正常人际交往模式。

2. 优势视角理论

就是着眼于个人的优势，以利用和开发人的潜能为出发点，协助其从挫折中挣脱出来，最终达到其目的，实现其理想的一种思维方式和工作方法。利用服务对象对体育运动方式的喜爱，发展其正确的休闲娱乐方式。

（二）服务目标

1. 长期目标

协助服务对象建立正确的人生观、价值感，以积极的态度面对生活，促进自我探索、自我发展、自我成长。

2. 具体目标

（1）对服务对象开展个案辅导和情绪支持，与他共同度过 3 个月帮教期。

（2）邀请服务对象参与公益志愿服务，提升自我价值感。引导其发展出积极向上的兴趣爱好及休闲放松方式，如体育运动，既能锻炼身体，在某些时候还能享受此技能带来的好处或结交兴趣相投的朋友。

（3）教导和引导服务对象遵纪守法，好好珍惜这次的帮教机会，意识到这次危险驾驶会给自身以及他人造成严重的社会隐患，一定要增强法治意识，养成良好的思想品德和行为习惯，由此终身受益。

（4）给予服务对象关心关怀，感受到温暖，感受到家人亲人对他深深的爱，能理解家人的辛劳和不易，珍惜家人，建立良好的沟通方式，表达对家人的思念、感恩，顺利回归家庭、社会。

（三）服务策略

社会工作者通过个性化的帮扶，初期与服务对象进行面谈，运用倾听、积极关注、尊重接纳等技巧建立起专业关系。针对既定的目标，邀请服务对象每月参加一场活动，以活动作为服务的策略，活动后再进行心理辅导，由感受分享到细心引导，逐渐感化服务对象达到服务目标。

（四）服务程序

1. 了解案情，参与案件不公开听证。

2. 转介服务对象，签订帮教协议。

3. 进行面谈，与服务对象确定服务目标与服务计划。

4. 通过心理辅导、帮教活动、志愿服务等进行个案辅导。

5. 总结评估，结案。

四、服务实施过程

（一）服务实施

1. 初期介入建立专业关系，制订服务计划

与服务对象初步接触，了解服务对象的基本资料。运用共情、倾听、积极关注、尊重、鼓励等技巧获得服务对象的信任。面谈中进一步了解服务对象的情况，如人际关系、工作情况、家庭情况等方面，通过第一阶段的会谈，建立了良好的专业关系，签订观护帮教协议，服务对象开始接受社工服务，协商服务目标，达成一致，制订服务计划。

2. 参与志愿公益服务，提升自我价值感，引导服务对象培养有益的兴趣爱好

邀请服务对象作为志愿者参加社区红领巾课后学堂公益服务。学堂里的学员大都是爸妈忙于工作没办法辅导作业或没时间陪伴的一群小学生，这和服务对象的童年经历相似。

服务对象第一次走进课后学堂的时候，显得拘束、紧张。社会工作者轻轻地把他拉到讲台中央对小朋友们说："今天请来一位大哥哥陪我们一起玩，他打乒乓球可厉害了，你们愿意认识这位大哥哥吗？我们一起掌声欢迎。"在孩子们的掌声中，服务对象逐渐放下拘束，微笑地介绍自己后对小朋友说："你们要好好写完作业噢，我再教你们打乒乓球。"在社会工作者的鼓励和支持下，从手把手教社区青少年如何拿球拍到怎么发球，服务对象教得特别耐心仔细，小朋友学习的积极性非常高。离开的时候，小朋友对服务对象依依不舍，连声说："谢谢哥哥！"服务对象对小朋友们嘱咐道："好好学习，哥哥还会来陪你们玩儿。"路上，服务对象说这种场景让他想起来童年在学校和小伙伴在一起的快乐时光，脸上满满的笑意……服务对象从刚来就急着问什么时候结束到现在这副陷入甜蜜回忆的样子，这种活动体验让他收获了助人价值感。

活动结束后，社会工作者与服务对象就此次活动作了更深的交流，此次美好的体验在服务对象的生活中几乎是没有过的，对他触动很深。因为小时候的他和这群小朋友是一样的，缺乏陪伴和关爱。服务对象一再表示，没想到我还能做这样有意义和价值的事情。社会工作者依据优势视角理论引导：你可以在工作外发挥好的兴趣优势，如体育爱好，打篮球、乒乓球等体育活动，一是锻炼身体，二是工作后可以作为不错的休闲放松方式，三是这些技能总有一天会发挥作用。像这样的助人活动或者可以以后结交志趣相投的朋友，百益而无一害。同时引导服务对象，你身上的这些正能量一定会交到更多的好朋友，服务对象深深地点点头。

3. 以法治宣传活动为载体，提高服务对象法律意识

社会工作者安排服务对象参加"与法相约·护航青春"青少年法治宣传教育走进学校活动。在活动中，服务对象参与活动筹备工作，并在现场与学生一起聆听法治讲座，学习法律知识。活动结束后社会工作者和服务对象参观了美丽的学校，服务对象告诉社会工作者："现在的小学生真幸

福，教学环境这么好，还有这么丰富多彩的课外活动，能学到这么多法律知识，真是不学不知道。好羡慕他们呀！”“这么美好的生活确实让人向往啊！”社会工作者跟服务对象探讨说明只要以后知法懂法守法，通过勤劳的双手一样能拥有美好的生活，服务对象表示认同。

4. 感受温暖珍惜美好生活，改变服务对象错误认知

2020年冬至前一天，社会工作者邀请服务对象参加社区“情暖冬至·邻里一家亲”活动。服务对象很早就来到社区，帮忙摆好桌椅，安排小朋友们后自己也坐下来搓圆子。在画九九寒梅图环节，服务对象涂得非常用心，社会工作者在一旁不停地肯定他、夸奖他。经过努力，服务对象终于将九九八十一片花瓣九朵梅花画好。活动结束后，服务对象对社会工作者谈论了很多的感受，说小时候每到冬至就和外婆一起搓汤圆吃汤圆，跟今天吃的汤圆一模一样，想起来去世的外婆对自己的爱。看见眼眶红了的服务对象，社会工作者深深知道这是一个缺爱的孩子，渴望亲人的爱又没有人教他如何去表达爱。社会工作者依据认知行为理论引导服务对象看见父母终年在外奔波，如此辛苦是为了谁，朴实的父母可能就是通过唠叨来表达如此深沉的爱吧。把唠叨觉得很烦躁看作是爱的一种表达形式，改变认知，从而改变某些行为模式，学会去感恩，学会去向父母表达爱，学会感恩生活，感恩现在美好的一切。

服务对象在思想汇报中写道：“我觉得自己现在还这么年轻，不应该去做一些违法的事情，而应该去做一些对社会有益和对自己好的事情。以前认为朋友在一起喝酒后骑骑车没什么，也不一定被警察发现，这样的想法太可笑了，现在认识到这是一种对别人和自己生命不负责的表现，更是对法律的漠视。我一定会等到取得驾驶证后再去驾驶合格车辆，在喝酒的情况下一定不会去触摸机动车，会为自己的身体考虑尽量少喝酒或不喝酒。”最后还与社会工作者畅谈了对未来的打算、规划，社会工作者给予服务对象肯定与支持。

3个月的帮教期内，社会工作者通过多次的辅导与活动，使服务对象收获了成长，还将老家的新房子拍了视频给社会工作者看，生活中的一些开心的事情也分享给社会工作者听，服务对象也逐步回归正常的生活。

（二）服务实施中的困难及其应对

在服务期间困难主要是服务时间冲突问题，因服务对象的上班时间是

一月白班一月晚班，所以服务时间要与服务对象上班时间错开，白天面谈、开展帮教活动或利用晚上时间在线上沟通。

五、评估和结案

（一）评估的方法

1. 过程评估

通过服务对象参与面谈、公益服务活动的投入度，评估服务目标是否达成。

2. 结果评估

通过服务对象满意度测量、行为量表前后测等方式了解服务对象改变情况，服务满意度。

（二）服务成效

1. 服务对象帮教期间没有喝过酒，买了健身器械回宿舍，平时休息就和工友打打篮球，在宿舍健身，有正确的休闲娱乐方式和兴趣爱好。

2. 服务对象已深刻认识到自己的错误，对自己酒后驾驶机动车可能造成的危险后果有了深刻的认识，表示会等满 18 周岁考取驾驶证后再驾驶机动车，再也不会实施酒后驾驶机动车的行为，并用自己的案例告诫身边朋友及家人杜绝无证驾驶和酒驾。

3. 服务对象会主动打电话给父母，关心父母身体，和父母一起讨论规划未来的生活，逐渐懂得感恩父母、珍惜生活，珍惜这美好的一切。

4. 服务对象对未来的生活有个基本的规划，自己在外面辛苦打工挣钱，父母先回老家建好房子，再做个小生意，稳定下来后，再回家帮忙一起打理生意，一家人在一起幸福地生活。

（三）评估和结案的困难及其应对

过程评估和结果评估都是比较理想的，但是没有详细的记录或测量尺度来评估改变情况。社会工作者应该与服务对象共同协商后用一些等级尺度来衡量，从而能够很清晰地评估服务前后的变化。

六、总结和专业反思

司法社会工作在未成年人司法领域的作用越来越突显，社会工作者与司法机关合作开展服务的过程中，对涉罪未成年人进行法治教育，养成其知法、守法的行为习惯。社会工作者在服务过程中发挥专业作用，通过组建“公检法部门人员+青少年司法社工+心理咨询师+未成年人权益保护志愿者”专业团队，帮助服务对象回归正常的服务生活。

迷途少年重扬青春之帆

漳州市鲁冰花青少年社会工作服务中心　丁茹兰　张清明

一、案例介绍

（一）案例概述

2020 年，小 H 在小卖部盗窃被抓，由于犯罪情节较轻，决定对其不批准逮捕，并为其进行临界预防服务。

漳州市鲁冰花青少年社会工作服务中心（以下简称鲁冰花社工）在调查中了解到，由于服务对象长期缺失家庭教育和对自身的发展规划，法律意识薄弱，导致盗窃行为的发生。鲁冰花社工从个人、家庭、社会三个层面出发，在社工的引导和支持下，使服务对象养成了良好的行为习惯，而与家庭成员的关系也得到了缓和。

（二）服务对象的基本情况

1. 个人基本情况

小 H，男，13 岁，初中在读，在校成绩一般，性格较开朗，爱笑，自述喜欢玩手游，也喜欢和朋友们在一起组队玩，愿意学习和尝试接受新事物。

2. 家庭情况

服务对象一家四口人，为重组家庭。父亲在某工厂从事压板工作，是家中的主要经济来源。母亲于服务对象出生不久后离家出走，后再无联络。奶奶现居老家，务农。哥哥目前就读于某职业学校，与服务对象同父异母。

在家庭中，父亲性格温和，为人随和。在童年时期对服务对象疼爱有加、有求必应，后因服务对象先后出现多次偷窃的不良行为，父亲加强管教，以严肃态度和严厉手段对其进行教育。

3. 在校情况

服务对象目前初中在读，在校成绩一般，因为偷窃行为，导致老师觉得他不好管教，在校同学对其比较排斥，同学关系比较一般。不过因为其手游玩得不错，也有小部分同学因游戏和他成为好友，并且经常组队一起玩。

二、分析预估

（一）服务对象的问题分析和需求预估

1. 家庭教育的正向引导缺乏

由于服务对象的父亲文化水平有限，且长期在外打工，对服务对象的教育较少参与，且对其人文关怀和照顾也较少，后因服务对象先后多次出现偷窃的不良行为，父亲加强管教，多以体罚为主，使得服务对象与父亲缺乏沟通和互动，长期由奶奶照顾。其奶奶较为蛮横，经常对其进行体罚，对其身心健康都造有一定程度的影响。其家庭教育的观念和管教方式需要进行引导，服务人员的身心健康也需要正确引导。

2. 缺乏发展规划和人生观价值观

因其父亲文化水平不高，对服务对象的人生发展无法介入和进行正向的引导，且服务对象与父亲相处时间不集中且较少，所以也造成服务对象的自我认同感不高，缺乏人生目标，缺乏规划，逃避现实生活，出现沉迷网络游戏的行为表现。

（二）服务资源分析

1. 个人与家庭

服务对象因父亲常年不在身边陪伴，父子间缺乏日常沟通与接触，奶奶性格强势，自小管教严厉，忽视其意见和需求。但他与哥哥关系较为亲密，兄弟两人有共同话题，哥哥也比较关心弟弟的情况。

2. 学校与社会：服务对象目前在学校就读，学校校长、段长、班主任及各学科老师对其在课业上不断监督，在校期间充分给予其关怀照顾。除了学校的教育，还有检察官的不断跟进与监督，社工在帮教过程中耐心指导与悉心引导，不断给予其正向鼓励，改善个人学习、生活中存在的不良行为。

三、服务计划

（一）理论基础和服务模式

1. 理论基础

增能是指个人在与他人及环境的积极互动过程中，获得更大的对生活空间的掌控能力和自信心，以及促进环境资源和机会的运用，以进一步帮助个人获得更多能力的过程。

在服务中，社工积极运用同理心、尊重、倾听及接纳等技巧，了解服务对象的情况、需求，通过发掘其优势，与其进行互动，增进彼此的互动联系，帮助服务对象提升自我价值感、自信心，增强自我管理能力，从而消除内心的自卑感，为服务对象及其父亲教授亲子间的沟通技巧，增进彼此间的深层交流。

2. 服务模式

任务中心模式认为，服务介入须符合五个方面的基本要求：介入时间有限、介入目标清晰、介入服务简要、服务效果明显、介入过程精密。在任务中心模式看来，任务就是服务对象为解决自己的问题而需要做的工作。它是服务介入工作的核心，是实现服务介入工作的核心，实现服务介入工作目标——解决问题的手段。解决问题是目标，任务是实现解决问题的手段。

任务中心模式强调，只有把服务对象的问题、服务对象解决这个问题的能力、服务对象的意愿三个因素融合到任务中来，这样的任务才是最好的。

本案例中，服务对象本人有积极改变的意愿，且存在解决其问题的能力，但仍需要社工的支持以及协助。

（二）服务目标

1. 总目标

激发服务对象的内在潜力，以积极健康的心态鼓励自己，建立正向家庭关系，增强其法律意识，改变成瘾性盗窃行为。

2. 分目标

（1）个人层面：挖掘其个人潜力，协助服务对象认清所面临的问题，引导服务对象正确认识自己，形成正确的思想观念。

（2）家庭层面：加强亲职教育，促进服务对象与家人之间的沟通，增强家庭凝聚力。

（3）社会层面：充分利用稳定的社会支持系统，通过社会支持系统的参与，树立榜样作用，引导服务对象改变偏差行为。

（三）服务策略

本案例采用个案管理方式开展。前期面谈：与服务对象建立合作、信任关系，评估服务对象需求，通过侧面社会调查综合分析服务对象所存在的问题；中期服务：根据服务对象所存在的问题，从个人与家庭入手，进行不同任务，增强其自我管理能力，纠正不良行为习惯，同时引导其父亲、哥哥、奶奶对服务对象的成长过程进行回顾，发现其中的问题和提出解决方案；后期跟进：协助服务对象进行学业规划，将注意力转移到学业上，设立任务，提升学业，健康成长。

（四）服务程序

1. 第一阶段：建立信任关系，引导学习法律知识。

2. 第二阶段：引导服务对象正确认识自己，挖掘其个人潜力，合理安排学业与游戏娱乐。

3. 第三阶段：开展亲职教育，促进家庭沟通。

4. 第四阶段：评估服务对象目前个人情况，并结案告知，处理离别情绪。

（五）服务实施过程

接案阶段：2020 年，小 H 在小卖部偷盗，被店主发现并报警，因涉嫌盗窃罪由公安机关移送至检察院。检察院进行了相关调查，综合案情及监管条件，承办检察官认为小 H 犯罪情节轻微，有认罪认罚、系在校学生等情节且已获得被害人谅解，决定对其不批准逮捕，并与鲁冰花社工进行沟通和协商，由检察院和鲁冰花社工共同为该名服务对象提供临界预防服务。

服务阶段：社工了解服务对象家庭、生活基本情况后，以接纳、尊重、关爱等技巧，与服务对象进行聊天式的访谈，建立信任关系，同时进行心理辅导，改变服务对象对社工的错误认知。通过制作、发放与未成年人保护法和盗窃罪相关的法律知识问卷，根据服务对象法律知识掌握情况，有针对性地进行普法与错题解析。在帮教过程中，不断强化其法律边界意识，加强其树立诚实、守信的观念，减少盗窃行为的发生。

社工通过引导服务对象完成“我是一个怎么样的人”问卷，就涉及身体/情绪/才智/社会关系状况进行自我剖析，社工与其共同探讨自身存在的优缺点，挖掘其沉迷游戏的深层原因。一方面，社工通过任务设置，引导服务对象合理进行游戏娱乐，提升自我控制能力，将注意力转移到学业上；另一方面，社工设立小目标，使服务对象在学业中不断取得进步，以此来取代其在虚拟游戏世界中获得的个人成就感。

通过与服务对象家庭回顾服务对象的成长历程，改善其教育问题，提升家庭教育能力，让家长重视和培养服务对象的积极心态，要通过优势视角去看到服务对象的闪光点，打开和孩子的良性有效沟通之门。

结案阶段：服务目标基本达成，服务对象一切都在向积极的方向发展，与家庭成员关系有所改善，已养成良好的行为习惯。社工提前告知服务对象即将结案，并及时处理离别情绪，与服务对象相约后续通过电话、微信等方式跟进服务。

（六）评估和结案

1. 评估的方法

（1）观察法：当一名社工与服务对象谈话时，另一名社工记录并观察服务对象情绪、动作、反应情况。

（2）前后对比法：通过法律知识问卷和入户探访记录，观察服务对象帮教前后的法律意识和行为习惯。

2. 服务成效

服务目标达成：

（1）个人层面

①社工帮助服务对象改善不良的行为习惯，带领服务对象正确认识自己，挖掘自己的潜力，明确自己的发展方向。

②社工帮助服务对象提高自制力，锻炼自我克制力，引导服务对象对发生的事情有正确的认识。

③社工在帮教期间，为服务对象进行普法，不断强化其法律边界意

识，加强其树立诚实、守信的观念，杜绝盗窃行为的发生。

（2）家庭层面：目前服务对象与父亲的沟通次数有所增加，与其奶奶的关系也有所缓解。在帮教过程中，社工不仅对服务对象进行心理上的教育和知识上的梳理，还开展家庭座谈会，引导其父亲、哥哥、奶奶对服务对象的成长过程进行回顾。社工开展家庭座谈会，引导其父亲、哥哥、奶奶对服务对象的成长过程进行回顾，发现其中的问题和提出解决方案。

（3）社会层面

社会支持变化情况：通过社会各方面的支持与正向引导，帮助服务对象树立正确的三观，提升其社会化程度。目前服务对象能主动联系社工或者学校老师，主动述说近期自身的情况，寻求相应的帮助。

3. 评估和结案的困难及其应对

（1）社工运用观察法、前后对比法，通过评估，运用量表进行前后测量，发现服务对象的法律意识得到了显著的提升，并且盗窃的次数及每日网游的时间有明显的下降。

（2）结案原因：本案例主要从法制学习、亲职教育、职业规划等方面对服务对象进行监督考察和教育，达到一定的效果。目前服务对象已经回归课堂认真学习，法制学习成绩合格，与家人沟通良好，因此顺利结案。

（3）结案处理方式及建议：社会工作者提前告知服务对象即将结案，并在结案时与服务对象一起梳理整个个案服务成长历程。

4. 总结和专业反思

（1）服务对象表达能力增强，法制观念提升

服务对象因实施盗窃行为被检察机关转介给社工进行观护帮教服务。在帮教服务进行的过程中会遇到不同的难题，例如服务对象遇到自己不喜欢的结果或者事情的时候会选择逃避，不敢面对、不敢说，社工能做的是引导他鼓励他勇敢地说出来，并引导其认清问题的根本，挖掘其潜力去改变和解决问题。同时，社工通过一对一辅导、情景模拟等方式结合服务对象情况，个性化提供法制学习教育辅导，服务对象法律知识问卷成绩合格，极大地提升了其法律知识掌握度。

(2) 社工专业角色介入，促进服务对象能力提升、自信心提升

虽然四个月时间并不长，但社工充分做好桥梁作用和发挥教育者角色，做好与检察院、服务对象家庭沟通与协同，通过发挥教育者职责，帮助服务对象改变不良行为，提升法律意识。在生活上学会自立、自理，提升生活技能，在学习中成绩的提高，在朋辈交流上学会了与同学老师的正常交往，树立信心，种种迹象都表明了服务对象在帮教过程中获得了成长和收获。

(3) 个案开展中所遇伦理困境

在帮教的过程中，由于服务对象与奶奶无法亲近，沟通困难，存在隔阂。在项目实施中，社工以家庭系统理论为支持，通过对家庭开展亲职教育，提升家庭教育能力，对服务对象进行全方位引导，促进其正向回归。通过其亲职教育，服务对象与家庭关系缓和不少，在家庭关系上能够融入家庭的氛围正常地生活。但是由于奶奶想法难以改变，目前还没有办法缓解服务对象与奶奶的关系。在祖孙关系上，社工需要长期介入跟进，但由于经费和精力有限，目前能提供的后续服务有限。

彩虹少年　茉莉相伴

仓山区小茉莉青少年事务社工中心　王树辑

一、案例介绍

(一) 案例概述

小南，18 岁，是检察院转介附条件不起诉涉案人员。由于酷爱骑车，他很羡慕同龄的小伙伴都拥有自己的电动车，但因为父母反对，所以他的这个梦想并未实现。可为了能得到一台属于自己的电动车，小南于 2019 年伙同朋友盗窃了一台停放于路边的电动车，被检察院转介至社工中心，由社工提供帮教服务。小南性格开朗大方，待人处世都有较强的亲和力。对于盗窃的事情直言后悔，想要寻求改变但又不知道方法。转介至社工中心后，社工对其进行了相关专业的咨询与服务，目前初显成效。

（二）服务对象的基本情况

1. 基本资料：小南，男，18 岁。

2. 生理情况：良好。

3. 心理情况：服务对象性格开朗，有亲和力。

4. 个人情况综述：小南性格开朗，较为健谈。因为发生了盗窃罪的情况，被之前的学校劝退，目前已经辍学在工作。2021 年年前在一所超市工作，那时候小南对工作有热情，认为工作有晋升空间，有较为明确的职业规划。2021 年年后小南因为个人原因从超市离职，目前在一家餐饮店里打工。在最近的访谈中社工了解到，服务对象想要继续学业，但目前还是比较迷茫，无所适从。小南参加志愿活动十分积极主动，表现很好，对参与活动的社区居民和青少年都表现出了很强的亲和力。小南是重组家庭，有一个姐姐和一个同父异母的哥哥，小南现在和母亲与姐姐一起生活。聊起小南的父亲，小南出现了抵触的状态，小南说他和父亲的关系不是很好。见面也比较少。由于父母离异的关系，小南觉得父亲没有怎么管他。小南的姐姐比他大九岁，自己和姐姐的关系较好，自己遇到事情多会与姐姐倾诉。与自己的父亲和哥哥基本上没有什么来往，只有在过年过节的时候才见一面。和小南的家长沟通了解到，家长和孩子沟通比较生硬，教育小南的时候也常常因为方式方法不对与青春期的逆反心理不了了之。父母比较少关注小南的内心需求，缺乏亲子之间的交流。

二、分析预估

服务对象的问题分析和需求预估

1. 问题

法律知识的匮乏：在走访了解小南时得知，小南在实施违法犯罪行为时往往不了解自己的行为触及法律的红线。法制教育缺乏，法律意识淡薄的问题凸显。

对于自身发展的困惑：目前服务对象对未来较为迷茫，想要继续学业却无从入手。

2. 需求

服务对象需要对于法律法规方面的学习教育以及克服自身由于迷茫导致的困惑。

三、服务计划

（一）服务目标及策略

1. 建立稳定的专业关系。小南刚刚开始社区矫正会产生一定的不适应，社工需要关注其心理压力，及时了解小南当下的需求，探寻并尽力帮助小南克服迷茫的心理状态。及时的情绪支援能够增强社工与小南之间的专业关系。运用“4+1+N”工作模式，链接专业心理咨询师对其心理状态定期进行专业评估，检验工作成效。

2. 针对小南存在法律意识淡薄，组织开设普法宣传小组。通过运用小组工作的方法，帮助小南在小组活动中学习、了解并遵守法律法规，懂得敬畏法律、知法守法，培养社会责任心；帮教期间预计累计开展普法宣传小组 6 节，并对其学习知识进行小测评估，检验其学习成果。

（二）服务程序

1. 接案：小南是由检察院转介的，社工先从检察院了解了小南的基本情况，并约定了上门走访的时间。

2. 与小南初步接触，让小南了解社工的工作宗旨和性质，收集小南的资料。

3. 与小南共同讨论他目前面临的问题和困境，确认问题并建立专业关系。

4. 对小南进行多次会谈，在会谈过程中进一步与小南沟通，获得小南的信任。同时运用“真诚、平等、接纳”等工作理念和技巧鼓励小南作出改变。

5. 开展小组活动，针对小南存在法律意识淡薄，组织开设普法宣传小组以及心理小组。通过运用小组工作的方法，让小南在小组活动中学习、了解并遵守法律法规，懂得敬畏法律，知法守法。

6. 组织志愿活动，将小南转化为志愿者。参加集体行动、志愿活动，在这个过程中能让小南获得社会的归属感，培养团结互助，乐于助人的精神，同时得到别人的认可，提高自信心等。在志愿活动中使小南学会服务他人，服务社会，体会到帮助他人的乐趣，健全青少年的人格，有效预防涉案青少年出现违法犯罪行为。

7. 如果小南在参加社工组织的活动后适应良好，或者已有显著的行为上的改进，并且这种进步维持有一定时间，那么就可以准备结案。

（三）理论支撑

1. 生态系统理论

生态系统理论强调发展个体嵌套于相互影响的一系列环境系统之中，在这些系统中，系统与个体相互作用并影响着个体发展。社会工作者在服务过程中不仅关注服务对象问题本身，还关注服务对象的家庭环境、朋辈群体以及同类群体的阶段性特征，运用系统的方法，从微观、中观、宏观和外层系统方面为服务对象提供支持和教育。

2. 认知行为理论

认知行为理论认为，认知和行为是一体两面的关系，二者不可分离。人的行为大多都是心理、行为与环境互动的结果。服务对象错误的认知诱发错误的行为，错误的行为没有得到及时的制止和惩罚，便会认可或强化服务对象的不良认知，最终导致严重的后果。

四、服务实施过程

本案例采用人本主义理论，马斯洛认为人发展的本质在于需求，并把人的需求划分为五个层次：生理的需要、安全的需要、归属与爱的需要、自尊的需要、自我实现的需要。马斯洛认为只有低层次的需要得到满足，高层次的需要才有可能实现。案例中，小南自我实现的需要暂时没有得到满足，社工通过与小南深度交谈，给予小南心理支持，帮助小南分析需求、探寻自我，帮助小南满足自我实现的需要。

本案例采用“4+1+N”工作模式，组建“4+1+N”帮教回归组。主要由结对检察官小组、司法社工、心理辅导老师和亲职教育专家团队四种专业力量组建，针对一个涉案未成年人家庭，开展定制式和阶段式的帮教回归活动，以解决涉案未成年人及家庭存在的个体因素及家庭环境的多种问题。

在2021年春节后的一次日常访谈过程中，小南对社工说到：最近他很累，感觉自己很迷茫，无所适从。经过社工的详细询问后得知，因为一些个人原因，他从原来超市的工作中离职了，现在去了一家餐饮小店打工。这份工作与之前的工作内容变化较大，包括薪资、晋升空间等方面都大不如前。小南觉得与其做这样的工作，不如跳脱出来继续学业。但是由于之前被学校劝退的原因，暂时也找不到可以入学的学校。社工得知小南的困扰后，结合小南的实际情况，由于小南目前与自己的姐姐生活在一起，姐姐尚未成家，母亲也只是在一家小店里打工，收入并不稳定。考虑到这些，社工建议小南先在目前的餐饮店工作，赚取收入补贴家用。针对服务对象想要继续学业的情况，可以让家里人先去寻找，社工这边也会联系检察院方面看看能不能帮上忙。社工建议小南在这个过程中通过自我探寻的方式找到接下来想要从事的工作。小南现在还很年轻，一切都还刚开始。

小南听完社工的建议，表示对于目前来说先脚踏实地把当下餐饮店的工作做好，帮助自己的家里减轻负担，在工作的同时与家里一同积极寻找可以让自己继续学业的学校，学习一些技能。小南说他之后想要攒钱创业开一家烘焙坊，希望会有好的结果。社工也对小南的想法表示了肯定。

五、服务评估

（一）评估

本案例采用人本主义治疗模式，遵循社工工作原则，并根据小南具体情况制订有针对性的服务计划介入个案。运用访谈技巧使小南合理排解困惑，缓解心理压力，促进小南问题的解决。

（二）服务成效

经过六个月附条件不起诉考察期的帮教活动，小南的变化显著，检察院根据小南的表现最后作出了不起诉的决定。

六、个案反思与总结

（一）经验、创新和不足

本案例创新采用“4+1+N”帮教回归工作模式。该模式通过专业团队、科学办法，为涉案未成年人家庭提供“检察官小组、司法社工、心理辅导老师、亲职教育专家+N种亲子、家庭问题服务”资源，帮助服务对象早日回归正常学习生活状态和良性家庭环境。

（二）专业反思

介入青少年社区矫正个案的过程中并不顺利，青少年容易受到身边家人、朋辈的影响，经常处于不稳定的状态。情况刚刚有好转却又突然急剧下滑等，很多时候事情都因此需要暂停甚至推翻计划再做。社工在跟进过程中会陷入迷茫，对自己的工作产生怀疑。青少年是具有很大的可塑性的，因此社工需要对自我进行调节，理解和接纳他们。只要我们坚持、不放弃，就能看到他们一点一滴中累积出的改变以及成长。

心如花木，向阳而生

福州市台江区鲲鹏青少年事务服务中心　陈　媚

一、案例介绍

本案例是针对一名附条件不起诉的涉罪未成年人小兵开展的社工观护帮教服务案例。

附条件不起诉，又称为暂缓起诉、缓予起诉、暂缓不起诉等，是指对于未成年人涉嫌侵犯公民人身权利、民主权利罪、侵犯财产罪、妨害社会管理秩序罪规定的犯罪，可能判处一年有期徒刑以下刑罚，符合起诉条件，但有悔罪表现的，人民检察院可以作出附条件不起诉决定。在附条件考验期内，行为人没有实施新的犯罪或者发现漏罪，没有违反治安管理规定或者监督管理规定的，考验期满后，检察机关将依法作出不起诉决定。

小兵的家庭监管不足，初中辍学后与不良朋辈群体混迹社会，因法律意识淡薄，在朋辈间的相互影响下发生违法犯罪行为。鉴于小兵是未成年人，且犯罪情节较轻、悔罪态度良好，故检察机关对其作出附条件不起诉决定，并对接社工开展观护帮教服务。社工在接触小兵及类似的涉案青少年帮教案例中，发现他们具备一定的同质性特征，如家庭教育监管不足，受不良朋辈群体影响，大都在初中阶段辍学或初中后未继续接受教育，因找不到正规的工作，而游走在社会一些边缘的岗位，在缺乏职业技能、经济收入较低而又消费需求巨大的情况下，很容易受不良因素影响而走入歧途。因此，如何做好这类青少年的服务，不仅需要社工的专业介入，同时还需社会多方力量的共同参与，引导迷途青少年重新回归正常学习及生活。

（一）案例概述

小兵的父母在某市务工20余年，除父母外，小兵还有一个姐姐。家庭教育方面，父亲承担对小兵的主要教育责任，母亲则较少与小兵有沟通。2019 年，小兵家庭变故，父亲因患癌去世，一时间所有的家庭重担都集中在母亲身上，家庭责任和经济压力倍增，母亲忙于家庭生计而疏于对小兵教育监管，加上受不良朋辈影响，小兵走上违法犯罪之路。鉴于小兵犯罪情节较轻、悔罪态度良好，考虑到小兵今后的成长及家庭因素，2020 年，检察机关对小兵作出附条件不起诉决定，对小兵进行为期 1 年的观护帮教。

（二）服务对象的基本情况

小兵，男，15 岁，父亲离世。父亲健在时，父母双方常因小兵的教育问题产生分歧发生争吵，同时也造成后面母亲对其学习、生活情况了解较少。直至父亲去世后，母亲对小兵缺乏教育和监管，更加放任，小兵终日无所事事与不良朋辈混迹社会，母亲对于小兵现有的学习生活状态感到无能为力。

个人情况：小兵因学习成绩差，导致缺乏学习兴趣，朝而复始，初二下学期就辍学在家，再也不想回学校。辍学后小兵母亲曾对小兵进行劝说，鼓励其继续就学或学习技术，但小兵并不采纳母亲的建议，母亲在多次劝说无效后放弃作罢，同时也未及时对小兵进行管束和教育。小兵辍学后长期处于未就学、未就业的闲散状态，时常与朋辈群体聚集于汉堡店、台球厅、溜冰场等地，存在抽烟、飙车、夜不归宿等不良行为问题。

二、分析预估

（一）服务对象的问题分析和需求预估

1. 问题分析

（1）缺乏有效的家庭监管：父母放任且存在教育分歧，缺乏科学的教育方法，监管力度不足，在一定程度上对小兵放任自由，对其不良行为未能有效地进行正向引导。

（2）法律意识淡薄：小兵法律认知水平低，对自己行为的法律后果缺乏了解，加之缺乏正向的价值引导，故未能做到明辨是非，容易导致示范行为的发生。

（3）自我认同感偏低，缺乏目标规划意识：小兵在校成绩差，是老师、同学们眼中公认的“差生”。父母亲和老师对小兵的学业持“放弃”态度，只要小兵不惹是生非即可。故小兵缺乏对集体的归属感和认同感，认为“读书一无所用”，缺乏目标和规划。

（4）存在不良朋辈，生活状态闲散：小兵辍学后生活状态散漫，朋辈群体混杂，好结交“讲义气的朋友”，盲目崇拜“有钱的人”，故常与朋辈群体一起飙车、喝酒、泡吧，易与不良朋辈群体相互怂恿，在缺乏法律知识的情况下出现失范行为。

2. 需求预估

（1）改善亲子关系：小兵母亲文化程度低，对小兵的教育方式除了责骂就是说教，小兵希望母亲的沟通教育方式能够有所改善，进而促进亲子关系的改善。

（2）提升法律意识：案后，小兵对于自己的失范行为带来的严重法律后果感到畏惧，迫切希望能够增加法律知识储备，提升法律意识，杜绝发生违法犯罪的事情。

（3）去除负向标签：小兵自我效能感较低，担心因为自己涉案，身边的人会戴有色眼镜看自己，哪怕自己努力改变，也挽回不了自己犯错误的事实，不被接纳。因此，小兵有去除负向标签、融入集体的需求。

（4）寻找稳定就业：小兵荒废学业已久，对学习丧失了兴趣和动力，加之母亲生活负担重，故希望能够找到一份稳定的工作，过稳定的生活。

（二）服务资源分析

1. 司法机关

检察院发布《督促监护令》，并对小兵做附条件不起诉的决定。同时，检察院链接法律援助机构为小兵及其家庭提供相应的法律咨询，并联动学校帮助小兵重回学校就学。

2. 学校

为小兵提供重返校园学校的机会，并为其提供教育监管和学业辅导，帮助小兵完成九年义务教育。

3. 社会组织

社工对接帮教小兵，了解情况并制订帮教介入计划，为小兵及家庭提供专业服务。

4. 家庭

母亲愿意学习并改善家庭教育方式，为小兵提供有效的家庭监管和情感支持。

三、服务计划

（一）理论基础和服务模式

1. 社会支持理论

社会支持是由社区、社会网络和亲密伙伴所提供的感知的和实际的工具性或表达性支持。其中，工具性支持包括引导协助、有形支持与解决问题的行动等，表达性支持包括心理支持、情绪支持、自尊支持、情感支持、认可等。而从社会支持来源角度，社会支持可分为家庭支持、朋友支持、其他支持。

本案例中，社工评估小兵社会支持网络较为薄弱，在家庭、学校、朋辈等方面均得不到较有效的支持。因此，社工在服务中从小兵家庭、学校、朋辈、个人等方面出发，帮助小兵增强与家庭的互动与联结、削弱老师对小兵的刻板印象、协助小兵建立正向朋辈群体、修正小兵部分歪曲认知，辅以人际交往相关技巧培训，以逐渐恢复和扩大小兵支持网络，使小兵从中获得情感支持，提升归属感。

2. 优势视角理论

优势视角是一种关注人的内在力量和优势资源的视角，意味着应当把人们及其环境中的优势和资源作为社会工作助人过程中所关注的焦点，而非关注其问题和病理。优势视角基于这样一种信念即个人所具备的能力及其内部资源允许他们能够有效地应对生活中的挑战。

本案例中，小兵为自己贴上了负向标签，自我效能感低，缺乏发展的目标和方向。社工以挖掘小兵自身资源为切入点，增强小兵抗逆力和自我效能感，进而促进小兵自觉并主动运用资源，逐渐形成良性循环，达成对小兵的帮教目的。

（二）服务目标

总目标：联合多方力量，协助小兵回归正常的学习生活。

分目标：

1. 跟进小兵家庭，加强家庭亲职教育，提升小兵母亲家庭教育方式，促进亲子良性互动。

2. 提升小兵自我认识，寻找犯罪的原因，同时加强法律知识的学习，促进小兵法律意识和明辨是非能力的提升。

3. 通过制定阶段性学习计划任务，提升小兵在校表现，一定程度上提升其成绩，顺利完成九年义务教育。

4. 提升小兵规划意识，进行正向价值引导，帮助其去除负向标签，促使小兵回归有序的生活状态，稳定就学或就业。

（三）服务策略

1. 社会支持系统“搭建”服务：链接政策、物资等资源，针对小兵缺失或不完善的社会支持系统，如亲子关系、就学就业等方面开展服务，搭建起满足小兵发展所需要的支持系统。

2. 社会支持系统“替代”服务：针对小兵已形成且较难改变的认知观念、行为习惯及社会交往的互动模式等，通过用正向、积极的群体或服务，替代其原有的负向观念或互动模式，改善小兵的支持系统。

3. 提升自信心和自我认同：带领小兵参与夏令营、团体辅导等，通过团体短时间、密集的接触，与小兵深入交流，发掘小兵的闪光点并强化，进一步促进其归属感的形成和自信心的增强。

4. 创造获取经验的实践机会：通过社会实践、志愿服务等，促进小兵对实际问题处理及社会责任感的直接经验获取，形成良好的规范意识，促进其回归有序的生活状态。

（四）服务程序

1. 接案，了解小兵个人情况及所处社会环境情况，收集信息，建立专业关系，完成社会调查。

2. 进一步收集信息，分析问题并进行需求预估。

3. 与小兵、家庭、学校、司法机关等多方访谈，与小兵共同制订服务计划，签订服务协议。

4. 服务介入

（1）帮助小兵母亲加强家庭监管力度，持续跟进，定期家访，实施家庭任务等，提升亲子沟通和教育方式。

（2）与学校评估实际情况，共同为小兵返校提供支持。通过每日在校课堂表现反馈表，学习情况汇报、亲子沟通情况反馈表等，在一定程度上改善小兵在校表现和成绩，让其顺利完成初中学业。

（3）通过个案访谈、工作坊等形式，开展亲职教育服务，进一步优化小兵家庭教育方式；开展法治教育、青春期性教育、认知行为矫正等相关服务，改善小兵认知行为。

（4）了解小兵生涯发展规划，通过走访了解情况，开展生涯规划辅导，联合家庭力量，协助小兵探索未来方向，进行生涯规划教育。

（5）邀请小兵参与暑期夏令营等服务，挖掘小兵个人优势，提升小兵正向自我认识，塑造正向自我形象，同时营造青少年正向朋辈氛围，促其良好行为习惯的养成，树立积极正向价值观。

（6）邀请小兵参加“把握异性交往，度过花季雨季”异性交往小组，提升小兵人际交往能力。

（7）增能赋权，邀请小兵加入彩虹志愿服务队，提升小兵志愿服务技能，参与志愿服务活动，提升小兵的社会责任意识。

（8）持续跟进小兵的心理、认知等方面情况，对小兵进行持续的认知行为修正心理访谈，促成小兵积极转变。同时跟进小兵母亲和家庭，持续加强家庭监管力度。

5. 邀请小兵、家庭、学校、检察院等多方参与评估，并结案。

四、服务实施过程

（一）服务开展情况

1. 社会支持系统“搭建”服务

（1）开展社会调查，了解小兵基本情况。服务初期，社工了解到小兵的社会支持网络比较薄弱。

家庭支持方面，小兵父亲因癌症于2019年去世，在父亲患病期间，家庭无暇监管小兵，小兵无人监管并受到朋辈的不良影响，导致了小兵在父亲患病期间的违法行为。由于之前小兵的教育都是由父亲更多地参与，在小兵父亲去世后，小兵母亲需要承担更多的经济负担，导致对小兵的监管有所缺失。

学校支持方面，小兵在校期间学习成绩和行为表现较差，存在早恋现象，经常受到老师批评，时常因旷课、拖欠作业被请家长，从初二开始便频繁旷课，最后干脆辍学。

朋辈支持方面，小兵在学校是老师和同学们眼中的“问题学生”，对班集体和学校没有归属感，多与社会上的朋辈群体一起。该群体中存在不良甚至违法行为，通过朋辈相互介绍扩大朋友圈，易受不良朋辈氛围影响。

（2）链接资源，搭建满足小兵发展所需要的支持系统。案后，在检察院的帮助下，小兵获得附条件不起诉的机会，对接社工进行观护帮教，检察院对其家庭送达《督促监护令》。

家庭支持方面，社工在介入初期，通过家访、面谈、服务跟进反馈等，社工了解小兵家庭需求，为母亲提供情感上的支持，并对其进行家庭教育方面的引导和建议，协调小兵亲子关系，加强小兵母亲的家庭教育和监管力度。社工定期与小兵母亲联系，了解小兵在家的情况，鼓励家长更多地培养小兵独立意识和责任意识，如承担一定家庭事务和家庭责任，让小兵在参与行动和承担责任的过程中提升能力，获得成长。

学校支持方面，由检察院帮助链接资源，小兵得以回到学校继续就学。由于小兵长时间没去上学且受到案件的影响，导致小兵的学习动机和出勤情况均不太乐观，返校后仍时常出现请假的情况。在检察院的帮助下，社工与校方取得联系，着重消除老师对于小兵的刻板印象，与学校形成合力关注并协调小兵在校表现情况，并与小兵制定在校表现的约定。在返校初期，小兵还会因某些原因请假不去上课，社工通过多方了解在校学习、人际交往等方面情况，对其进行疏导，为小兵提供支持。在一系列的帮扶措施下，小兵在校表现明显提升，并未出现其他违反校规校纪的行为，如期参加中考并顺利毕业。

2. 社会支持系统“替代”服务

（1）强化家庭支持，促进小兵获得正向亲子关系体验。经过帮教的前期的跟进，小兵母亲的家庭教育和监管力度有所改善和提升，但小兵正处于青春期，生理和心理发展均未完全成熟，特别是在人际交往（包括同性、异性交往）、青春期性行为、法治道德规范等方面，其认知行为仍需要家长的积极监督和引导，助力小兵正向发展。因此，社工着重为改善小兵亲子关系提供服务，对小兵家庭整体法律意识、青春期性教育知识及朋辈交往等方面进行引导提升。人际交往方面，社工及其母亲也进一步关注小兵的交友状态，引导小兵发展正向朋辈关系，教导小兵遇事谨言慎行，要为自己的决定和行为负责，也时时监督和警醒小兵。

（2）朋辈系统介入，用正向、积极的群体和服务替代及改善原有的支持系统。在小兵顺利初中毕业后，社工为小兵收集了就学和职业培训的信息，为其提供升学的机会，但了解到小兵并不打算继续升学，想与朋辈一同在电动车店做学徒修电动车。社工通过走访了解店内情况，接触小兵朋辈，并与小兵就就业观、金钱观等问题进行深入讨论，引导小兵拥有更加正确的就业观。

与此同时，社工联合检察院等多方力量，通过定期心理访谈及培训，针对小兵的犯罪性质，社工对小兵及其他青少年开展了“谈‘性’说‘爱’”青春期性教育工作坊、法治小讲堂、“青春就业加油站”职业导向培训活动等，对小兵及其朋辈进行青春期性教育、法治教育和生涯规划教育。这一阶段的介入既增加了小兵交往人群的维度、协助小兵获得更多的学习成长机会，又能对小兵及其朋辈群体进行积极影响，达到了较好的“替代”服务效果。

3. 提升自信心和自我认同

（1）强化“替代”服务，构建正向朋辈氛围及支持系统。为进一步提升小兵的朋辈支持，社工邀请小兵及其朋辈群体同其他涉案青少年、在校大学生、志愿者等一同参加了“彩虹少年，从‘心’启航”青少年成长夏令营、“把握异性交往，度过花季雨季”异性交往小组等形式多样的活动，为小兵提供多元的学习交流的平台，进一步对其进行认知疏导和行为矫正，同时提升小兵法律意识及正向人际交往等方面的能力，对其进行正向价值引导，营造积极、稳定的正向朋辈氛围。

（2）用优势视角发掘闪光点，提升小兵自我效能感，增强能力和自信心。这一阶段，小兵的负向标签已逐渐弱化，但其仍对自己表现出迷茫和不自信。夏令营活动前期，小兵表现较为拘谨内向，在团体互动中不怎么敢于表达自己观点的同时也较为敏感。密切接触过后，小兵思维活跃、动手能力强、唱歌好听等闪光点不断被发掘，受到了团队小伙伴的一致认可。渐渐地，小兵进步明显，自信心、法律意识及正向人际交往等方面的能力得到较大提升。在人际交往方面，小兵在团队互动中会更愿意分享自己的感受，与人配合协作更加融洽，团队意识和归属感也不断增强。在法律意识方面，小兵主动远离违法犯罪及有违法犯罪可能的人和事，具体表现为小兵对自己的失范行为有明显的悔过意识及强烈的畏惧心理，有主动规避风险行为。

4. 创造获取经验的实践机会

（1）参与志愿服务，促进小兵形成良好的社会道德规范意识和社会责任感。在帮教前期，无论是个案辅导还是团体辅导，小兵多以“受助者”的角色参与，所处情境也多为模拟的、可控的。帮教后期，为了提升小兵运用资源解决问题的能力，使其从“受助者”转变成“助人者”，帮助小兵彻底去除负向标签，社工带领小兵参与志愿服务，进一步增强小兵自我效能感及社会责任感。期间，小兵参与了“弘扬好家风，传承好家训”家庭教育志愿服务活动等，在志愿服务过程中，小兵表现积极主动、踏实肯干，能够用心完成服务任务，并在活动中有所感触，有所收获。

（2）鼓励择业就业，引导小兵从直接经验中获得成长。在完全没有工作经验的情况下，小兵对于职业的认识基本都来源于其他伙伴的道听途说，对于就业择业容易“想当然”。对此，社工通过进一步开展生涯规划咨询辅导等，鼓励小兵多与大学生及志愿者们沟通交流，并联合家庭力量，协助小兵探索未来方向，进行生涯规划教育。小兵在母亲和社工的支持下，积极择业就业，通过发掘自身优势，找到了一份自己喜欢并能从中获取成就感、认同感的工作，工作生活趋于稳定。有了稳定的工作后，小兵不仅能够合理使用工资，不向母亲索取生活费，还会每月给予母亲1200元生活费，认知和行为上获得明显提升。

经过帮教，小兵的社会支持明显增强，各方面能力与意识都有着明显提升，亲子关系及其认知行为也得到改善。小兵在帮教期间没有不良行为，而且顺利完成九年义务教育，工作生活状态稳定。

（二）服务实施中的困难及其应对

1. 多方联动为小兵提供较全面服务的同时，也对沟通的时效性带来一定的影响。服务前期学校对于社会组织介入帮扶小兵不够重视，导致沟通不及时的情况出现。后通过与检察院等多方反馈协调，开展协调会议、签订合作协议，这一问题得到改善。

2. 小兵初中毕业后未满十六周岁，不愿继续升学却也未达法定就业年龄，出现未就学也未能就业的闲散状态。其间，社工为小兵链接就业技能培训资源，带领小兵参加夏令营、小组活动等，使小兵在这一时期提升能力，为小兵年满十六周岁后更好地就业和生活奠定基础。

3. 小兵母亲忙于工作而少有时间参与帮教服务。社工主动走访小兵家庭，并采取“线下+线上”服务相结合的形式，为小兵家庭提供支持和帮助。

五、评估和结案

（一）评估的方法

1. 叙述性测量

通过前期的社会调查和访谈、服务过程中的案例记录以及后期社工观察、相关方反馈等，小兵在认知行为上均有所转变，法律意识、青春期性知识、人际交往能力和个人生涯规划方面都获得明显提升。同时，小兵也逐渐脱离不良朋辈群体，家庭教育方式和沟通关系得到改善，工作生活状态稳定。

2. 标准化测量工具

基线测量，结合《症状自评量表 SCL90》《自我认同感量表（SIS）》等标准化测量工具，在帮教前期的社会调查中，小兵自我认同感较低，人际关系敏感（《症状自评量表 SCL90》人际关系得分 2.33；《自我认同感量表（SIS）》得分 47）；帮教后的测试显示小兵的心理健康状况、自我认同感均有明显提升（《症状自评量表 SCL90》人际关系得分 1.89；《自我认同感量表（SIS）》得分 58）。

3. 介入影响的测量

通过服务满意度调查，小兵及其家长、检察院、学校均对社工服务及小兵帮教后的生活状态表示满意。

（二）服务成效

1. 服务目标达成情况

服务目标基本达成。服务期间，小兵顺利完成九年义务教育。社工通过跟进小兵家庭、提供家庭亲职教育，小兵母亲对小兵的家庭教育方式得到改善，监管和支持力度也得以提升，亲子关系明显增强。同时，社工帮助小兵进行生涯发展规划的培训，提升小兵规划意识，树立自信，协助小兵在年满 16 周岁后顺利就业。在改善其生活状态的同时，社工通过法治教育、青春期性教育、认知行为矫正等服务，进一步改善了小兵认知行为，培养发展小兵多方面的能力，小兵脱离了不良朋辈群体，遵守各项要求和规定，顺利度过了附条件不起诉的考察期。

2. 服务对象改变的情况

（1）小兵返校就读期间，能够遵守学校规章制度，顺利参与中考，完成九年义务教育。

（2）小兵正向朋辈交往意识和法律意识得到提高，逐渐与不良朋辈群体断绝来往，服务期间未再出现违法犯罪行为。

（3）小兵自我认同感、人际交往能力得到提升，逐渐探索自己的兴趣，明确目标和规划，并稳定就业。

（4）小兵与母亲关系得以改善，不再出现夜不归宿等情况，会主动关心家人，主动上交部分工资，减轻家庭负担。

（5）小兵主动参与“彩虹青少年志愿服务队”，工作之余积极参与志愿服务，积极回归家庭与社会。

3. 服务的社会效应

（1）通过帮教服务，小兵顺利通过“附条件不起诉”考察期，完成九年义务教育并稳定就业。同时，小兵及其部分朋辈群体成为社会组织的志愿者，回归家庭、服务社会，在一定程度上降低了涉案青少年再犯风险。

（2）小兵的成功案例为推广实施《督促监护令》和创新涉罪未成年人相关制度措施提供了宝贵的经验。

六、总结和专业反思

（一）经验、创新和不足

1. 经验

社工以社会支持理论为指导，运用现有机构平台，如彩虹志愿者服务队等，整合团委、检察院、学校等多方力量，对小兵及其家庭、朋辈网络进行重构，帮助小兵及家庭实现自助。在过程中社工从优势视角出发，始终以尊重、平等、接纳等原则看待服务对象所经历的问题，以助人自助，再到助己助人思路，不仅成功去除服务对象的“负向标签”问题，同时挖掘小兵及家庭的潜力，实现自助、助人的蜕变，帮助小兵重新回归正常的生活轨道。

2. 创新

某市检察院在全国率先推行《督促监护令》。社工积极发挥专业优势，结合《督促监护令》颁布实施，强化涉案青少年亲职教育，通过“线上+线下”服务，在涉案青少年家庭教育方面有所创新和突破，也在一定程度上为推广实施《督促监护令》和创新涉罪未成年人相关制度措施提供经验。

3. 不足

（1）家庭教育系统性、服务形式多样性有待进一步提升。

（2）社工在专业理论和实务工作的结合上存在一定不足。

（二）专业反思

社会支持理论为开展涉案未成年人观护帮教提供了重要的视角。未成年人自身的社会支持程度影响着他的个人选择与发展，若其拥有的社会支持网络越强大，就能够越好地应对各种来自环境的挑战。本案例中，服务对象的社会支持包括家庭、老师、同学、朋辈等非正式的社会支持，与社会组织、司法机关等正式的社会支持。总体上，服务对象的支持系统得到了完善和提升，但仍应进一步丰富支持资源，如家庭支持上忽略了服务对象姐姐对服务对象及其家庭的支持。同时，服务对象在初中毕业后有就业意向但未达法律年龄，在缺乏就业的直接经验的情况下，若有爱心企业形成“观护基地”，为青少年提供直接的职业体验和技能培训，将会对服务对象适应社会规范、获取直接经验起到更大的促进作用，也为服务对象更好地就业择业、回归社会奠定基础。

社会支持也需要多方的联动合作。本案例通过联动社工、检察院、学校、家庭的力量对服务对象提供支持。在联动机制方面，则以社工作为桥梁提供服务并链接资源，过程中社工承担多种角色。在个案服务前期，社工也会出现多重角色冲突，以及在监察机关、服务对象等多重主体期待下形成角色压力等情况，导致沟通不畅、信息断层。对此，在多方联动的过程中，社工需明确角色定位，提升角色认同，厘清与检察机关、学校、家庭等多方的协助关系与职责分工，各方对帮教目标和内容达成一致共识，形成合力为服务对象提供支持和帮助。同时，在服务过程中，社工也应注重增强自身专业理论知识能力，通过结合理论知识和实际情况为青少年提供富有温度并更加专业有效的服务。

“亲爱的孩子　其实我真的很爱你”

福州市鼓楼区海容青少年社会工作服务中心　苏　辰

一、案例介绍

（一）案例概述

检察机关在办理涉罪未成年人犯罪案件中，当监护人对子女的不良行为未及时有效或不当履行监护职责，但是又未达到撤销监护权、启动国家监护的严重程度时，由检察机关向监护人发出要求其依法履行监护职责的检察文书。从 2019 年 10 月某市检察机关在全国率先探索推行“督促监护令”工作机制，为“熊孩子”的家长套上了“紧箍咒”，督促监护人履行监护职责，同年 12 月，福建省某市检察院发出全国首份“督促监护令”。

本案例通过个案工作介入改善罪错未成年人监护缺失的问题。服务对象为小美家庭，包含小美、小美父母以及相关人员。小美因法律意识淡薄、心智不成熟、缺乏家庭管教等原因，于 2020 年 3 月与友人在某娱乐场所跟人发生冲突，小美及友人殴打被害人致其轻伤二级，抢劫其苹果手机并以裸照胁迫被害人提供现金，友人被抓捕后，小美主动投案，于 2020 年 9 月因涉嫌抢劫罪被公安局逮捕。检察院考虑到小美认错态度良好，且属于未成年人犯罪，鉴于小美与其父母存在亲子沟通不畅、监管缺位等问题，于同年 12 月检察院向其监护人颁发督促监护令，督促监护人更有效地履行监护职责，同时转介社工中心由司法社工进行考察帮教。

（二）服务对象的基本情况

1. 生理层面：小美，17 岁，女，身体良好，见面时戴着口罩不说话，对犯罪过往表现出懊恼。

2. 心理层面：在收押期间，小美的事情不小心被邻居村民知道，并形成一些流言蜚语，给小美造成了不小的困扰。同时，因就业问题，小美跟父母意见不同产生矛盾，情绪烦闷。

3. 社会层面

（1）家庭情况：小美一家 4 口，其父母投资失败后，家庭经济压力较大常年外出打工。小美从小与其长姐随祖母和其他叔伯一同生活，家庭成员关系疏远，沟通不顺畅。

（2）工作学习情况：小美辍学后在某直播公司上班。社工在学校走访中得知，小美在学校就学的半年中，除就学热情不高外，纪律、交际情况良好。

二、分析预估

（一）服务对象的问题分析和需求预估

照养问题：因家庭经济困难，小美父母在其一岁时外出打工，把孩子交给家里老人照顾，只提供金钱上的关怀，对生活上发生的事情不了解，因此需要督促父母加强对孩子的监护和关爱。

亲子沟通问题：因长期不住在一起，亲子关系疏远，且小美处于青春叛逆期，不愿意和父母沟通，对于职业规划问题，加剧了亲子间的矛盾，因此社工根据《督促监护令》的职责要求加强亲职教育，鼓励家长与小美建立积极有效的沟通。

非理性信念影响亲子关系：小美在成长过程中，缺乏父母的关爱，对父母及其教养方式存在很多不合理、非理性的信念，且父母对青春期孩子的身心特点不了解，影响亲子关系，因此需要帮助改变家庭成员的看法，改善家庭错误的观念，缓解亲子关系。

（二）服务资源分析

个人优势：小美辍学之后对工作的态度认真；小美在案件发生后自己要求回到老家，不继续待在福州，希望老家的环境给自己减少一点外界的诱惑。

社会网络支持情况：此次案件的发生让小美父母认识到家庭监管教育的重要性，会主动和孩子进行沟通，关心了解孩子的近况。姐姐和表姐也主动提出承担起照顾小美的责任。

三、服务计划

（一）理论基础和服务模式

1. 家庭生命周期理论。该理论认为家庭像人一样有一个成长、发展的自然变化过程，其中特别指出在青少年家庭阶段，家庭的任务和要求是要调整家庭界限以满足青少年的独立需求，适应家庭成员对个人自主性的新要求。小美处于青春期阶段，青春期的叛逆，表面上是不听话，本质上表现为孩子要求有自己的独立空间、按自己的想法和方式处理一些事情。通过家庭治疗模式，加强对家长开展亲职教育，帮助其更好地了解孩子的生理、心理特征，调整家庭界限，改变家庭成员的看法，改善家庭错误的观念，缓解亲子关系。

2. 情绪 ABC 理论。艾利斯认为：正是一些不合理的信念才使人们产生情绪困扰，如果这些不合理的信念存在，久而久之还会引起情绪障碍。小美在成长过程中，缺乏父母的关爱，对父母及其教养方式存在很多不合理、非理性的信念，影响亲子关系。社工通过理性情绪治疗模式，了解小美及其父母不合理的信念以及所导致的情绪和行为结果，帮助其进行积极的自我心理调适，形成较为理性、合理的想法。

（二）服务目标

加强小美父母对孩子的监管教育，改善亲子关系，完成《督促监护令》的要求，顺利度过考察阶段。

1. 小美及其父母掌握有效的亲子沟通方法，建立良好的亲子沟通方式。

2. 改变家庭成员的看法，改善家庭错误的观念，缓解亲子关系。

3. 小美的父母完成《督促监护令》中的监护职责及工作要求，改善亲子教养关系。

（三）服务策略

1. 与服务对象建立良好的专业、信任的关系，以推进个案服务的开展。

2. 通过线上与线下的面谈方式，加强服务对象跟进频次，督促服务对象完成督促监护令要求。

3. 开展亲职教育活动，为家长提供亲子沟通、孩子教育等辅导，鼓励家长增加对孩子支持的力度，建立有效沟通方式，改善亲子关系。

4. 通过了解小美对其父母不合理的信念以及所导致的情绪和行为结果，帮助其进行积极的自我心理调适，改善家庭错误观念。

5. 社工从正式支持系统中协助服务对象找到可支持的资源，给予服务对象对自身完成督促监护令的信心，并鼓励其按照预定的计划逐步完成。

6. 在结案前，与服务对象家庭成员回顾服务过程、巩固经验，并巩固其与孩子之间建立良好的沟通。

（四）服务程序

1. 接案与建立关系

（1）社工与服务对象在检察院进行首次面谈，了解服务对象的情况、初步问题和需要，澄清社工工作职责。

（2）通过专注聆听、表达同理心、无条件接纳等技巧，与服务对象建立初步关系。

（3）初步评估服务对象的问题、服务对象接受社工的服务意愿等，接案。

2. 资料收集与问题判断

（1）通过与服务对象家庭、检察官、学校老师等咨询，以及相关文件资料，从生理、心理、社会功能、环境体系等多角度了解服务对象问题和情况。

（2）分析评估服务对象的问题以及问题产生的原因，并确定关键问题。

3. 确定目标和工作计划

（1）社工与服务对象协商服务目标，并达成共识。

（2）根据服务对象的问题和需要、目标，制订工作计划。

（3）与服务对象及检察院签订三方工作协议。

4. 服务计划的实施

在服务过程中，社工充当着联系人、教育人、使能者的角色，对服务对象进行支持和鼓励、情绪疏导、观念澄清等工作，根据服务计划有序推进。

5. 结案与评价

(1) 总结回顾并巩固服务对象取得的成绩，并讨论结案后的跟进事宜。

(2) 评估服务目标达成情况及服务对象改变情况。

四、服务实施过程

(一) 服务开展情况

第一阶段：建立良好的工作关系，明确辅导要求

在面谈过程中，社工运用关注、倾听、同理等会谈技巧，与服务对象建立良好的关系，同时向服务对象明确清楚辅导要求和双方责任义务，小美家庭表示愿意积极配合完成《督促监护令》相关的工作内容，对服务目标达成共识，制订服务计划并签订协议。

第二阶段：检查出非理性信念

在服务过程中，社工采用反应感受、角色扮演等检查技巧帮助小美及其父母识别出家庭中在沟通和教养方式中存在的非理性观念，并帮助让他们理解正是这些非理性的信念导致大家在情绪与行为上存在的困扰。

小美：我和朋友一起就很开心，一想到回家妈妈会一直唠叨个没完，我就不想回去，回去了也会吵架。我只要做自己的事情，赚点钱，就很开心，我相信妈妈她也会开心。

小美母亲：孩子一点不听话，还经常顶撞我说话，完全不喜欢我，反而是更喜欢奶奶。

通过这些描述，社工发现亲子间存在以下几点不合理信念：

1. 小美为避免与母亲吵架而逃避与其相处，认为这样彼此都会开心（过分概括化）。

2. 小美母亲认为孩子只有完全听自己的话，才是乖孩子（绝对化）。

3. 小美母亲认为孩子完全不喜欢自己（绝对化）。

第三阶段：与非理性辩论

社工通过和服务对象多次的交流，以生活中的就近情景进行分析，以对质、聚焦、澄清等方式，调整其在沟通时产生的不良误解。通过辩论技巧，帮助服务对象与非理性信念进行辩论，形成较为现实的、理性的生活方式。

第四阶段：学会理性生活方式

通过三个月的服务，社工及时跟进服务对象家庭情况，引导小美和母亲之间良好亲子沟通的进行，就服务能完整进行亲子沟通，进行鼓励和表扬，激励服务对象能够主动去解决亲子沟通中产生的不必要误会，并且社工向其宣传一些社会福利政策让其知晓，懂得如何获取正式资源的支持，改善家庭的生活状况。

第五阶段：后期跟进及回访

通过社工的帮扶和个案自身的努力，三个月来小美母亲能够认真履行监护人的职责，在迫于家庭经济压力外出工作的情况下，每天仍能坚持和孩子互动沟通，积极参加亲职教育，亲子关系得到修复，已基本达成帮扶目标，并在结案后社工每两个月 1 次回访时，小美母亲主动和社工说明最近孩子的积极变化。

（二）服务实施中的困难及其应对

服务对象因为经济原因，家长需要外出进行劳作，没办法切实跟随在身边进行监护，社工三方协调，切实做好沟通机制，以电话、微信等方式保证其每天沟通半小时，及时跟进沟通的进度、内容，并切实做好质量保证。

五、评估和结案

（一）评估的方法

1. 通过访谈、查阅咨询记录的方式，评估服务对象对个案服务的满意程度、改变程度。

2. 通过同工督导、机构督导方式评估个案服务成效。

（二）服务成效

1. 小美母亲主动与孩子沟通交流，修护亲子关系。针对亲子有效沟通不足问题，因家庭经济的原因，父母无法在身边进行照顾，在和检察院提前申请的情况下，小美母亲采用了每天和孩子以电话或微信沟通的方式进行交流，小美母亲有意识地加强和孩子沟通，增强沟通频次，及时了解孩子的社交、思想动态，多理解、体会孩子在学习生活中的一些感受，引导孩子。通过社工教授的一些沟通技巧以及参加亲职教育，社工在和小美母亲接触的三个月中，小美母亲从一开始的不知道如何处理自己与孩子之间的关系，无法正常和孩子交流，到现在除了给孩子经济支持上外，还能和小美交流生活中的琐事，比如在家做了哪些的家务。母亲表示孩子现在愿意把自己的一些想法和要求告诉自己，不像之前那样什么都不和自己说。

2. 小美母亲履行监护职责，积极做好监管工作。作为孩子的母亲，纵然因为生计不能长期陪伴孩子成长，通过婆婆代为监管孩子的日常起居，但小美母亲积极履行监护职责，在考察期间，关注孩子的生理、心理状况和情感需求，并进行合理管教。小美未再出现再犯罪情况，身边的亲人朋友也对小美有了新的认识。到服务后期，小美来电反馈村里的叔叔阿姨会和自己说要好好表现，不能再犯错了，也鼓励自己的孩子多和小美交流，进行正确的引导，这让她更有信心度过考察期。

同时小美母亲积极参加检察机关组织的家庭教育指导和心理疏导，提高家庭教育水平和亲子沟通能力，并表示希望再参加今后类似的活动，提升自己和孩子交流的能力。

（三）评估和结案的困难及其应对

1. 困难：因为服务时间是相对短暂的，所以在评估时，虽然服务目标达到了，但是评估的质量还是会受到时间的影响。

2. 应对：社工在结案后回访时，对服务对象的行为改变做好登记记录，并考察他们是否需要继续进行服务。

六、总结和专业反思

（一）经验、创新和不足

1. 服务经验：这是社工第一次接手检察院个案，社工发现当问题出现时，成年人往往从自身的角度和经验出发，以“为他们好”为理由，对他们进行说教。但青少年有自己的想法和对事物的认知，一味的说教反而会适得其反。因此在服务过程中要多听他们的想法，走进他们的内心世界，一起探讨找出问题背后的原因而不是简单的输出式的教育。

2. 创新：在提供服务时，让服务对象感受到充足的信任和支持，即便出现问题，他们的背后是有支持和力量的。让其感受到自己并不是与别人不一样，帮助服务对象去掉内心的“标签”，重新认识自我、接纳自我。

3. 不足：对于此次个案工作的开展，社工一开始忽略了服务对象本身的需求，从而设置脱离实际的目标。在亲子沟通方面，服务对象虽然很多次主动进行沟通了，但社工无法在每次和服务对象就青春期孩子教育方法上给予更多的支持。所以，社工需多增加自己这方面知识的掌握和储备。

（二）专业反思

1. 一般技巧分享。社工最先接触服务对象时，曾遭到了拒绝和抵抗。但社工一直坚持运用接纳、尊重、同理、倾听等技巧，给服务对象以理解和支持，最终获取了他们的信任。在个案辅导过程中，社工一直运用平等、回应、真诚等技巧对待服务对象，让她感受到社工对她的关心是真诚的。

2. 情绪处理分享。针对服务对象不愿意面对的亲子沟通关系破裂情况，社工采用了面质、对焦技巧，令服务对象看清自己的问题所在，然后再运用安慰、支持、肯定、欣赏等技巧鼓励服务对象面对问题、解决问题。

阳光让久违笑容重现

福州市长乐区青少年事务社工服务中心　林政雯

一、案例介绍

（一）案例概述

2019年的一天傍晚，16岁的小涵与父母吵架，离家出走夜不归宿，无处可去的他投奔了所谓的社会朋友家中。深夜几个小伙伴饥肠辘辘，没有钱买食物，动起了歪脑筋，滋生了偷盗之念。

案发后几人被公安机关抓获，考虑到小涵为未成年人，且悔过态度积极，年少不懂事的他受他人指使误入歧途，检察院未检部门委托青少年社工中心对其进行社会帮教矫正。

（二）小涵基本情况

1. 家庭状况

家庭健康，经济情况一般，父亲和哥哥都是货车司机，妈妈是当地酒席帮厨，平时家庭很少交流，父亲脾气不好，交流时都是谩骂。母亲相对父亲比较啰嗦，每天都会强调各种事情。

2. 个人情况

小涵，男，16岁，初中学历。个人法治意识不强，结交一群社会朋友，偶尔出入网吧，发生触犯刑法的严重不良行为，因未满18周岁，委托社工机构进行观护帮教。

二、分析预估

（一）服务对象问题分析和需求预估

1. 服务对象法律意识比较淡薄，自己触及法律还不知。

2. 服务对象亲子关系紧张导致家庭监督和管教力度较弱，需要缓解家庭关系，促进沟通，提升家庭对服务对象的支持。

3. 服务对象对自己将来选择职业时比较迷茫和困惑。

（二）服务对象资源分析

1. 非正式资源

关心服务对象的家庭成员，是会促使服务对象改变的重要资源，家庭成员父母对其关爱备至，一同生活能起到监护作用。

2. 正式资源

检察院。检察机关颁布《监护督促令》，督促其家长切实履行好法定代理人职责，定期参加检察机关开展的亲职教育课，对服务对象训诫，普及法律知识。

社工中心资源。社工以专业知识为基础，以社会工作方法为指导，本着“平等、尊重、接纳”的态度和“以人为本”的服务理念介入涉案未成年人帮教工作。

三、服务计划

（一）理论基础和服务模式

认知行为治疗模式。本案例采用认知行为治疗模式，以改变服务对象不合理认知为切入点。

本案例中，服务对象一方面因亲子关系紧张导致家庭监督和管教力度较弱，另一方面的重要原因在于服务对象自身认知偏差导致其结交社会上的不良朋辈群体，进而涉嫌违法犯罪行为。在服务对象眼中，“社会上的朋友讲义气，可以跟着混帮派且常有吃喝”，“只要社会上的朋友不带自己去做违法犯罪的事情，那么跟他们一起，并不存在任何问题”。因此，在服务过程中，社工主要帮助服务对象重建从“非理性认知”到“理性认知”的过程，通过改变其偏差认知，促进其偏差行为的改变。

（二）服务目标

总目标	协助服务对象家庭建立有效的教育及监管方式，增强亲子沟通。对服务对象进行就业指导，缓解服务对象发展阶段的困惑，增强其自信心，促进自我增能。
分目标	1. 协助服务对象增强辨别是非的能力、法治意识。 2. 缓解服务对象与家人的关系，促进父母与服务对象间的良好沟通。 3. 带领服务对象参与就业指导小组，进行职业尝试与职业选择。

（三）服务策略

1. 为服务对象普及相关法律知识，提升服务对象法律意识及交友辨别能力，带领参加相关活动。

2. 密切关注服务对象生活、工作及交友动态，提升家庭对其的支持，加强监管力度，共同制订家庭任务计划，同时教授母亲亲子沟通技巧，促进亲子交流。

3. 服务对象参与志愿者服务活动，为其提供建立正向朋辈群体的交往平台。

（四）服务程序

1. 完成服务对象的资料收集，建立初步信任关系，完成预估报告。

2. 每月定期对服务对象进行心理访谈。

3. 每月填写个案记录表，及时跟进情况。

4. 结案时对服务对象进行 SCL90 心理测试，提交测评报告。

5. 结案时填写结案记录表、结案评估。

四、实施过程

（一）接案

服务对象由检察院未检科转介，检察官与社工对服务对象进行初步约谈，签订帮教协议及保密协议，正式对接社工进行帮教。社工通过对服务对象的访谈、心理测评及家访，了解服务对象个人及家庭基本情况，收集资料。其间，社工向服务对象澄清专业关系，协同服务对象制订帮扶计划，初步建立信任关系。

（二）问题评估与服务介入

经与服务对象及其家庭多次访谈，社工对服务对象存在的主要问题进行评估和分析，准确分析服务对象的需求和问题，确定服务工作目标、阶段目标。配合服务对象现有资源为其提供机构专业的具体服务，从个人及家庭方面介入，服务重点在于改善亲子关系，加强家庭监管力度，提升家长亲子沟通技巧。

（三）危机介入

服务对象再次出现夜不归宿的问题，与家长产生矛盾，服务对象觉得家人不信任他，且强迫他从事不喜欢的职业。服务对象希望能够从事自己喜欢的行业，与小伙伴近期都一起寻找工作，已有初步计划。这次夜不归宿的原因是因为自己选择网购夏季衣物，家长不同意认为其在欺骗家人。与妈妈交谈中得知，近期服务对象和一个小伙伴走得特别近，天天都在一起玩耍，平时都骑着小伙伴的电动车，这回因为买衣服问题与家人产生矛盾，躲在朋友家好几天，夜不归宿。生怕他在外又犯错误，一直劝其回家，实在无法管教。

经过多方劝解服务对象与家人促膝长谈，达成初步和解，家人同意采用服务对象所提出的网购方式购买自己喜欢的服饰，由服务对象选购衣物家长确认后下单购买。服务对象写下保证书保证不再出现夜不归宿，找一份稳定的工作，按时上下班，今后有想法一定及时与家里沟通，不再触碰法律底线。

（四）持续介入帮教

在后续跟进中，服务对象找到了新的工作，在一家日料店学习制作寿司，每天上班时间要到深夜。社工鼓励服务对象，调动其自身动力，发挥自身潜在价值，促使服务对象发生有效改变。

学习三天，服务对象已经掌握小菜的制作，师傅对其耐心教导，关怀备至。一次，服务对象练习刀工不慎划伤自己，血流不止，还很坚强地按时上班，但工作时难免碰到伤口导致伤口二次创伤，师傅第一时间为其包扎止血。

服务对象与家长共同参加“零距离沟通——亲子课堂”，亲子平行小组作为一种新型的、科学的家庭教育模式，强调父母孩子在情感沟通的基础上实现双方互动，针对父母与孩子之间关系的协调而进行对父母的培训与提升，使父母和孩子能够更好地沟通。社工走进家庭，开展以“零距离沟通”为主题的亲子平行小组，通过亲子互动游戏为媒介，提高亲子间的互动，让家长和孩子学会表达自己，表达自己心中的爱。

（五）服务后期

服务对象家庭关系缓和，妈妈少了抱怨，脸上的笑容也多了，服务对象回家的时间也长了，并且选择了自己喜欢的工作，在工作中稳定发展不断收获成就。

五、评估和结案

（一）过程评估

1. 服务前状况：第一次见到服务对象的时候，其精神状态不好。社工和他交谈的时候，显得很沉默，出现一些抵触的情绪。同时，他表示对社工也不了解。

2. 变化情况：经过社工的真诚服务，对服务对象的尊重、接纳、关怀和人性化的服务方式，服务对象对社工十分信任，建立起相互信任的专业关系。在遇到危机的时候愿意向社工求救，并接受社工的意见，不断和妈妈沟通改变家庭关系，妈妈也从一开始的唠叨不断，参加亲职课堂学习后脸上出现了笑容。通过专业合作维持，无条件地关怀服务对象，尊重服务对象的价值，并且相信服务对象，最后服务对象选择了自己喜欢的工作，并不断上升，在一个行业稳定发展。

（二）效果评估

服务对象现已稳定就业，表现良好；服务对象的认知和行为有所改变，已与社会上的不良朋辈群体断绝联系，情绪控制及交友辨别能力均有所提升；家庭沟通及其支持增强，亲子关系有所改善，服务对象未再出现离家出走等行为。

（三）结案情况

经过几个多月的接触，现在每次见到服务对象时，他整个人都显得充满活力，脸上常常带着微笑。交谈的时候也比以前显得自然，并乐于表达自己的想法。思想汇报的内容也更多地谈到他近来的生活感悟，更加贴近实际。在情绪表达上显得比以往平静，懂得从多方面去考虑问题。从 SCL-90 心理测评量表显示，目前状态已经归于平稳，RRAI 再犯案预估量表评价等级也下降为低。综上所述，服务对象已经进入正常的生活工作中，达成预定目标。

六、总结和反思

（一）经验和不足

在个案服务中，社工应多从服务对象的角度和需求去思考，结合需求和生活形态设计服务计划，发挥主观能动性，使其有参与感。同时，社工应注重与服务对象的联系和支持，避免产生有任务、有事情才联系的错觉。

社工的个案服务过程不应是去左右服务对象的选择，而是引导其从不同角度看待问题，帮助分析他们的选择，尊重服务对象，注重发展服务对象能力。

（二）专业反思

反思帮教工作，社工需要时刻根据服务对象的实际情况作出相应的变动，在本次个案服务中，通过个别教育使服务对象认识到自己犯的错误，并且最终能够积极配合执行社区矫正。在服务过程中，社工运用同理、真诚、倾听等技巧，让服务对象直接感受到人与人之间真诚、信任的可贵，使服务对象也能敞开心扉，逐渐信任社会工作者，最终愿意作出改变，成就更好的自己。

通过这个个案服务，社工也认识到对社区矫正服务对象的个案辅导，不仅需要社工运用专业知识和理念引导服务对象相信自己可以作出改变，而且也需要家庭、社区以及社会的支持和帮助，共同搭建服务对象的社会支持网络，使服务对象能够更好地成长和发展，使社区矫正服务对象能更好地再融入和回归社会。

司法社工助迷途少年再起航

福州市鼓楼区海容青少年社会工作服务中心　张亭亭

一、案例介绍

（一）案例概述

在处理未成年人刑事案件中，针对在规定罪名范围内的、可能判处一年有期徒刑以下刑罚，符合起诉条件，但有悔罪表现的对象，出于教育、挽救的目的，检察机关可以作出附条件不起诉的决定，并设定六个月到一年不等的考验期，由司法社工开展观护帮教服务，提供一对一个性化、专业化的辅导。社工通过采用家庭教育指导、职业生涯规划以及心理疏导等措施，解决他们心理行为偏差问题，促进其更好回归社会。2015 年海容社工中心与某区人民检察院开展司法社工工作，已为 50 余名附条件不起诉青少年开展司法社工帮教服务，重新回归社会的青少年再犯罪率均为零，取得了良好的服务成效。

本案例中，社工通过与检察机关、未成年人帮教基地以及家庭等多方的联动，为服务对象提供全方位、个性化的帮教服务。最终，服务对象顺利度过考察期，检察机关依法对其作出不起诉决定，并进行相关记录封存。目前，服务对象重新规划职业生涯目标，以乐观和积极的心态回归家庭，专心准备高考。

（二）服务对象的基本情况

基本情况：阿彬，男，17 岁。服务对象小时候学习努力，成绩较好，进入青春期后，他常与父母发生争执，也因此在高二时辍学，离家出走，在外打工。因无固定工作，常与社会上的青年来往，并出入酒吧、KTV 等娱乐场所。

家庭情况：服务对象一家四口人，家庭结构完整。父母感情和睦，无明显家庭矛盾，其父亲几年前因车祸受伤。其本人有高尿酸症，需要长期服药，病发时无法动弹，更无法工作。

案件情况：2019 年 11 月的某个凌晨，服务对象与朋友聚会喝酒，其朋友认为自己的女朋友被人调戏，因此让服务对象一同前往帮忙教训教训对方。双方到达指定地点后，开始互殴，服务对象也参与到打架中，后因涉嫌聚众斗殴而被捕。案件很快移送到检察机关，检察官审理发现，服务对象的行为可能判处一年有期徒刑以下的刑罚，符合起诉条件。但其案发时系未成年人，且具有自首等情节，检察院对其做附条件不起诉，考验期为八个月，并转介到社工中心，由司法社工开展观护帮教服务。

二、分析预估

（一）服务对象的问题分析和需求预估

1. 问题分析

（1）行为存在偏差，法律意识淡薄，且参与违法事件。服务对象自辍学离家出走后，失去家庭的监管，常与社会不良青年来往，习得抽烟、喝酒、打架等严重不良行为。因其长期沉迷于玩乐，对金钱的需求大，就更依赖于朋友，对不良的朋辈团体的服从度就越高。同时，服务对象对法律的认知程度较低，法律意识淡薄，无法清楚认识“朋友义气”，遂答应朋友的邀请参与聚众斗殴事件，触犯法律。

（2）情绪管理能力较弱，常冲动做事引发不良后果。服务对象长期以来无法很好地控制自己的情绪，容易因一点小事与他人发生冲突。如在本案中，服务对象认为对方“无理取闹”，自己“忍无可忍”才动手的。又如，因母亲未按照自己的意愿剪发型而与其发生争吵，辍学离家出走，长期不与父母联系等，说明服务对象在遇到冲突事件时，难以控制自身情绪，会采用过激的行为应对。

（3）目前处于无业状态，对未来迷茫、无助。服务对象因为无学历、无技术，且未满 18 周岁，难以找到一份合适的工作，因此长期处于无业状态。同时，因其有高尿酸症，所以他担心身体健康也会影响到未来的规划，对未来也比较迷茫，抱着得过且过的态度生活。

2. 需求预估

（1）服务对象需要完成相关考察要求，接受社工的教育矫治、心理辅导以及普法知识教育等服务，完成考验期任务。

（2）服务对象学习控制情绪的办法，合理应对冲突事件。

（3）服务对象需要处理就业问题，并改善灾难化的不合理认知，树立合理的职业规划。

（二）服务资源分析

1. 家庭支持情况。服务对象的家庭经济条件一般，案件发生后，家庭成员间联系紧密，父亲对孩子的情况比较理解，也时常督促、关心孩子，相信孩子有能力做好。但服务对象担心父亲的病随时可能复发，这样他需要承担起照顾家庭的责任。

2. 服务对象自身的优势。服务对象有较长时间的社会经历，个人状态会比较成熟，当案件发生后，有意识避免再次参与违法事件，对自身的行为会有所控制。同时，服务对象积极配合附条件不起诉期间的考察工作，及时完成相应任务。

三、服务计划

（一）理论基础和服务模式

本个案采用理性情绪疗法理论开展。理性情绪疗法认为，在人们情绪的过程中，有三个重要的因素：诱发情绪发生的事件，人们对诱发事件所持的信念、态度和解释，以及由此引发人们情绪和行为的结果。其假设认为，人们生而同时拥有理性的、正确的思考以及非理性的、扭曲的思考之潜能，我们的情绪主要源于我们的信念、评价、解释，以及对生活情境的反应，因此我们有能力控制自己的情绪。

服务对象自身存在较多的非理性信念，如在与朋友相处的过程中，认为要与朋辈群体保持一致的行为，才能获得在群体中的归属感和认同感，因此主动参与到违法犯罪的事件当中；如服务对象有高尿酸症，长期担心身体健康也会影响到未来的规划，所以抱着得过且过的态度生活。这些非理性的信念也引发了不良的情绪以及不合适的应对方式，阻碍了服务对象的发展。同时，服务对象的情绪控制能力较弱，常因一点小事儿而情绪激动，与他人发生冲突。这些问题可以借助理性情绪疗法来应对，调整认知，重新建立合理观念，帮助服务对象积极调整自我概念，提高对自我的认可，有利于其发挥潜能，创造更大的可能性。

（二）服务目标

1. 服务对象提升法律意识，完成考察期要求，顺利度过考察期。

2. 服务对象学习情绪控制的方法并提高自我控制的能力。

3. 服务对象解决就业问题，并明确未来职业规划。

（三）服务策略

1. 与服务对象接触，建立良好的工作关系，创造一个有利的辅导环境让服务对象接近自己的真实需要。

2. 通过咨询辅导的方式，教授服务对象 ABC 理论，并协助其分析自身存在的非理性信念，如朋辈群体压力导致参与犯罪、身体疾病导致就业困难等。

3. 通过对非理性观念的认识和纠正，帮助服务对象找出合理的观念；同时建立合理的信念，寻找出理性面对的方法，达到情绪和行为的改变。如，通过法律知识的学习，强化法治意识，做到在守住法律底线的基础上，与朋辈群体来往；改善对冲突事件的认识，学习控制情绪的办法；服务对象可以调整对自身能力的认识，改善灾难化，重新就业。

4. 社工通过联动检察院、社区等力量，积极为服务对象寻找就业资源，助力其重新就业，并为其开展职场环境适应以及职业规划等工作。

5. 在整个过程中鼓励服务对象积极主动地解决问题，当服务对象遇到困难时与服务对象一起分析解决。临近考察期结束时，回顾个案过程，强化习得的经验，顺利回归社会。

四、服务实施过程

（一）第一阶段：建立专业关系

主要服务内容：社工与服务对象签订服务协议并主动联系其参加考察工作。社工从服务对象的兴趣开始，采用接纳、倾听等沟通技巧与其面谈，并将保密等原则告知服务对象，建立一个安全的环境，让其感受到安全和信任，从而与社工建立起专业的合作关系，并了解服务对象的基本情况，完成前期资料的收集。

（二）第二阶段：教授 ABC 理论，寻找并分析自身的非理性信念

主要服务内容：社工向服务对象解说情绪 ABC 理论，使其能够理解并运用这种办法解释自身问题，同时，深入寻找并确认服务对象的不合理信念。其中，社工与服务对象探讨其生命历程中的几个大冲突，包括其早期

对父亲权威的不满与厌恶、与母亲发生冲突后的离家出走且隔绝联系等事件。在不断的剖析中，服务对象发现自己对父母尊重、理解的渴望，但又缺乏良好的沟通方式，只是采用发脾气、逃避的方式来应对，所以才早早辍学，离开父母外出务工；服务对象还发现自己将高尿酸的病症过于严重化，病可以通过药物控制，并不会使自己完全无法工作，未来还是有希望的。通过这些非理性信念的分析，服务对象对自身情况有了更加理性的认识，重新树立解决问题的信心。

（三）第三阶段：重建理性信念，多方合力解决就业问题

主要服务内容：在认识了非理性信念后，社工协助服务对象寻找合理的应对问题的办法。在就业方面，通过社工的辅导和帮助，服务对象重新树立工作的信心和动机，但因情况特殊，无法外出寻找工作，面对这个困难，某区人民检察院积极协调区“未成年人观护帮教基地”——某餐饮集团，为服务对象安排面试机会。服务对象顺利通过面试并成为一名面点学徒，在店里学习技术的同时，也能够得到更好的观护。社工配合服务对象的上班节奏，在其休息时安排考察访谈工作，一方面帮助其适应新的工作环境，提高应对环境问题的能力；另一方面，为其开展职业规划教育，从自我认识、入职匹配、环境支持等方面帮助服务对象思考个人与环境的因素，找到实现个人职业目标的有利和不利的条件。

（四）第四阶段：定期法律教育，平稳度过考察阶段

主要服务内容：在完成前三个阶段任务后，服务对象能够主动发掘自我优势，不断挖掘潜能应对生活事件，在工作、情绪管理以及亲子关系方面都有很大的改善。在此基础上，社工开始与服务对象探讨案件情况，并且普及相关法律知识，提高明辨是非的能力。服务对象现阶段有稳定的工作，规律的工作也让其减少了与不良朋友的来往。同时，工作环境所带来的正向影响，也不断促进服务对象向前发展。

（五）第五阶段：巩固改变与进步，强化应对未来的信心

主要服务内容：在考察结束前，社工引导服务对象回顾整个辅导过程中所做的努力与进步，让其看到自己的改变，肯定自己，树立信心，并且朝着自己规划好的生活不断前进。

五、评估和结案

（一）评估的方法

该个案采用社工自评、督导评估以及服务对象评估三种方式结合进行。社工定期主动联系服务对象，采用有效的沟通技巧，与服务对象建立良好的信任关系；通过挖掘服务对象的潜能激发他改变的动力，使其能够主动处理自身问题，并得到改善。社工能够使用成熟的个案工作技巧，在获得服务对象高度信任的同时，使服务对象对社工形成了很高的满意度和认可度。

（二）服务成效

1. 顺利完成帮教基地的工作任务。服务对象在开展帮教基地的工作之初，内心比较排斥，但在母亲的多番交代以及社工的支持鼓励下，他坚持完成了这项工作，并且业务能力很强，在厨房里是厨师长的好助手，起到中层管理者的角色。

2. 对情绪的控制能力增强，冲突减少。在考察期间，服务对象遇到问题能够主动分析事件引发的原因以及个人的想法对行为的影响，同时找到社工说明情况，在社工的支持和疏导下，能够避免因为冲动而引发矛盾，在打破原有的行为方式后，他能更加冷静地审视问题，并采取合适的解决方法。

3. 明确继续学习的目标，希望通过个人努力，不让自己后悔。服务对象自两年前辍学以来，一直在外工作，积累了一定的社会经验。因以前爱玩，除工作时间外，基本在酒吧和朋友喝酒、玩耍，过得比较迷糊和麻木。但案件发生后，他的生活更加规律，并且减少饮酒和在外玩的时间和次数。在工作中，他发现自己的学历低、年龄小，就业的前景不大，只能做苦力的工作，因此，他表示这个年纪只有在校园内多学习知识和技能，才不会继续像以前的自己那样辛苦地打工，他也不想以后后悔。综合以上多种因素，服务对象自 10 月以来就计划在案件结束后回家筹备继续学习的事宜。

六、总结和专业反思

（一）经验、创新和不足

1. 经验与创新

首先，社工与服务对象建立了合作且积极的专业关系，一方面服务对象及时向社工反馈他的问题和需要，让社工能够第一时间给予帮助，另一方面社工也重视服务对象的意愿和意见，给予其很大的鼓励，协助他处理好问题，并顺利完成考察期的任务。

其次，社工积极联动相关方，帮助服务对象更好地适应工作环境，在工作中，因服务对象未从事过要求如此严格的工作，使得服务对象对工作很有意见，当服务对象与社工共同商议后，社工积极联系检察官及其帮教基地，帮助处理相关问题，使其能够更好地适应工作环境。

最后，服务对象对解决问题的自信心增强，对未来充满信心。服务对象表示，无论在何时，社工都在支持他，比如当他对是否要入学比较迷茫的时候，还是他确定要入学的时候，社工都会给予合适的意见，让他能够理性地看待问题，所以也让他更有信心面对困难。

2. 不足

本次个案工作当中，因服务对象与父母分居两地，因此社工能够开展家庭辅导的机会较少，难以在家庭系统中帮助服务对象处理亲子关系，强化亲子良性互动。

（二）专业反思

社工这次完成了一次很有成效的案例，无论从服务对象的改变，还是社工在开展司法社工服务中，都有很大的进步。一是服务对象坚持完成帮教基地的工作，他在工作中反映出该帮教基地在管理员工方面出现很多问题，使得服务对象的某些权利无法得到保障，需要相关部门做好沟通协调工作；二是社工在本个案中，真正深入服务对象的工作、生活场域，了解其真实的状态，并做好调适工作，确定其顺利完成考核任务；三是社工与检察官的联系也比较多，通过及时上报、反馈服务对象的信息，获取检察院的帮助，有效促进问题的解决。

少年“仗义”当有道，亲职教育来护航

晋江市向阳青少年社会工作者事务所　林海燕　黄诗妍　管小风

一、案例背景

（一）基本资料

小泉，男，16岁，初中文化。案发当晚，服务对象在朋友的邀请下去酒吧喝酒，期间服务对象看到自己的朋友与他人发生冲突，遂上前帮忙，双方本想和谈结束冲突，但在和谈期间，服务对象误以为自己的朋友被对方打了，双方冲突由此爆发，被害人在冲突中断了一根肋骨。

（二）社会生活状况

1. 家庭情况

服务对象家中共有4口人：奶奶、父亲、母亲、服务对象。服务对象的父亲曾因染上毒瘾而欠债、被判刑，父母之间的感情也因此出现裂痕，直到后来父亲戒毒成功并有了自己的工作，父母之间的关系才变得和睦。服务对象母亲为某实业有限公司的工人，月工资最高3000余元，她在丈夫坐牢期间，曾至晋江、江西、北京等地打工，除了将工资寄回家支付孩子的消费外，还会每月寄钱给在监狱的丈夫。服务对象与父母并不亲近，与他最亲近的人是奶奶和姐姐，服务对象姐姐已出嫁，她曾因父亲吸毒与父亲关系淡薄，两人的关系也是直到父亲戒毒后才有所好转。

2. 健康和情绪状况

服务对象身体状况良好；处于青春期，性格冲突，情绪容易冲动，遇事缺乏理性的思考。

3. 社会交往状况

服务对象闲暇时会和朋友打网络游戏，有时会和朋友外出打篮球，后来爱和朋友去酒吧玩，一周可能去三四次，大多数朋友是通过酒吧这一媒介结识，里面不乏有不良行为的朋友。

二、案例分析

（一）犯罪原因分析

社会工作者结合服务对象的成长经历、家庭背景、生活环境等方面进行分析，认为推动服务对象犯罪的原因主要包括以下几个方面：

1. 个人因素

一方面，法律意识淡薄、人生阅历不足、文化知识受限、自制能力差等因素导致服务对象易受不良朋辈群体错误引导发生偏差行为；另一方面，服务对象自身心智不成熟，遇到事情时缺乏冷静思考与理性分析，无法控制自己的情绪，容易冲动行事，缺乏自制力。

2. 家庭因素

服务对象从小与奶奶一起生活，与父母关系不亲近，交流不多也不深入，缺乏有效的沟通，其父母难以承担其成长路上引路人、贴心人的角色；工作后，服务对象自我意识发展，更不愿受父母的监管，缺乏家庭监管。

3. 社会因素

服务对象过早地接触社会，辨别能力不足又容易受到外界不良环境的影响，导致结交了一些社会不良青少年，渐渐沾染上不良习气。

（二）需求评估

1. 引导服务对象学会抵制诱惑，明辨是非，增强法律意识：服务对象处于青春期，性格外向，向往外面自由的世界，有较强的独立意识，但是社会复杂诱惑多，需要提升服务对象辨别是非的能力，增强其法律意识，避免再次误入歧途。

2. 服务对象容易行为冲动，需要引导服务对象学习情绪控制的方法，提高自我控制能力。

3. 引导服务对象建立健康的社交网络：对服务对象的社交进行介入，引导服务对象结交正向的朋友，离开不良社交圈。

4. 帮助服务对象建立家庭支持系统：对服务对象父母进行亲职教育，分享沟通交流的方法，促进服务对象与父母之间的沟通，拉近双方的关系。

（三）优势及潜能

1. 服务对象能正确地认识到自己的错误，并且自我改变的意愿较强烈，态度良好。

2. 家庭能给予较好的支持。对于此次事件，服务对象家人给予了包容，父母在帮教期间也主动地想要拉近与服务对象之间的距离，此外，父亲在空闲时间回家会在言语上给予服务对象一定的劝导。

三、服务计划

（一）理论基础

1. 冰山理论。该理论是萨提亚家庭治疗中的重要理论，它指一个人的“自我”就像一座冰山一样，我们能看到的只是表面很少的一部分——行为，而更大一部分的内在世界却藏在更深层次，不为人所见，恰如冰山。其包括行为、应对方式、感受、观点、期待、渴望、自我七个层次。社会工作者运用冰山理论深入挖掘服务对象的内心，协助服务对象深刻地认识自我，挖掘自身的潜力，修正自己的不良行为。

2. 弗洛伊德的人格理论。人格结构中的三个层次相互交织，形成一个有机的整体。它们各行其责，分别代表着人格的某一方面：本我，反映人的生物本能，按快乐原则行事，是“原始的人”；自我，寻求在环境允许的条件下让本能冲动能够得到满足，是人格的执行者，按现实原则行事，是“现实的人”；超我，追求完美，代表了人的社会性，是“道德的人”。服务对象的情绪不稳定，易发脾气，社会工作者运用弗洛伊德的人格结构理论为服务对象分析其本我、自我、超我，促使其达到一个平衡的状态。

（二）服务目标

1. 帮助服务对象了解基本的法律知识及犯罪危害，避免其再次走上违法犯罪的道路。

2. 帮助服务对象释放不良情绪，并对其进行情绪安抚，使其加强自我情绪控制，提高自我情绪管理的能力。

3. 帮助服务对象改变错误认知，正确认识兄弟义气，将“义气”用于参加志愿服务活动，并建立正向的社交关系。

4. 帮助服务对象改善家庭关系，主要是拉近服务对象与父亲的关系，增加亲子沟通的频次。

（三）服务策略

1. 引导服务对象观看普法视频、参加法律公益讲座，学习法律法规；

向服务对象分享违反法律法规的案例并同时分享帮教成功重新回归生活的案例。

2. 社会工作者通过团辅、志愿服务等活动，帮助服务对象释放自己情绪的同时加强情绪管理。

3. 引导服务对象树立正确的人生观，将自己的“江湖义气”用于参加志愿服务活动，丰富业余生活的同时建立社交关系，帮助他人，反哺社会。

4. 引导服务对象父母参加亲职教育课堂，学习亲子沟通技巧，促进服务对象与父母之间有效交流，拉近双方的距离，从而让服务对象顺利回归家庭，感受家庭的温暖。

四、实施过程

（一）建立专业关系，了解服务对象需求

在第一次面谈开始时，社会工作者向服务对象介绍了自己的身份，服务对象性格较为外向，社会工作者运用关注、倾听、同理、澄清等技巧与服务对象较为迅速地建立专业关系。通过第一次面谈，社会工作者了解了服务对象个人及其家庭基本情况、犯罪原因和成长经历。在与社会工作者的接触和访谈中，服务对象初期表现出强烈的悔改之意并提出服务需求，服务对象表示案件结束后，会主动脱离不良交友环境，不再与之前的不良朋辈群体联系，希望可以在一个新的环境中重新生活。但同时社会工作者注意到服务对象有不良的认知，情绪有些低落，他认为虽然周围的家人、朋友没有责怪他，但是他觉得与朋友、姐姐的相处不如之前亲近，社会工作者首先对服务对象进行了情绪疏导并询问服务对象是不是自己给自己筑起了与外界隔离的围墙，引导服务对象着眼未来，积极行动改变他人对自己的看法。此外，服务对象希望能够学习法律方面的相关知识，为不懂法律的农村务工人员做普法宣传等。

（二）整合资源，制订服务计划

社会工作者通过一对一个案辅导、团体辅导等，观察服务对象的语言和非语言行为，了解服务对象的主要问题，制订服务计划以提供针对性服务。

社会工作者充分发挥自我链接资源者的角色，整合系统内所有资源，

通过服务对象本人、服务对象父母亲、检察官、社会工作者等相关系统的交互作用、相互影响为服务对象提供帮助与支持。

社会工作者充分发挥事务所的职能所在，对服务对象进行统筹全局的、同时突出重点的帮教。

（三）合理管控情绪，做情绪的主人

社会工作者针对服务对象容易冲动行事、情绪的自我控制能力不足的问题，引导服务对象参与四节主题为“做情绪的主人”小组活动，从“表达情绪”“控制情绪”“洞察情绪”“抗压方法”四个方面对服务对象进行自我情绪管理训练。通过与小组中具有相似问题的组员进行互动以及在社会工作者的引导下，服务对象逐渐意识到自己情绪冲动的问题以及冲动的情绪可能给他人带来的危害，在后期与服务对象父母和与服务对象有关的重要相关人进行联系时得到了服务对象情绪问题改善的反馈。

（四）提升服务对象法律意识，增强服务对象法治观念

社会工作者针对服务对象想要学习法律知识的需求，引导服务对象通过观看法律讲堂等法律相关视频，视听结合提升服务对象对法律知识的理解；通过引导服务对象参加法律公益讲座，面对面与法律专家交流，解答自己对相关法律知识的疑惑；通过社会工作者与服务对象讲述案例，并引导服务对象三思而后行，避免冲动、义气行事，以案说法的形式让服务对象学会引以为戒，并有意识地提升自我法律意识，加深了对法律重要性的认识。

（五）亲职教育有良方，为爱护航助成长

因父亲早期染上毒瘾而欠债、被判刑，而母亲疲于赚钱养家，导致服务对象自幼缺乏父母的陪伴，也不愿与父母交流。社会工作者首先与服务对象父亲联系，通过一对一面谈的形式与服务对象父亲建立关系，并运用面质、同理、澄清等技巧让服务对象父亲意识到自己在孩子成长过程中的缺位，同时反思自己的教育方式。在社会工作者的服务下，服务对象父亲逐渐意识到自己的问题，并表示自己没有好的管教孩子的方法并主动寻求社会工作者的帮助，社会工作者向服务对象父亲分享教育方法，让其学会发现服务对象的优点，多夸奖服务对象，而不是将注意力集中于服务对象做得不好的地方，否则将会让沟通陷入困境；为服务对象父亲链接亲职教

育课堂资源，让其了解青少年青春期的心理、生理特点，学习亲子沟通技巧，尝试每天多关心服务对象的生活，努力改善亲子关系，帮助服务对象重构温馨的家庭支持系统。

（六）少年义气行有道，志愿服务结新朋

服务对象与社会工作者建立了较为良好的关系，在服务对象各方面相对稳定的情况下，社会工作者引导其加入了“向阳花”志愿者团队一起和其他志愿者参与志愿活动，让服务对象在志愿服务中分辨“义气”与“冲动”，在真正需要“义气”的场合行“义气之举”。其间，服务对象积极参加了“奔跑吧少年”“城市历奇之向阳花开活动”。其中，城市历奇加志愿服务相结合的形式，让服务对象在活动中领略城市风貌的同时增强了对城市的认同感和归属感，快乐公益，助人自助。服务对象在志愿服务过程中全身心投入，克服各种困难，如在烈日炎炎下徒步穿越城市、跨出与陌生人沟通交流的第一步。服务对象表示这些活动不仅丰富了自己的业余生活，让其对志愿服务有了一个全新的认知和全新的体验，也结交了不少积极正向的好朋友。

五、评估

（一）评估的方法

社会工作者通过个案服务过程中的记录资料、社会工作者总结反思、服务对象的思想汇报、访谈服务对象、服务对象父母、检察官对服务对象的改变情况、服务达成目标进行评估。

（二）服务成效

1. 家庭功能恢复，亲子关系得到改善

服务对象与家人的关系明显改善，在社会工作者的心理疏导下，服务对象的自责的情绪逐渐舒缓，逐渐接纳自己，据服务对象的父母反馈，服务对象与自己的联系频次增加。

2. 服务对象法律意识得到显著提升

在服务期间，服务对象表现出了对学习法律知识的兴趣，通过在观察服务对象观看法律公益讲座的表现以及在面谈时的法律知识考察中，服务对象能够较为清晰地分清法律界限。

3. 服务对象情绪控制能力得到提升

在经过相关的情绪管理的团体辅导后，服务对象学会一定的情绪管理的技能，能有效地控制自己的情绪。在社会工作者与服务对象设想问题情境时，服务对象能控制情绪并找到较好的处理方法。

4. 服务对象自觉远离不良群体

服务对象在接受社会工作者帮教期间与母亲在一起工作，状态较为稳定。根据其朋友宋某反馈，事件结束后，服务对象在边学汽修边考驾照，与之前不良的朋友外出游玩的次数明显减少，而且在空闲时间服务对象会主动参加志愿服务活动。

六、总结反思

（一）抓住重点，对症下药

在帮教过程中社会工作者发现，家庭教育的缺失是导致服务对象走上违法犯罪道路的重要因素。为此社会工作者积极开展亲职教育工作，不论是链接亲职教育课堂资源，还是通过个案辅导传授亲子沟通技巧，均是为了改善亲子关系，建立良好的沟通。从涉罪未成年人背后的家庭教育问题、亲子关系问题着手，通过亲职教育的方式帮助和督促家长正确履行监护职责，从而促进家庭和谐，最大限度地实现对涉罪未成年人教育、感化、挽救的目的。

（二）创新服务手法，探索外来服务对象的帮教新形式

社会工作者注意到，在本事务所接受帮教的涉罪未成年人中，外来工子女占大部分，为此通过城市历奇与志愿服务相结合的形式，让服务对象在活动中领略城市风貌的同时，增强对城市的认同感和归属感，行真正的“义气之举”，矫正不良行为，帮助其顺利回归家庭，融入社会。

志愿服务入帮教，迷途羔羊归正途

晋江市向阳青少年社工事务所　林海燕　卢君女

一、案例介绍

（一）案例概述

小炳，男，17 岁，初中文化。小炳在一家奶茶店工作，因超前消费导致身无分文的他铤而走险盗走店里的营业款。2019 年，某市人民检察院对涉嫌盗窃罪的小炳作出了附条件不起诉的决定，并委托向阳青少年社工事务所对其进行为期六个月的帮教服务。

（二）小炳的基本情况

1. 家庭背景

小炳一家 4 口人：爷爷、奶奶、父亲、小炳。小炳的母亲在其出生半个月后与其父亲离婚，之后再无联系。自小炳懂事起父亲便长期在福建打工。

小炳从小与爷爷奶奶在老家生活，爷爷奶奶以务农为生。小炳与爷爷奶奶关系较为紧密，小时候爷爷奶奶在保障其日常生活的情况下会对其进行监督教育，但因自身文化水平不高，无法对其进行较高层次的教育。小炳父亲常年在外务工，虽会打电话关心小炳的学习生活，但因全家的经济压力由其一人承担，终日为生活奔波，对小炳的教育鞭长莫及，父子也因此关系生疏。

2. 个人基本情况

（1）就学经历

小炳小学成绩不大理想，初一时成绩尚可，后因课业加重，成绩逐渐落后。初中阶段与老师相处一般，老师较少对小炳的学习进行指导。小炳所就读的中学学校氛围较差，同学之间拉帮结派，经常发生打架事件。在初一上学期时，小炳与朋友至河边玩时，无故被初三的学生欺凌，之后告知家长与老师，随后小炳爷爷到学校向老师再次反映，并由老师进行调解，但对方并未转变态度，且继续欺凌小炳。学习成绩差加之多次被校园欺凌，小炳在初中阶段选择辍学。

（2）工作经历

小炳辍学后至某市寻找父亲，并与父亲在同一个工厂工作，因觉得累，在工作5个月后便离职返回老家继续就学。因返回就学期间被同学长期针对，加之无意弄丢同学的书本与同学发生冲突，小炳再次辍学。此次辍学后，小炳到一家奶茶店工作，因超前消费导致身无分文的他铤而走险盗走店里的营业款。接受社会工作者帮教期间，小炳在一家商场做销售工作。

（3）人际关系

小炳从小与同学关系不佳，仅与同村的一位好友相处较为融洽，但后因好友辍学去外地工作，两人逐渐失去联系。

二、分析预估

（一）犯罪原因分析

1. 个人因素

小炳缺乏社会经验，道德意识薄弱，自我约束力不够，缺乏辨别是非的能力；受亚文化的影响，沉迷电视剧中侠义情节并有意进行模仿，热衷冒险；法律意识淡薄且法律界限不清晰，虽觉得盗走营业款是错误的行为，但因觉得下班后无人发现，铤而走险走向犯罪。

2. 家庭因素

小炳从小与爷爷奶奶生活在一起，爷爷奶奶的溺爱令其缺少吃苦耐劳的品性，父亲忙于工作，监管不力无法给小炳正向的引导。

3. 学校因素

小炳就学的学校氛围较差，多次遭受校园欺凌，老师未能有效制止。同时学校较少对学生进行法治教育，缺乏法律知识。

（二）需求评估

根据收集的资料，社会工作者对小炳的需求进行以下梳理：

1. 小炳犯罪归根结底是法律意识淡薄，需引导其加强法律知识学习，提升其明辨是非的能力。

2. 小炳长期接受爷爷奶奶的隔代教育，父亲对小炳的管教缺位，需要加强小炳与父亲的沟通交流。

3. 小炳朋辈支持系统较弱，曾经的同村好友因在外地发展而生疏，之后未再结交益友，因此小炳无法向他人倾诉烦恼获得正向的引导。需要帮助小炳搭建平台，拓宽小炳正向交际圈。

（三）服务资源分析

1. 内部资源

小炳能够认识到自己的错误并有明显的悔改意愿，对于社会工作者的帮教服务并不排斥；小炳的父亲对小炳较为关心，小炳犯罪后并未对其苛责，而是劝导小炳要好好改造。事件发生后，小炳与父亲共同居住，便于家庭教育和监督。

2. 外部资源

小炳的外部资源主要依托社工机构与司法机关而获得。

通过评估，社会工作者认为小炳具有帮教可能且对小炳进行帮教服务符合机构的使命，在机构的能力范围内，社会工作者可运用专业技巧为其提供服务；同时为其提供正向交友平台和链接志愿服务资源，让其在团体动力中寻求正向积极的改变；此外，依托机构项目资源为小炳提供教育、培训、安全、资金、情感等支持。

检察官对于小炳较为关心，定期跟进小炳的情况，并在帮教期间与社会工作者一起探讨对小炳的服务计划，此外，还可为其链接法治教育资源。

三、服务计划

（一）理论基础

社会支持理论。社会支持网络是指个人与社会之间的接触，通过这些接触，个人得以维持社会身份并且获得情绪支持、援助和服务、信息与新的社会接触。依据社会支持理论的观点，一个人所拥有的社会支持网络越强大，就能够越好地应对各种来自环境的挑战。

社会工作者帮助小炳构建社会支持网络，将检察官、家人、社会工作者、朋友有目的地连接起来，对小炳从思想、心理和行为上进行帮教服务，从而帮助其建立符合社会规范的生活态度和行为模式。

（二）服务目标

总目标：

帮助小炳顺利度过六个月考察期，在考察期帮助小炳提高法律意识，增强和恢复社会功能，提高其社会适应能力，顺利回归社会。

具体目标：

1. 提升小炳的法律意识。带动小炳学习法律法规并形成正确的法治意识，明辨是非，抵制诱惑。

2. 提升家庭监护能力。促进家庭对小炳的监督教育，主要加强小炳与父亲的沟通交流。

3. 为小炳链接平台。鼓励小炳参与团体辅导和志愿服务活动，引导其结交益友，相互学习社会经验，提升自信心。

（三）服务策略

1. 通过网络学习与面谈讲解、普法宣教公益活动等形式，引导小炳学习法律法规。

2. 通过线上亲职教育活动以及线下社会工作者与小炳、小炳父亲一对一面谈相结合的形式，改善小炳的家庭沟通交流方式。

3. 通过邀请小炳加入“向阳花”服务队，引导小炳通过志愿服务，搭建正向的朋友圈，重新获得益友的支持与鼓励。同时，通过志愿服务，加强小炳的社会融入感和社会责任感。

四、服务计划过程实施

（一）悉心建立专业关系，引导小炳融入帮教

本案例由某市人民检察院转介至向阳青少年社工事务所。社会工作者运用面谈加团辅相结合的方式，带动小炳参加志愿者活动，从中观察小炳的情况，初步发现小炳的问题，再通过面谈、电话访谈、微信交谈、观察等方式，进行情况了解。在与社会工作者接触初期，小炳较为内向，大多是机械性地与社会工作者进行常规问答，不愿多谈，对于社会工作者的帮教虽然配合但是并不情愿，对此社会工作者秉持着耐心、尊重的态度，积极引导小炳参加团体辅导活动，从中发现小炳初步的问题与需求。同时在日常中用微信与其保持联系，关心其生活，增加好感，建立友好关系。随着小炳逐渐放下戒备，社会工作者进一步鼓励小炳多参与团体活动，并在活动中关心小炳的适应情况，给予小炳正向支持。

（二）多渠道进行法治教育，增强小炳法律意识

社会工作者通过将整理好的法治栏目视频发给小炳，引导其观看并撰

写感受，了解其学习情况及学习想法；通过引导小炳在“学习强国”平台进行法律知识学习和线下法治知识讲解，增强小炳的法律意识，分清法律界限，让小炳区分现实与虚拟世界，通过脚踏实地地工作获得理想生活；通过引导小炳参与“天使之翼”检察工作室普法教育系列之“用心扶贫·以行济困”普法公益活动，让小炳在普法实践服务中明白法律的重要性，让小炳学会守住法律底线，不轻易逾越法律雷池。

（三）线上线下相结合介入小炳家庭支持系统

小炳成长过程中，父亲因承担家庭经济压力而长期在外务工，在家庭教育中角色缺失。社会工作者在帮教过程中与小炳父亲建立稳定的联系，通过定期一对一面谈、电话访谈、微信联系等方式了解小炳与其父的沟通交流动态以及小炳各方面的情况。

在服务过程中了解到其父对于小炳监管失位而懊悔，社会工作者对其父进行情绪疏导，并引导其运用正确的方式对于孩子加强教育，弥补之前教育的缺失。在新冠疫情期间，由于疫情管控以及小炳和其父亲均回老家线下服务被迫暂停，社会工作者遂将帮教服务场地转为线上，引导其父观看线上亲职教育直播课活动，让小炳的父亲学会运用正确的教育方式教育孩子。

（四）引导小炳参与志愿服务，打开与人交往的心门

社会工作者通过带领小炳参加“团队协作·携手同行”志愿者团建活动、志愿服务礼仪培训、“温情中秋 送温暖·献爱心”志愿服务等，初步发现小炳性格较为内向，集体发言时更是极少发表意见，对于社会工作者布置的任务大多沉默完成，较少与他人进行合作。此后社会工作者密切关注小炳心理动态，得知小炳在从事销售工作时因业绩无法达到要求而郁郁寡欢，而同事虽能与他探讨工作经验但并不能给予他心理安慰，小炳的烦恼无法得到排解，因此拒绝或消极参加社会工作者开展的志愿者活动。对此，社会工作者秉承耐心、倾听、鼓励的态度，在面谈服务中分享交友经验并引导小炳多参加团体社交，从中结交益友，分享和交流彼此的生活、工作经验，缓解焦虑。同时链接资源，邀请同为销售岗位的社会志愿者为小炳讲授销售心得和技巧。

在社会工作者的引导下，小炳由被动变主动，不再以工作业绩为由拒

绝志愿者活动。在新冠疫情期间，小炳不仅积极主动参与“志愿同心·助力疫战”志愿者防疫防控知识培训，还在“万众一心·线上发声·共同战疫”活动中将所学知识传播给亲朋好友，共同为疫情防控工作贡献力量。在某市文明办、团市委《关于对首批疫情防控优秀社会志愿者予以表扬的决定》中，因表现优异，小炳被通报表扬。

（五）回顾服务过程，鼓励勇于面对未来生活

在帮教服务结束之际，社会工作者与小炳一起回顾帮教之路的点滴。回首过往，虽只有短短六个月的时间，但小炳的成长不容小觑。在回忆整个帮教过程中哪些事件让其留下了深刻印象，小炳表示是在一次志愿服务中小朋友对他说的一声“谢谢”，他不仅感受到作为一名志愿者的自豪感，还感受到了满满的正能量，觉得这才是影视、小说中所说的“侠义之举”。

五、评估和结案

（一）评估方法

社会工作者通过个案服务过程中的记录资料、社会工作者的总结和反思，通过访谈小炳、小炳亲属，检察官对小炳的改变情况、服务达成目标进行了评估。

（二）服务成效

1. 敞开心扉，积极沟通

与最初社会工作者接触到的小炳不同，小炳由最初的内向、不爱说话变得自信开朗起来，在一些事情上有了更多自己的想法，由最初的一问一答变成小炳笑脸盈盈主动分享感受、积极说出自己的想法。

2. 学会分清法律界限，法律意识提升

小炳通过“学习强国”平台和社会工作者精心挑选的法治视频学习了《中华人民共和国未成年人保护法》《中华人民共和国预防未成年人犯罪法》《中华人民共和国刑法》等相关法律知识，在社会工作者例行询问时能够自信说出基础的法律知识，形成一定的是非观念。在普法公益活动结束后，小炳学法热情更甚，表示要学好法律，惠及自己的同时帮助他人。

3. 家庭关系改善，家庭监管能力提升

小炳父亲意识到自己在家庭教育中的缺失，有意识地学习沟通技巧、主动观看线上亲职教育视频，并向社会工作者探讨沟通技巧的运用，在日

常生活中加强对小炳的交流和监管。目前小炳和父亲住在一起，小炳向社会工作者反映与父亲的关系更加亲密，遇事也会和父亲一起商量。

4. 积极参与志愿活动，社交能力提升

小炳多次参与志愿服务活动贡献自己的一份力量并得到了多方赞誉，小炳认为志愿服务拓展了自己的交际圈。在服务过程中结识了一些志同道合和正能量的新朋友，并在活动结束后依然保持联系。

六、总结和反思

（一）秉持专业态度，建立专业关系

心智尚未成熟的涉罪未成年人只是迷途的羔羊，社会工作者对其进行服务应同理而不是同情或愤懑，秉持接纳、尊重、去标签的专业理念面对小炳，除了定期辅导，还应该与小炳保持日常联系，关心其生活，从而建立稳定的专业关系，便于后期服务的开展。

（二）有效整合资源，精准提供服务

社会工作者运用社会支持网络理论的框架，根据小炳的问题与需求，从增强法律意识、提升人际交往能力、缓解心理压力、促进家庭关系和谐等方面帮助其搭建社会支持网络，整合社会资源，同时提高其利用社会网络资源的能力。如在新冠疫情期间依然心系小炳，为小炳提供助人机会与相关训练，从而达到助人自助的目的。

（三）志愿服务入帮教，突破“问题视角”的服务瓶颈

社会工作者始终将小炳看成是有无限发展潜力的人，将小炳置身于社会情境之中，一开始从小炳在具体志愿服务的表现中发现其问题需求到聚焦小炳自身优势，通过鼓励支持、积极引导小炳参与志愿公益活动，让其在服务过程中发挥自己的优势和潜能、延续其自我效能感、纠正其对“侠义江湖”的认知偏差、增强其意义感和价值感，使小炳最终走向正途。

重新出发，少年的你

惠安县青少年社会工作服务中心　曾婉婷　王春燕

一、背景介绍

（一）服务对象基本资料

李某，男，18 岁。服务对象原在五金电子厂上班。性格比较内向，朋友圈子不大，主要是工厂宿舍里几个比较要好的朋友。服务对象因涉嫌多次盗窃，2019 年被取保候审，某县人民检察院与青少年社工中心进行沟通和协商，为该名服务对象提供观护帮教服务。

（二）家庭及成长经历

个人情况：服务对象初中毕业后自己不想再继续学习，决定结束学业，外出打工赚钱，现在五金电子厂上班。

家庭情况：服务对象的家庭成员有父亲、母亲、服务对象、弟弟，现父母在老家务农。

家庭教育情况分析：服务对象的父母没有在身边，对服务对象管理方式也较宽松。因父母文化水平不高，故对服务对象在职业规划、法治教育上较欠缺。

二、分析预估

（一）服务对象的问题分析和需求预估

1. 法治观念缺乏，有认知矫正需求

服务对象自述其多次涉案的原因是收入不高，自我管理能力较弱，囊中羞涩的他萌发了通过偷窃他人财物来满足自身需求。服务对象极其缺乏法治观念和法律知识，社工要引导服务对象认识到自己行为背后的偏差认知，帮助服务对象把非理性认知转变为理性认知，确保不再犯罪。

2. 家庭教育的正向引导缺乏，有家庭系统的支持需求

服务对象的父母对其教育较少，教育观念是放任发展型的，在家庭教育中，由于父母文化程度不高，又没有在身边，对孩子的一些行为没法及

时纠正。社工要积极对接检察院就业帮教基地，帮助服务对象与父母加强联系，给予服务对象正向引导。

3. 缺乏职业规划和人生观价值观，有就业辅导的需求

服务对象缺乏人生目标和职业规划，自我认同感不高。社工要帮助服务对象挖掘自身优势和潜能，提升服务对象就业自信心和就业技能。

（二）社会工作者的分析和诊断

1. 服务对象的优势

（1）父母对其比较关注，愿意积极参与对服务对象的正向教育和引导。

（2）服务对象愿意进行法律知识学习和参加公益活动，愿意积极配合社工和检察院一起进行学习和改进。

（3）服务对象有较好的责任心，愿意通过自己的劳动赚钱养自己。

2. 服务对象的不利因素

（1）服务对象法治意识缺乏，之前对法治知识完全不了解，甚至有一些偏差的认识。

（2）服务对象文化程度不高，故在对其自己的职业规划上，自我认同感较低，更多会倾向于让自己学习一些技能，选择一些体力劳动类的职业。

三、服务计划

（一）服务理论和服务模式

认知行为理论：认知行为理论认为，在认知、情绪和行为三者中，认知扮演着中介与协调的作用。认知行为理论将认知用于行为修正上，强调认知在解决问题过程中的重要性，强调内在认知与外在环境之间的互动，认为外在的行为改变与内在的认知改变都会最终影响个人行为的改变。服务对象法治意识缺乏，对法律知识不了解，社会工作者需帮助服务对象改变错误的认知、建立正确的认知。

社会增能理论：增能是个人在与环境的积极互动过程中，获得更大的对生活空间的掌控能力和自信心，以及促进环境资源和机会的运用，以进一步帮助个人获得更多能力的过程。服务对象缺乏就业技能和职业规划能力，社工要协助服务对象提高自我认同感，提升就业技能增强其自信心。

（二）服务目标

1. 总目标

协助服务对象建立正确的人生观价值观，完成附条件不起诉监督考察任务，回归社会。

2. 具体目标

（1）认知行为方面：为服务对象开展法治观念教育和法治知识辅导，提升其法治意识。

（2）家庭网络支持：链接社会资源，帮助服务对象父母来当地就业，使服务对象感受到来自家庭的温暖；引导服务对象父母改善家庭教育观念，积极参与家庭教育，对服务对象进行正向引导。

（3）增强权能方面：协助服务对象提升自我认同感，开展相关职业规划，链接相关的就业基地，帮助其正向就业。

（三）服务策略

社工采用认知行为理论结合社会增能理论对服务对象开展社会工作服务，在服务过程中与服务对象一起分析涉案经过，倾听其对犯罪行为的看法，结合相关资料对服务对象进行系统持续的法律知识学习和巩固，帮助其改变错误认知，建立正确认知。同时积极链接检察院就业帮教基地，协助服务对象提升就业技能增强其自信心，帮助服务对象正向就业。

（四）服务程序

1. 建立关系：与服务对象建立良好的专业关系，了解其个人、家庭、职业规划等情况，与服务对象一起制订计划，做好后续服务的约定。

2. 开展亲职教育：链接社会资源，协助服务对象父母来泉就业，促进服务对象家长了解家庭教育的重要性。

3. 开展法治教育：对服务对象开展系统持续的法律知识学习和巩固，并进行学习心得总结。通过每期的学习心得总结，促进其积极学习。

4. 建立职业规划：社工积极链接检察院就业基地，帮助服务对象正向就业；促进服务对象建立职业规划，为自己确定新的正向人生目标。

5. 社会公益活动参与：社工引导和带动服务对象参与社会公益活动，促进其社会责任感提升。

6. 行为意识转变正向回归：服务对象行为意识得到提升转变，朝正向方向回归。

四、服务实施过程

（一）建立关系，制订计划

本次面谈由检察院联系服务对象及其叔叔到检察院。检察官向服务对象说明社工帮教职责，社工收集服务对象基本情况，对其需求进行评估，并与其共同制订服务计划，内容如下：

1. 建立专业关系，确定相关的职责，了解社工在后续服务计划中的角色。

2. 引导服务对象父母来惠，让其父母积极参与对孩子的教育和引导，担负起家庭教育的重要角色和责任。

3. 制订法治学习计划，以提升服务对象的法治意识。

4. 参与公益活动，让服务对象了解公益活动的相关内容，根据服务对象的时间来确定。

5. 制订相关的心理辅导、职业规划等面谈计划，共同制订好时间计划表。

（二）树立法治观念，提升法治意识

为了提升服务对象的法治观念和法律知识，改变其错误认知，社工运用认知行为理论设计了多样性的学习方式。

第 1 次法治学习

当天社工与服务对象进行面谈，了解和分析其涉案原因，服务对象因为在厂里工资不高，手头比较紧，便从便利店偷点日常用品，并未觉得有多严重，直到涉案被捕后，才知道事情的严重性。为此，服务对象很后悔，认为是自己的不懂法造成的，社工对其这样的认知表示认同，并鼓励其后续加强法律知识的学习。服务对象表示会积极学习，社工对其配合的态度给予了正向的鼓励。

第 2 次法治学习

社工帮助服务对象通过与正向环境的互动，使其认知得到改变，故安排服务对象参加学校法治讲座。讲座后由社工针对当天知识进行提问，以巩固和提升其法律知识。

第 3 次法治学习

社工向服务对象推送普法知识，把普法中的案例拿出来分析，和服务

对象讨论，以此来提升和巩固其法律知识。社工通过分享和引导分析的方式，让服务对象改变不良认知。

（三）参加公益活动，提升服务对象社会责任感

第 1 次公益活动

服务对象参加了社工中心举办的六一慰问住院儿童暖心行动，活动过程中表现积极，主动帮忙提慰问物品，对小朋友热情友好。社工对其表现进行了肯定和表扬，并鼓励他向住院儿童介绍自己，当服务对象作了介绍后，小朋友们和他互动愉快，他觉得非常的开心。

第 2 次公益活动

服务对象参加社工中心举办的“热心公益，情系环卫”活动，服务对象在参与过程中非常的积极认真，服务对象自述参加公益活动让自己轻松且有意义，觉得自己在做好事，还能得到表扬。社工对其愿意做公益活动的想法给予鼓励，并希望他在日常生活中，也要学习志愿者精神，乐于助人。

（四）构建社工+家庭的互动正向引导体系

第 1 次服务情况

由于服务对象父母均在贵州，服务对象自己在惠安上班，父母无法为孩子进行及时教育和引导。为了加强家庭网络对服务对象的支持，社工与检察院链接社会资源，帮助服务对象父母找到适合的工作，服务对象父母从老家一起过来陪伴孩子。

第 2 次服务情况

社工邀请服务对象和父亲到社工中心交流，服务对象表示自从父母来到自己的身边，他每天做事情都比较有干劲，回到家里也感受到了温暖。通过服务的介入，社工发现服务对象和父亲的关系有了更一层的提升，服务对象的正向环境得到强化。

（五）构建服务对象就业引导和支持体系

第 1 次服务

服务对象涉案前在五金电子厂上班，由于涉案被抓，被厂里辞掉。面对接下来的就业问题，服务对象表示迷茫，认为自己学历不高，对工作没有要求。社工对其进行职业规划引导，在社工的引导下服务对象明确先就业再择业的思路，先稳定工作提升自己技能再选择自己心仪的岗位。

第 2 次服务

社工积极链接检察院未成年人社会观护基地，帮助服务对象找到新的工作——花盆工艺。面对新的工作，服务对象表示满意，会认真学习技能。社工对其现在的积极心态表示鼓励，并希望他继续保持良好的心态，积极工作，开心生活。

第 3 次服务

对于自己的工作内容，服务对象表示正在不断的学习和熟悉中，投入工作的他虽忙碌却充实。感谢花盆工艺厂对他的帮助和肯定，也感谢社工和检察院给予他接触这个平台的机会，自己以后会更努力工作来回报大家。社工对其积极的心态表示肯定，并引导他在工作中挖掘自己的潜能，积累经验，提升自己的综合能力。

五、评估和结案

（一）评估的方法

社工运用认知行为治疗理论和社会增能理论介入服务，主要从职业辅导、法治教育、公益活动等方面对服务对象进行考察帮教。通过与服务对象及其父亲的访谈和反馈进行评估，如今服务对象有稳定工作，有自己的职业规划，行为认知也得到改变。检察院通过评估，最终作出不起诉决定，故可以结案。

（二）服务成效

1. 服务目标达成情况

在社工和服务对象的共同努力下，服务目标已达成。一是社工通过法治知识讲座、普法知识学习提问等方式为服务对象提供法治学习教育辅导，改变了服务对象的偏差认识，提高其法治意识和法律认知水平，协助服务对象恢复到正常的生活状态。二是社工通过链接社会资源，帮助服务对象父母来泉务工，引导其父母重视服务对象的家庭教育，增强服务对象的家庭网络支持度，促进其得到正向管教。三是社工充分做好桥梁作用和发挥教育者与使能者角色，对服务对象进行职业规划引导，提升就业技能增强其自信心。四是社工通过让服务对象参与志愿活动，提高服务对象社会责任感，增强服务对象自我效能感，促进其更好地融入社会。

2. 服务对象改变的情况

在社工为期6个月的个案介入下，服务对象改变了自己的偏差认知，提高了法律知识水平；找到了一份稳定的工作，有着不错的工资收入；从离开服务独自来泉，到现在父母亲在身边给予正向支持。同时喜欢上志愿服务，增强了社会责任感，顺利通过了检察院的考察。

3. 服务的社会效应

推动“社工+检察院+观护基地”的促就业模式，探索涉罪未成年人以就业促进正向回归的途径和模式。项目实施中，社工通过对服务对象进行职业规划引导，与检察院的积极对接，并与社会观护基地进行联系，打通涉罪未成年人的就业瓶颈，通过引导其就业，提升其自我认同感，促进其正向行为改变，促进社会融入。

六、总结和专业反思

（一）总结

在服务过程中，社工积极链接社会多方资源，运用认知行为治疗理论和社会增能理论，从职业辅导、法治教育、亲职教育、公益活动等方面开展帮教服务，改变服务对象的偏差认知，提升了服务对象的就业技能，在内部改变的同时结合外部环境改善和提升，最终让服务对象顺利回归社会。

（二）专业反思

1. 在个案服务过程中，社工运用增能理论，引导和帮助服务对象进行职业规划，参加公益活动，提升自我认同和社会责任感，改善服务对象的自我认知，为接下来的帮扶计划提供动力支持。

2. 充分发挥家庭系统作用，重视家庭环境对青少年成长的影响，强化家庭网络支持。

3. 社会工作者应加强与检察院、社会组织、企业的联动合作，推动“社工+检察院+观护基地”的促就业模式，探索涉罪未成年人以就业促进正向回归的途径和模式。

青少年危机干预服务案例

成长的“机”遇

——儿童自杀行为危机干预个案案例

厦门市湖里区培善社会服务中心　郑素云　黄仕权

一、案例介绍

（一）案例概述

本案例运用危机介入理论介入儿童自杀的危险行为，成功协助服务对象解除危机，并在持续跟进中提高其应对危机的能力，促进其健康成长，回归正常的学习和生活的轨道。

（二）服务对象的基本情况

1. 个人基本资料

小星，男，7 岁，就读小学二年级。身体健康状况良好。

2. 家庭基本情况

服务对象一家四口人，爸爸、妈妈、服务对象及弟弟。父亲工作繁忙，母亲有段时间辞职在家，接案跟进时其已重新开始上班。服务对象周一至周五与父母同住，周末由爷爷奶奶照顾。服务对象喜欢玩游戏，也喜欢在爷爷奶奶家，做作业效率很高，而且奶奶很疼服务对象，允许其做完作业可以玩手机。服务对象与爷爷奶奶关系较好（特别是奶奶），但渴望父母的关注（特别是妈妈）。由于在家中父母对其弟弟的疼爱和关注有加，而感觉自己被忽略，因此与妈妈的关系较为紧张，与爸爸及弟弟的关系较为疏离。家庭氛围导致小星对于家里的关系状况存在心理上的不平衡和感觉不被爱不被关注的负面情绪。

3. 社会基本情况

服务对象所在的社区及学校以外来务工子女居多，都十分关注儿童的心理健康发展和注重家庭教育的推动，并且引进社工依托社区平台走入学

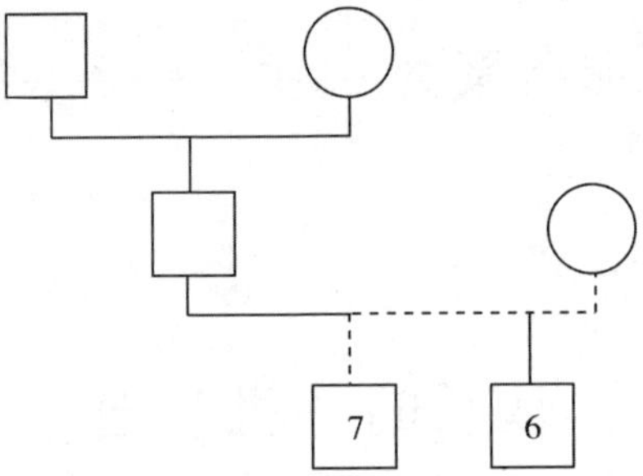

图 1　家庭结构图（介入前）

校进行深度咨询面谈的服务已 7 年之久，形成了家校社的联动模式和行之有效的及时转介机制。这些联动所突出的优势和特点为该个案的后续跟进提供了强有力的支持和保障。

4. 个案来源及接案原因

服务对象因在美术课上与同学发生矛盾，出现情绪崩溃（大哭），下课后爬上走廊围栏，扬言要跳楼，被其班主任制止危险行为后，由班主任紧急转介给社会工作者进行危机介入。

二、分析预估

（一）现状分析

接案前，社工与服务对象的班主任进行紧急沟通，了解事件基本的来龙去脉。班主任反馈其情绪波动大约持续一段时间了。事发当天美术课上由于服务对象没带圆规而向同学借用，但由于同学已经答应了先借给其他同学，因此拒绝了服务对象，直接导致其情绪崩溃，下课后，服务对象爬上走廊围栏，扬言要跳楼，被班主任制止并带到办公室了解当时情况。

班主任还向社会工作者补充反馈了服务对象在校期间的一些表现及与日常家长初步沟通的情况。科任老师有向班主任提出过服务对象平时脾气较为暴躁，与朋辈相处过程中有经常出现摩擦和打闹的现象，老师对其为人处世持有较为明显的否定和标签化的评价。班主任也曾请过家长面谈，但家长特别是其母亲也哭诉表示对服务对象的表现不知所措，班主任还见过服务对象在其面前直接顶撞其母亲的现象。

此次危机出现，班主任也特别担心，其尝试过与服务对象面谈，但是服务对象所表述的内容，让班主任明显觉得其有所隐瞒，且服务对象当下情绪崩溃，让其不知如何进行下一步的跟进。因此希望社会工作者紧急介入，进行危机干预，运用社会工作者专业的情绪疏导，了解其行为背后的真正原因，并给予正向的引导和支持，降低再次出现危机行为的可能性。

（二）初步需求预估

根据初步面谈的分析和评估，梳理服务对象的几大需求：

1. 危机介入，紧急情绪疏导的需求。

2. 自我情绪管理的需求。

3. 亲子良性沟通的需求（特别是服务对象母亲与服务对象之间的沟通）。

4. 人际交往方式改善和提高朋辈支持的需求。

5. 科任老师对于服务对象去标签化评价的需求。

（三）服务资源分析

1. 服务对象爷爷奶奶对其的疼爱有加是其内在最强大的精神支持资源。

2. 学校对该事件的重视及服务对象班主任对其的关心，及时转介给社工，并尽力为服务对象链接资源促进危机解除和健康成长。

3. 社区购买了社会工作服务项目，可提供专业方面支持。

三、服务计划

（一）理论基础及服务模式

危机是指一个人的正常生活受到意外危险事件的破坏而产生的身心混乱的状态。危机介入模式就是针对服务对象的危急状态而开展的调适和治疗的工作方法。它的目的是在非常有限的时间内快速、有效地帮助服务对象摆脱危机的影响，协助个人找出引发危机的根源，处理服务对象的情绪感受并帮助其学习适当的压力因应方法，以避免未来再次落入危机状态。

危机通常可以分为两类：一是成长危机，即每个人在成长过程中需要面对不同的任务而产生的危机；二是情境危机，即因生活情境的突然改变而引发的危机。本案中服务对象出现扬言要跳楼并作出相应的危机行为，属于情境危机，符合危机介入理论的可适用范围。

（二）服务目标

1. 总目标

协助服务对象解除危机，提高个人应对危机的能力，促进其健康成长。

2. 具体目标

（1）与服务对象建立专业信任关系，针对其危机情绪及时处理和疏导。

（2）舆论方向（含同学、老师及家长）的及时干预和正向引导，去标签化，避免环境压力再次触发服务对象的危险行为。

（3）从危机事件本身中，协助服务对象培养相关自主能力（如亲子沟通方法及朋辈人际交往技巧等），同时提高其周围环境的支持力量，恢复自尊。

（4）运用学校现有资源，通过父母课程的内容，增加对亲子沟通技巧学习和提高关注儿童心理健康和情感支持。

（三）服务策略及程序

危机介入模式通常涉及两个方面的内容：一方面是减少危机事件的负面影响；另一方面是利用危机事件本身协助服务对象正视问题并积极解决问题，同时提升服务对象适应环境的能力。

本案看似微小但却成为触发服务对象直接作出危险行为的事件，是让其平时在家里与父母相处时不被重视、不被爱的感觉放大，一时没能很好地调整自己长期积压在心底深处的负面情绪而出现极端行为。

社会工作者依据危机发展的四大阶段（危机发生、应对、危机解决、恢复期）和危机介入的六大基本原则（及时处理、设定目标、输入希望、提供支持、恢复自尊、培养自主能力），与服务对象共同协商开展以下服务：

1. 个人层面（协助服务对象增强自主能力面对和克服危机）

（1）及时处理。及时多方了解事件相关信息，处理服务对象当下的情绪状况，运用接纳、倾听、澄清、梳理等技巧，给予服务对象情感支持以稳定情绪。输入希望，了解关键原因并作出相应跟进。恢复自主和自尊，以促使危机解决，尽可能降低危机再次出现的可能性，以便陪伴其平稳度过危机的恢复期。

（2）利用危机事件本身协助服务对象正视问题，通过梳理和限定目标，客观看待同学未借其圆规的事件原因（由于那位同学先答应借给别人后，服务对象后开口借），减少误会，改变其不合理的认知（认为自己不重要），从而进一步调整其应对该类事件（被拒绝）时的处理方式，学习相关的自我情绪管理方法，协助其积极寻找可行的应对方式并解决问题。

2. 环境层面（减少危机事件的负面影响，增加环境中的正向积极因素）

（1）与班主任及时沟通，分工配合，由班主任关于该事件导致的班级舆论进行正向引导，减少危机事件的负面影响，避免环境压力再次促发服务对象的危险行为。

（2）由班主任与各科任老师进行沟通，尽量减少负面评价，采用优势视角，对服务对象的正向行为及时予以肯定和表扬，让其感受到周围环境的支持。

（3）社会工作者与班主任进行紧急探讨会议后，由班主任与家长及时沟通，正视该事件及做相对应的修正和保持积极面对的态度，避免家长针对该事件对服务对象进行更多批评指责而给其带来二次伤害增加危机事件再次发生的可能性。特别是督促落实和执行亲子良性沟通的方法和技巧并定时反馈，为服务对象真正走出危机提供重要的周围环境和关系支持网络。同时由社会工作者与服务对象面谈建立信任关系，缓解危机情绪，了解关键原因并作出相应跟进。

（4）联动各方资源，配套学校父母课程资源，鼓励服务对象父母及学校有需要的家长增加对亲子沟通技巧学习和提高关注二胎的心理健康和情感支持，为服务对象顺利度过危机的恢复期及潜在风险人群提供有力支持。

四、服务实施过程

（一）服务开展情况

1. 针对危机的发生进行及时处理

（1）首先与班主任开展紧急沟通会议

了解事件发生的来龙去脉及目前班主任跟进中遇到的困难。班主任反馈感觉服务对象与其沟通中有所隐瞒，没能直接从服务对象口中获知危机事件关键的因素，期待社会工作者的专业介入，尽可能降低后续再发生该类危机的风险。

同时与班主任协商做好危机跟进介入的初步分工，社会工作者负责对服务对象的直接跟进，班主任负责舆论的干预和正向引导，家庭跟进部分后续根据实际情况再进行商谈。

（2）与服务对象进行首次面谈，初步建立专业关系，疏导危机情绪，了解危机事件的关键原因

由于服务对象是跑到心理咨询室，大汗淋漓。社会工作者通过递纸给服务对象擦汗、邀请其选择自己觉得舒服的位置和姿势坐下，并进行朋友式的自我介绍、真诚的态度和眼神交流，营造轻松的会谈环境，同时申明保密原则，为服务对象提供了安全的会谈氛围。

社会工作者询问服务对象是否知道来会谈的原因，其主动谈及自己所作出的危险行为。同时社会工作者表明自身的中立和接纳的立场，不带批判地希望了解事件的来龙去脉，邀请服务对象主述，并耐心倾听其陈述，结合前期各方了解到的信息，即角色扮演的方式，进行事件本身的梳理和澄清，协助服务对象客观了解该事件中其自身的一些不合理的绝对化、概括化、糟糕透顶的非理性思维方式，重新定义触发事件，以及正视情绪触发点背后的真实关键原因（自从弟弟出生后，感觉爸妈的关注点都在弟弟身上，经常被比较，自己好像变得不重要、不被爱，与同学矛盾事件的发生，使其放大了在家与父母相处过程中的不被爱感）。

并针对服务对象陈述中所作出的危险行为，了解其自身的想法和担忧（其表示后怕，不知道为什么当时自己会作出危险行为，事发后表示十分后悔，同时也很担心周围其他同学、老师因为这件事情对他指指点点，甚至陈述时有些情绪激动得带些哭腔）。社会工作者及时通过身体前倾、拍肩膀和眼神交流等肢体动作陪伴服务对象，适时进行情绪疏导，并向他说明如果觉得难受可以哭出来。

在社会工作者与其面谈了四十几分钟后，服务对象情绪明显稳定下来了。其间服务对象也从被动回答开始有主动分享的内容，让社会工作者有机会敏锐觉察和捕捉其在陈述过程中所表达出来的重要信息和人物（服务对象喜欢和奶奶相处，奶奶很疼爱他），并及时引导其回顾与爷爷奶奶相处的愉快日常，输入希望，巩固服务对象的一些正向想法，同时向其表示社会工作者能为其提供陪伴、协助沟通及支持等，提高其信心和给予其力量。

在服务对象主动表示与社会工作者面谈后心情好很多的同时，也提出希望社会工作者不直接与其家长面谈交流关于当日面谈的相关内容，非常坚定且要强地表态希望从自身的改变来促进家长对其的态度改善，否则将拒绝后续面谈。虽然社会工作者向其说明爸爸妈妈会担心他，但其仍然坚

持自己的想法，同时也表示自己如果后续再继续面谈，愿意先从自身做起，也请社会工作者相信他。

为避免服务对象在危机事件事发后多次长时间被面谈而带来更大的情绪压力，社会工作者也初步评估其危机情绪相对缓和，表态答应其可以不直接与其家长沟通，但也声明学校层面班主任会出于关心其安全的考虑仍会和家长取得联系，同时也请其遵守他希望从自身做起的信念和态度。最后与服务对象回顾总结面谈的内容，重申重点，梳理、澄清当前其需求，并进行轻重缓急的顺序排序，约定下次面谈的时间和目标。

（3）面谈后与班主任的沟通

与班主任反馈面谈中的关键信息，明确后续跟进的分工，班主任重点跟进家长的部分，同时重点把控校内舆论方向的干预和正向引导，社会工作者侧重服务对象本身的服务跟进。

（4）与家长沟通

班主任与家长取得联络，提醒家长正视该事件的原因，待服务对象回家后注意不进行批评指责，让服务对象感受到他们的关心，不刺激服务对象刚缓和下来的危机情绪。家长表示一直以来也是不知道该怎么与服务对象相处，也没有想过自己的一些行为在服务对象眼里是不爱他的表现，表示接下来要进行自我的调整和反思，商定后续的沟通反馈机制，以便降低后续危机再次出现的可能性。

2. 持续面谈跟进

针对首次面谈的需求总结及所制定的目标，进一步巩固情绪疏导效果、针对性危机事件以及结合其日常遇到的情境，作为协助其剖析的案例，通过 ABC 理论的梳理、情境重现和模拟的方式，让服务对象更加客观全面地看待遇到的事情，调整偏差的认知，并结合情绪管理的方法分享和角色扮演进行换位思考，引导服务对象思考人际交往中的技巧和自我情绪管理，提高其自主能力，恢复自尊。

在与服务对象多次的面谈后，其主动与社会工作者分享其遇到事情时他的做法，并且能向社会工作者清晰提出他的内心想法和期待，社会工作者通过肯定其做得好的部分及共同探讨有待进步的部分，巩固其正向行为，并鼓励用合理的方式表达自己的情绪和感受，像与社会工作者表达想法时的真诚方式，让对方了解，以达到更好的沟通效果。

社会工作者建立与班主任之间的沟通机制，及时反馈彼此跟进的情况。虽然未能与家长直接面谈，但与班主任配合进行服务对象与家长之间亲子沟通和相处模式的密切跟进和反馈。社会工作者与服务对象共同协商制定积极可实行的亲子相处激励机制和约定，并鼓励其与家长进行沟通，同时由班主任及时督促家长的跟进，以保证亲子间的双向执行和及时反馈，并根据实际情况进行必要的调整和协商，协助服务对象与其家长磨合适合他们的亲子良性沟通模式，也积极链接和推荐学校免费的父母课程相关学习资源，鼓励其参与学习。在持续跟进一段时间后，明显发现服务对象与社会工作者的交流中，正向信息增多，服务对象的整体状态也改善很多，班主任反馈家长的反应也较之前更明确和有效。通过社会工作者与班主任的密切配合，一定程度上改善了亲子间的紧张关系，增强了家庭对其的支持力量。

3. 建立反馈机制

与班主任建立危机恢复期和后续跟进的反馈机制（每次面谈后的及时交流、平时在校的观察以及与家长交流的内容），巩固服务对象在第二阶段有所改善和提高的相关自主能力，及时根据服务对象与家长间、朋辈间以及科任老师间的沟通互动的实际情况，在亲子改善的同时，发现服务对象与同学之间的矛盾也较介入前变少了，科任老师在班主任的沟通后尝试多关注服务对象正向行为，多给予鼓励，服务对象获得科任老师的正向反馈改变了很多。服务对象周围的环境支持较介入前明显增强了，对服务对象的危机解除起到很重要的作用。

4. 评估服务对象的现状，解除危机，做好结案准备，适时结案

综合评估服务对象的整体状态趋于稳定、危机的风险解除情况较为明显，关于服务对象的各方正向反馈也逐渐增多，无论是与社会工作者的面谈还是班主任的日常观察以及家长的沟通反馈，服务对象整体的情绪都得到很大改善，并且也与班级同学有更多正向交流，社会工作者及时肯定服务对象的改变，巩固服务成效，并与服务对象及其班主任协商，适时结案。

（二）服务实施中的困难及其应对方式

1. 困难

服务对象在首次面谈后提出希望社会工作者不要与其父母反馈他所分享的内容并不能与其父母面谈的要求，否则就不接受后续面谈。这不利于

服务对象父母直接了解服务对象行为背后的真实原因，对危机的彻底解决提出了挑战。

2. 应对方式

在先稳定服务对象情绪的前提下，联动学校资源，与其班主任充分沟通该情况以及后续相互之间的分工和配合，保障信息传达的有效性和及时性。

五、评估与结案

（一）评估方法

本案例在服务过程中的评估方法主要采用会谈法和观察法，及时了解服务对象危机事件背后的真实原因及需求，捕捉关键资料，同时通过观察法了解会谈过程中服务对象的“非语言”信息，以便在跟进过程中及时发现服务对象的改变情况，更全面地评估服务成效。

（二）服务成效

1. 目标达成度评估

个案最终自杀危机解除，在此基础上多方的联动促进了亲子关系的改善及良性互动频次增多，并且与学校老师同学间联结得到增强，提高了环境支持。该案例的目标顺利达成，反馈良好。

2. 服务对象自我评估

服务对象表示自身的状态已经好很多，危机事件带来的困扰也在社会工作者的介入后，明显得到了缓解，表示期待每次与社会工作者的面谈，也特别愿意分享自身的近况，特别是在家里与父母相处的细微改善的内容。在结案前，服务对象还主动和社会工作者分享了近期与父母还有弟弟一起出去游玩的开心经历，以及和爷爷奶奶相处的快乐日常，主动表示感受到了家长对其的关心，在校新交了朋友，自身笑容也变多了。

3. 社会工作者的观察

在情绪上，服务对象首次面谈时所表现出来的情绪状态较为紧张且易波动，在社会工作者介入后，情绪上发生了明显改善，整体趋于稳定的状态，所分享的内容也开始更为深入；在认知上，服务对象较之前更为客观地看待身边遇到的事情，与同学之间的相处也较介入前柔和，遇事时自我情绪的管理也有所进步；在亲子关系层面，增进亲子关系的互动计划和实操方法执行良好，亲子关系明显有所改善，危机再次发生的可能性明显降低，个案的服务目标基本达成。

4. 其他重要他人的反馈

班主任反馈服务对象与同学之间的矛盾变少了，而且科任老师对其的正面评价也增多了，其在校期间的表现也受到了肯定。

从家长的反馈中也了解到服务对象相较之前的情绪状态稳定了很多，并且也愿意和家人分享情绪，对于激励机制互动计划很认真在执行。家长同时也反馈反思自身之前对服务对象作出的承诺有时候没及时兑现的方面会进行更改，进一步加强亲子关系；同时积极参与学校所提供的亲职教育、亲子沟通等父母课程资源的学习，不断成长。

5. 服务对象家庭结构体的改变

服务对象的家庭结构及成员间的关系，也在介入和跟进后出现了如下变化和调整。

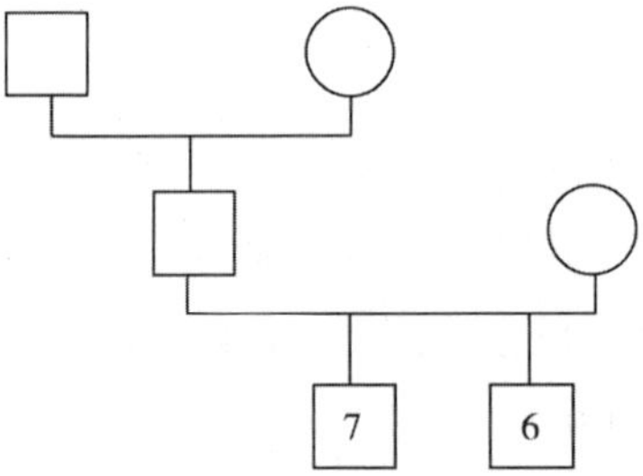

图 2　家庭结构图（介入后）

最为明显的改变是服务对象与家庭中爸爸和弟弟联系增强，与妈妈的关系明显缓和。

（三）结案

该个案最终解除危机，服务对象建立与周围人特别是其家人的良性互动，恢复希望并积极投入学习生活，达成个案目标，评估结案。

六、总结和专业反思

（一）总结

1. 经验与创新

（1）当危机事件发生时，由于时限短、难度高，更应调动周围的资源进行分工合作

社会工作者在服务过程中和班主任的密切沟通和配合，特别是对于社

会工作者与服务对象面谈疏导、班主任对于校内舆论环境的干预和正向引导这两方面的同步进行，较好地满足了既利用危机事件本身协助服务对象正视问题并积极解决问题，提升服务对象适应环境的能力，同时又减少危机事件的负面影响。且发挥学校的父母课程的资源优势，为后续服务对象父母的成长和改变也提供了支持，增强其亲职教育能力。

（2）疏导情绪和输入希望在危机事件的介入起到重要的作用

在危机情绪及时疏导的基础上，要敏锐挖掘对于服务对象有正向影响的关键人员及事件，借以输入希望，有助于快速有效地给予服务对象应对危机和面对危机事件所产生影响的内在力量。

（3）危机事件介入中，对社会工作者的专业技巧有着较高要求

特别是“接纳”“同理”“真诚”“让服务对象真切感受到被关心和尊重”等价值观及对于目标轻重缓急的梳理等都尤为重要。

（4）生命安全高于保密原则

在涉及威胁服务对象生命安全的情况时，保密原则的执行要更为灵活地进行调整，充分运用和调动周围的资源共同协作，帮助服务对象更好地走出危机。

2. 不足

（1）由于服务对象所提出的要求（希望社会工作者不要和其父母面谈及分享其与社会工作者分享的内容），为保障不刺激服务对象当下的危机情绪，社会工作者考虑生命原则高于一切的情况下又需权衡服务对象的该要求，不得不通过多方力量沟通协调共同配合，也在一定程度上被迫延长了危机解除的周期。

（2）关于服务对象周围资源的梳理及生态系统的整体把握存在不够完善的内容，非正式资源的挖掘还可有进一步探究。

（二）专业反思

1. 社工伦理意识在处理危机介入个案最需要时刻反思和灵活调整，以更好地遵循“服务对象生命原则高于一切”。

2. 危机介入的个案在跟进时首要缓解的是服务对象的情绪状态，后根源追溯完善服务。

3. 社会工作者的力量是有限的，应充分发挥社会工作者资源链接的能

力，联动各方资源为服务对象提供更为全面、更有保障的服务。

儿童青少年的心理健康一直是不容忽略的工作，再加上疫情影响，这项工作变得更加重要。社会工作者在进行服务时要做好关注儿童青少年心理健康的预防工作，防患于未然，同时提高社会各界及家长们的重视，减少该类危机事件发生的概率，这也是青少年社会工作者义不容辞的重要使命。

"青春该是什么模样？"

——青少年创伤后自我价值重塑帮扶案例

厦门市集美区和欣社工服务中心　黄丹凤　李晓曼

一、背景介绍

小 W，女，16 岁。上初二时因身形"肥胖"受到同学嘲笑，便休学在家、足不出户，想从此放弃学业外出打工。小 W 休学期间以绝食进行减肥，还以网络为平台"直播割腕"。母亲因小 W 不上学而与其关系变得紧张疏离。据了解，小 W 曾因被生父性侵而接受过专业心理治疗，治疗后的小 W 有了良好转变。由于地域限制，原帮扶小 W 的基金会人员向社工转介此案，希望社工协助小 W 回归学校。

（一）小 W 资料的收集

1. 基本资料

女，16 岁，初三学生。

2. 主观体验

插班生身份、同学在校多用闽南话交流，言语沟通障碍让她感觉自己是同班同学讨论的焦点，对此她感到焦虑与不愉快；个别男同学嘲笑她腿粗，这让她觉得自己确实很胖，故变得自卑消极；自己不适应教师上课的过快语速，渐渐对学习失去自信。

3. 生理方面

生理健康、智力正常；行动懒散、缺乏热情。

4. 过往经历及重要事件

A. 幼年期。由于父亲长期赌博，导致夫妻感情不和，两地分居。小W跟父亲在老家生活，母亲一个人在外地打工，父亲为报复母亲对小W进行性侵，这给小W身心造成严重影响，后经心理专家多次危机干预之后，心理创伤得以一定的改善。

B. 性侵事件发生之后。小W背负着极大的心理压力，将父亲告上法庭，最终父亲被判处有期徒刑5年。

C. 进城后。学会上网后便通过网络交友平台先后与多名男性确定恋爱关系，但均在线下见面后以分手告终。小W还迷上快手平台，在平台上发布一些自残的视频来吸引粉丝的关注。后经心理专家干预后，自残行为没再发生。

D. 2019年3月，来到新学校的她因被同学嘲笑腿粗，上了2周左右就不愿意去学校，宅在家里不愿意出门。

（二）环境资料的收集

1. 家庭

父母离异、母亲获得4个孩子的抚养权；父亲获刑5年；母亲是一线工人，来厦与男友同居，男方无携带子女；家里孩子共有4人：小W是老大，她有2个妹妹，1个弟弟。

2. 学校

小W与极个别同学关系较好；班主任较关心她，在校期间会为她争取校服和教科书。

二、分析预估

（一）小W所面临的问题

1. 自我价值

小W表述以前是一个性格开朗、成绩良好、受欢迎的人。自初一下学

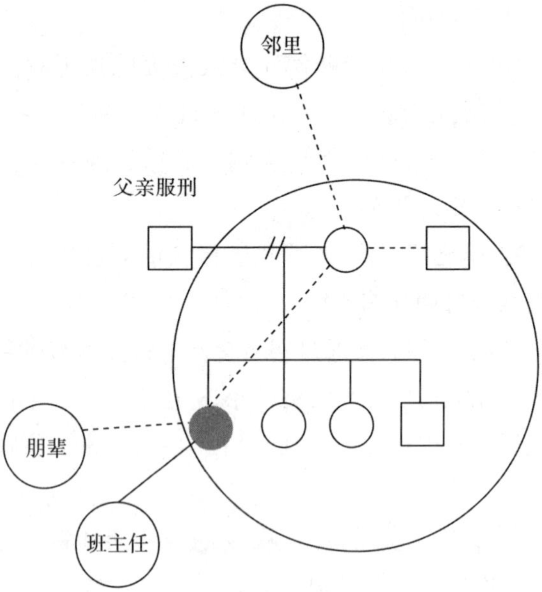

图 1　家庭生态图

期后，小 W 因家庭破裂，成绩开始下滑，身体开始“长胖”，对自己很自卑，自己变得“一无是处”。以前大家喜欢自己，是因为自己长得好看。小 W 认为苗条样貌好才是人际交往的基础，坚信减肥完就可找回积极的生活状态。对于交男朋友，小 W 也是处于卑微姿态，尽力讨好对方。综合上述，可以看到小 W 自我价值感低，处于低自尊水平，难以悦纳自己。

2. 家庭沟通

小 W 因“辍学”与母亲处于冷战状态，基本不和妈妈主动讲话，等着母亲先“低头”，母女坐一起没有互动，小 W 和同住在一起的弟弟和妹妹也没有互动，自己一个人总是拿着手机在房间里面上网。

3. 家庭规则

小 W 自小缺少父母的关爱与教育；母亲一直对于先前的教育缺失深感自责，现对小 W 采取“放任”的态度，基本在物质上尽量满足小 W；而父亲角色缺失、负面行为伤害着小 W 的身心，但小 W 对妈妈的新男朋友认同度挺高的，觉得比自己的爸爸还好，如果是自己的爸爸就好了。

4. 对客观环境的反应

由于从外省到厦门，小 W 对校园环境不适应，无法融入班集体，觉得新团体里面没有朋友，自己因跟不上学习，有主动问老师，但同学说她假认真，学习主动性渐渐变低。小 W 觉得班里面一些后进生经常背后议论自己，公开说自己腿粗，于是她不愿意上学，不想见到任何同学。小 W 也会容易受到外界影响，例如通过网络看到别人辍学打工，她也有同样想法。

（二）小 W 所具有的资源

1. 个人资源

小 W 的字写得很漂亮，也因此得到班主任、母亲、社工的称赞；小 W 自身有想改变目前处境的信念，特别是减肥方面；与社工约定时会守时守约。

2. 朋辈资源

小 W 虽然来厦门不久，但在学校期间以及老家有一两个比较有话聊的同学，辍学的时候，还有同学来家里劝小 W 回去上学，时不时也会通过网络与小 W 联系。

3. 家庭资源

母亲对小 W 心怀愧疚，希望女儿能够回归正常的生活状态，不要一直待在家里，即使不上学也没有关系，与社工建立关系后，对于社工服务很支持与配合。

4. 学校资源

小 W 初入学时，班主任关照她。也鼓励班里其他同学能够帮助小 W 适应环境，对于社工工作也很配合。

（三）理论基础

萨提亚家庭治疗模式关注家庭中成员的成长，每个家庭成员先有良好的观念和自尊才能够达成良好家庭情境，而良好的家庭环境也影响着个体养成良好自我观念及自尊。萨提亚认为自我概念与行为模式形式很重要，通过家庭追溯与家庭沟通方式的理解，找出家庭成员问题的成因，并通过家庭互动方式的调整以达到改变个人成长。在萨提亚的分析诊断中，自尊与自我价值、沟通方式、家庭规则分析是重要部分，而治疗的过程是最重要的，治疗技术则是次要的。根据情境发展，灵活应用，主要治疗方式包括创造性接触、家庭重塑、家庭雕塑、隐喻等技术。本案例中，小 W 由于长期缺失母亲的庇护及受爸爸长期伤害，家庭中充满负性的能量，创伤性典型症状在专业心理治疗师的帮助下已经得以缓解，但是由于长期缺失正

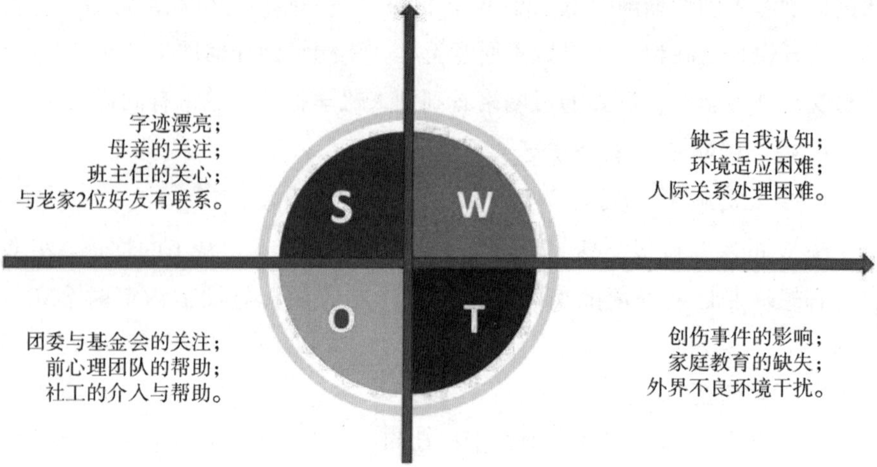

图2　SWOT分析图

向家庭环境，缺乏家庭情感联结、良性的家庭沟通，也深刻影响小W的自尊及正向自我价值的形成。

三、服务计划

（一）服务需求与目标

服务需求	服务目标	领域
1. 正向自我价值体验需求	1. 使用创造接触技术，促进小W获得正向的交流体验，感受被爱、被支持、被肯定	个人层面
2. 提升自信心，正确认识自己、悦纳自己	2. 去除“非理性”信念，促进小W形成正确的自我认知	
3. 拥有一个健康、积极的生活方式	3. 树立正确的健康观念，养成健康合理的饮食生活习惯	
4. 缓解与母亲的矛盾，优化家庭教育方式	4. 通过开展家庭重塑及家庭雕塑技术，提高小W的家庭正向情感联结，改善亲子关系，优化亲子沟通方式，建立家庭规则	家庭层面
5. 良好适应现在的学习、生活环境	5. 通过优势资源整合，强化小W环境适应能力，帮助她融入学校（社会）生活	学校（社会）层面

（二）服务策略

1. 发掘小 W 自身潜能，引导小 W 书写个人日记以养成书写的习惯，让她不与学习脱离；为小 W 是否可以继续上学而寻求团区委的帮助；促进小 W 家庭与学校合作，搭建家校共育监督机制。

2. 社工利用团区委与检察院平台，鼓励小 W 走出家门参与志愿服务，帮助小 W 获取“成功的体验”，建立正向自我价值观；带小 W 走进高校研学，与大学生积极互动，促进其正向的发展体验；调动小 W 关系好的同学、班主任和母亲一起鼓励小 W 重新获得回校学习信心。

3. 社工定期与小 W 及其监护人谈心辅导，互动中授予小 W 人际交往的技巧；聚焦小 W 非理性观念，正向附议，帮助小 W 形成正确自我认识，让小 W 悦纳自己；使用家庭重塑治疗性会谈，帮助母亲回归历史情境，重新接纳自己，表达对家人的爱，促进亲子有效沟通，帮助制定家庭规则。

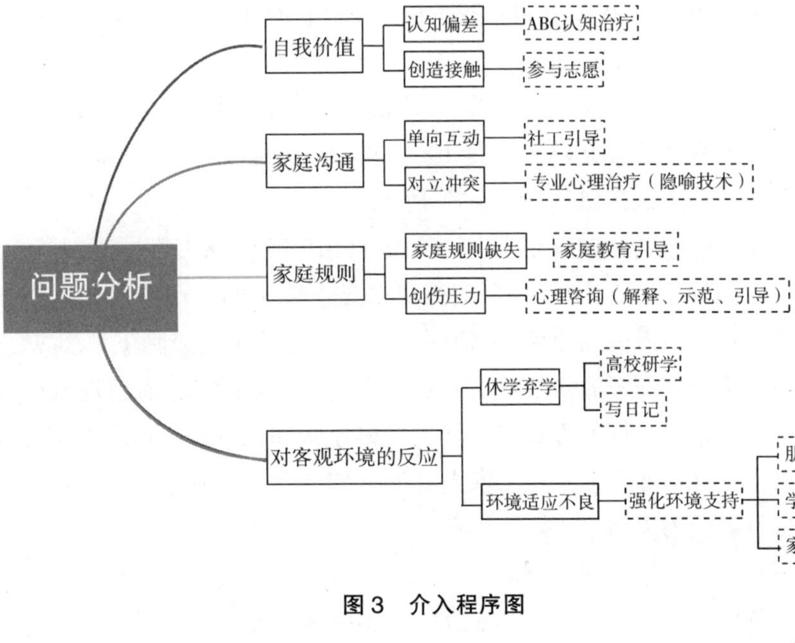

图 3　介入程序图

（三）实施过程

第一阶段——携手心理咨询，建立信任关系：（2019 年 4 月）社工与心理咨询师一同进入小 W 家中探访，对话过程采用解释、示范、引导、对焦等方式方法，成功让小 W 及其母亲打破隔阂进行正常面谈，社工初步了解小 W 的家庭情况，并与其一家建立关系。

方法技巧：家庭对话，解释、示范、引导技术

第二阶段——资料整合与问题评估阶段（2019 年 4 月末 5 月初）

社工通过与小 W 的班主任、校领导、母亲面谈，了解小 W 现时在校表现、朋辈交往、在家表现等情况，初步预估小 W 缺乏自我认知、自我效能感低。小 W 休学直接原因在于同学对她“肥胖”身材的嘲笑。但在家长、教师、社工看来，小 W 身形属于正常体型。小 W 认为自我伤害的方式能够引起粉丝的关注，包括挽回男朋友。

方法技巧：支持性技巧

第三阶段——运用服务策略介入行动阶段（2019 年 5 月）

社工邀请小 W 及其母亲深入会谈，三方共同协商制订小 W 的服务计划。社工还告知小 W 母亲、教师需配合社工服务的相关事项。初期，社工以参与义工的方式让小 W 获得自我价值，在此过程中小 W 了解大学生活，结交新朋友，强化人际互动的技巧。社工还邀请小 W 和母亲参加亲子会谈，引导小 W 写日记以养成书写的习惯，由母亲进行监督；同时，社工链接健身教练资源为小 W 准备了运动和膳食计划，并由母亲和弟弟一起来监督。

方法技巧：创造接触技巧，空椅子疗法

第四阶段——尝试融入正常生活阶段（2019 年 5—8 月）

一段时间的坚持，小 W 身形变得更苗条。鉴于朋友们的评价对小 W 的重要性，社工试着鼓励小 W 主动面向朋友。在社工的鼓励下，小 W 在网络上与原来朋友恢复联络。社工通过与小 W“周会谈”，通过近期小 W 身上发生的琐事以辩证的方式帮助其扭转偏差认知，具体包括交友基础缘于共同兴趣爱好而非身形外貌、家人对于小 W 来说应该比朋友处于更重要的位置、打破读书无用论等。

方法技巧：家庭雕塑治疗

第五阶段——总结经验与改变阶段（2019 年 8 月）

在介入阶段，小 W 不再发生自残行为；介入后小 W 变得更加自信且敢于走出家门与朋友相约逛街。在小 W 与母亲的互动方面，小 W 和母亲意识到两人沟通方式的不足与不当，母女愿意敞开胸怀交流。

方法技巧：引领性技巧

四、总结评估

（一）目标达成情况

计划达成	实际达成
1. 使用创造接触技术，促进小 W 获得正向的交流体验，感受被爱、被支持、被肯定	通过创造接触技术，社工链接社区服务平台，鼓励服务对象参与志愿服务，在过程中，让服务对象感受服务者、社工的肯定与支持，帮助服务对象与他人建立正向情感联结，促进自我价值提高；在这个过程中社工明显感觉小 W 能更自信表达自己的想法
2. 去除“非理性”信念，促进小 W 形成正确的自我认知	通过社工游戏治疗与 ABC 理论的引导，小 W 找出自己的多个优点，协助她认清自己的优势和客观问题，学会接纳、悦纳自己
3. 树立正确的健康观念，养成健康合理的饮食生活习惯	小 W 用运动+合理膳食成功减掉 15 斤体重，她变得更加自信且敢于面对昔日同学朋友
4. 通过开展家庭重塑及家庭雕塑技术，提高小 W 的家庭正向情感联结，改善亲子关系，优化亲子沟通方式，建立家庭规则	通过家访、参加亲子治疗会谈转变小 W 母亲的家庭教育观念，帮助母亲回归创伤性事件，悦纳自己，也意识到“放养”教育的危害，重新有能力建立家庭规则；母女改变了原来单向沟通方式；互动次数明显增加
5. 通过优势资源整合，强化小 W 环境适应能力，帮助她融入学校（社会）生活	接受服务过后的小 W 从“不出门”变成“每天外出跑步”；后期因为政策原因，小 W 重新回到云南学校求学

（二）评估

1. 小 W 能够勇敢走出家门，有自己的朋友圈且与同学正常交往，在多次的面谈辅导过程中，小 W 从最开始不愿出门发展到可以在社工陪伴下参与志愿服务，后自己一个人从家里出发来到社工服务点参与面谈辅导，最后能够出家门与原来的同学朋友互动交往。

2. 小 W 的自我认知有了较大转变，从最开始的把同学负面评价放到最大化（无论是家人还是社工、心理专业对她客观的描述都听不进去）到后来可以认识自己的长短处，不再以别人评价来定位自己。在个案辅导的中后期，她还经常向社工分享和同学一起外出游玩的事情，其自尊得到极大提升。

3. 小 W“减肥工程”取得良好的成绩，这让她敢于面对身边的同学；小 W 在服务过程中多次走进大学校园感受高校氛围，对之后学习生活提升了期待。

4. 母亲虽因小 W 休学而产生不满情绪，但母亲却很愿意配合社工帮助小 W 获得改变。经过示范性治疗谈话，亲子沟通得以改善。后期，母女两人会有亲密肢体接触，表达希望亲近与友好。

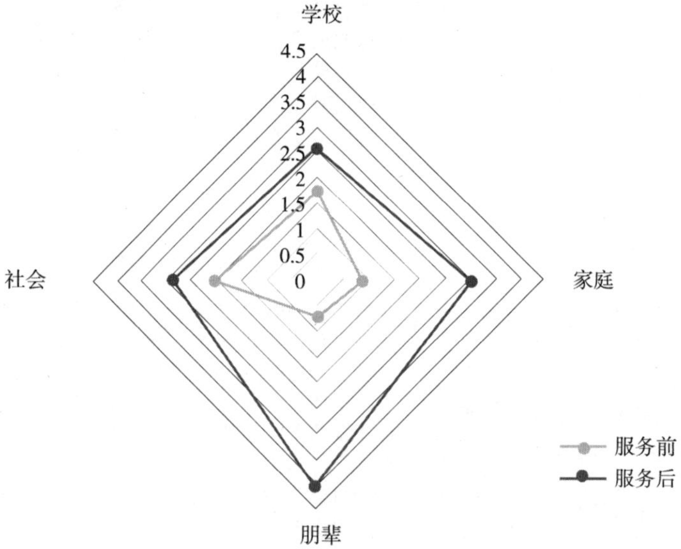

图 4　小 W 接受服务前后支持网络对比图

（三）支持网络评估

小 W 接受服务后，支持网络处于扩张的趋势，特别是朋辈互动的增加、朋友圈拓展；母女关系缓和、家庭支持，如能够较好地和母亲沟通，建立良性的家庭规则，目前不再对女儿所有行为一一“包容”。社会层面也增加了团区委、社工、社会团体的帮助，学校层面增添了对学习的兴趣、学校领导的关注、同学的鼓励。

五、创新点

（一）从个案介入问题类别来看，目前青少年问题一般以行为偏差、人际关系冲突、因学习不良或家庭教育不得当导致家庭关系紧张、情绪失控、打架斗殴等情况居多，青少年性侵创伤后干预相对经验较少，因此该类型个案是一种新尝试，为后续青少年性侵创伤后的帮扶工作积累宝贵经验。

（二）能够真正做到联动的“心理+社工”双专模式，从评估开始，社工与原先帮助服务对象做创伤治疗的心理专家一起共同介入，奠定个案正确跟进方向的基础。而在个案跟进过程中，社工与心理专家开展每月一期的个案研讨，保障个案跟进有效开展。

六、专业反思

社工主要运用萨提亚家庭治疗模式，前期运用创造接触和 ABC 认知技术，使服务对象感受到正向自我价值及情感体验，意识到自身的非理性信念；中期阶段，运用家庭雕塑和空椅子疗法，重新构建服务对象与家人、朋友情感联结，通过解释、示范、引导技术，帮助服务对象与妈妈间拥有有效的沟通方式；后期阶段，社工运用引领性技巧，向小 W 及其家长、班主任提供信息和行为监督建议，制订行动计划，让小 W 监护人进行行为引导和监督。案例后期因为政策原因，小 W 不得不回户籍地求学，家庭支持由于距离原因变弱，较难强化跟进。

社工将萨提亚家庭治疗方法运用于个案帮扶中，与社会工作的小组及社区服务等方法有机结合，尽全力借助任何有利于服务对象康复的方式方法帮助服务对象。笔者认为在保障服务对象生命的前提下，心理治疗模式与社会工作方法如何有效结合都值得尝试与探索，这样才能够真正最大限度地帮助受助者。

当我和世界不一样

——青少年干预性自杀防治个案服务案例

厦门市湖里区培善社会服务中心　林丹楠

一、案例介绍

（一）案例概述

Z 某，男，21 岁，大学生。患有情感障碍症。因为和母亲的矛盾不断，服务对象报警称想自杀并通过信访投诉母亲家暴、蛮横无理，希望有关部门帮忙督促母亲改正。由于涉及青少年的生命安全问题，社区工作人员初步了解服务对象情况后，将其转介于青少年社会工作者。

（二）服务对象的基本情况

1. 服务对象的兴趣爱好

服务对象喜欢穿女装、化妆，喜欢和女孩子玩。

2. 服务对象的学习情况

服务对象由于喜欢穿女装，在校和女生的交往界限模糊，受到了同学们的联合抵制，无心学习，多门考试挂科。校方曾介入调解同学之间的矛盾，但服务对象不满调解结果并通过信访投诉同学和学校。久而久之，对整个学校产生厌恶感，不愿再去学校上课，目前休学在家。

3. 服务对象的家庭情况

服务对象是家中独子，家庭经济条件良好，父母在物质上不曾吝啬于服务对象。母亲专制型的教育方式，导致休学后亲子之间矛盾不断，双方处于互相责怪的状况中。

二、分析预估

（一）服务对象的问题分析和需求预估

服务对象曾尝试向警方和自杀倾向援助热线发出自杀求助信号，已产生自杀意识，存在自杀风险，具体成因及需求如下。

1. 家庭因素：亲子相处模式存在问题

服务对象有着独立自主的需求，但是对父母物质上的依赖导致服务对象难以离开父母独立生活，凡事都需征得父母的同意。特别是服务对象想要留长发、身着女装生活的需求屡次遭到父母的反对，双方陷入相互指责的僵局，服务对象难以从家庭获得有效的情感支持。

母亲专制型的教育方式，总是要求服务对象接受自己的安排，为服务对象包办一切，形成服务对象脆弱、依赖、以自我为中心的性格，难以承受生活的挫折。

2. 心理因素：服务对象存在着偏差认知

半年前，服务对象母亲在未知会服务对象的前提下，突然造访了他在校外租住的屋子，发现了服务对象珍藏的女装和假发，母子发生了肢体冲突。本次冲突在服务对象的手背和脖子处留下了伤疤，服务对象对伤疤难以释怀，产生了受害者心理，认为一切都是母亲的错，自杀成了服务对象让父母感到内疚的一种方法。

“伤疤必须完全消失”“父母必须给我足够的钱”以及“父母必须彻底接纳我穿女装”等绝对化的思维方式，导致服务对象难以获得满足感，自暴自弃。

3. 生理因素：服务对象被诊断患有情感障碍症

表现为易冲动、重度的焦虑，加大了其自杀的风险。根据医生的建议，服务对象需要心理咨询。服务对象母亲希望可以寻得合适的心理咨询师资源。

（二）服务资源分析

1. 个人层面

服务对象有着强烈的求助意识和抒发情绪的需求，使得社会工作者能够快速和服务对象建立起专业关系。另外，电子游戏能够帮助服务对象排解生活忧愁。

2. 家庭层面

服务对象家庭经济条件良好，能够为服务对象提供物质支持和医疗资源。服务对象的父母有着强烈的学习和求助意识，特别是在经历了服务对象以死威胁的事件后，父母愿意尝试接纳服务对象穿女装的喜好。

3. 社区层面

服务对象所居住的社区环境良好，社区居委会的工作人员和社会工作者保持着紧密的合作关系，积极为服务对象链接心理咨询和精神康复资源。

三、服务计划

（一）理论基础和服务模式

1. 危机介入模式

该模式强调及时接案与处理，要求社会工作者围绕着服务对象的危机及时开展工作。服务对象已经形成了自杀意识，多次向外界发出自杀求助信号，社会工作者需要及时处理，帮助服务对象缓解压力，重新振作起来。

2. 心理社会治疗模式

该模式认为个人生活在特定的社会环境中，受生理、心理和社会三个方面因素的影响。社会工作者将结合直接治疗技巧和间接治疗技巧为服务对象提供干预性自杀防治服务。

（二）服务目标

1. 危机及时处理。评估服务对象遭受家暴和自杀的风险等级，确保服务对象的生命安全。

2. 增强家庭对服务对象的支持。调整亲子的沟通方式，明确家庭成员间的界限。缓解母子俩因为伤疤事件而产生的矛盾，增进母子间的相互理解。

3. 修正服务对象的非理性信念。引导服务对象正确分析和认识自己所面临的压力。

4. 结合服务对象医生的建议，为服务对象链接心理咨询师资源。

（三）服务策略及服务程序

1. 计划初期

危机处理，确保服务对象的安全；运用支持性技巧和服务对象建立专业关系；从服务对象、家庭成员以及社区工作人员处收集资料，评估服务对象自杀和家暴风险程度，了解服务对象的自杀压力源。

2. 计划中期

根据服务对象的压力源，通过直接治疗技巧和间接治疗技巧分别为服务对象和服务对象的父母亲提供自杀干预服务。

（1）直接治疗。采用支持和直接影响的非反映性直接治疗技巧直接回应服务对象的需求。同时，通过与服务对象的沟通交流，反映服务对象的现实情况和心理动力，探讨并明晰对未来的规划，输入希望。

（2）间接治疗。社会工作者为服务对象的父母亲提供辅导，增进亲子沟通，引导父母亲做好服务对象的支持者。

3. 计划后期

跟进服务，提供情绪疏导服务，帮助服务对象梳理辅导过程，巩固服务成效，为结案做准备。

四、服务实施过程

（一）服务开展情况

1. 服务初期

（1）危机及时处理

一接到社区工作人员的转介电话，社会工作者立刻电话联系了服务对象确认其安全，并评估服务对象的情绪状态以及自杀的危险性。接通电话时，服务对象正在家中玩电脑游戏，情绪平稳。服务对象向社会工作者坦诚自己喜欢女性打扮和美甲，询问社会工作者是否介意。社会工作者表达了对服务对象喜好的接纳和尊重，建立起信任关系，双方约定了入户探访的时间。

为了更全面地评估服务对象所面临的危机，社会工作者与服务对象的母亲单独进行了一次面谈。社会工作者整理了服务对象母亲反馈的信息如下：

服务对象报警原因。近期，服务对象母亲不小心将服务对象的刘海剪得太短，母子因为发型问题冲突不断，服务对象便对父母扬言要自杀并报了警。

服务对象母亲否认家暴行为的存在，坦言半年前确实曾和服务对象打过架，双方都有着不同程度的皮肉伤。但是，因为服务对象过分在意伤疤，导致此事一再被提起。为了能够让服务对象不再执着于伤疤一事，服务对象母亲曾尝试过让服务对象去皮肤科就医，可服务对象作息不规律，迟迟未能将就医一事提上议程。

父母对服务对象喜欢穿女装的看法。在父母眼里，男生不应该留长发，穿女装更是心理变态。虽然服务对象母亲口头上表示可以接受服务对象在漫展上穿女装，但心中依然抗拒。

最后，服务对象母亲表明深受亲子关系困扰已久，认为是家中长辈对服务对象的溺爱导致服务对象抗压能力差，以自我为中心，动不动以死相逼。虽然服务对象母亲在网络上阅读了许多心理学的文章、求助了多家教育机构，但收效甚微。确诊了情感障碍症后，根据精神科医生的建议，服务对象母亲希望能够寻得心理咨询师的资源，也愿意接受社会工作者的介入服务，希望获得专业的帮助。

（2）收集背景资料，了解服务对象的压力源和需求

次日，社会工作者按照和服务对象约定的时间进行家访，运用倾听、同理、鼓励等专业技巧建立专业服务关系，收集服务对象的信息如下。

首先，关于在信访中提到的家暴一事。社会工作者观察到，服务对象所示的两处伤疤约为芝麻粒大小，并不明显。但是，服务对象却认为这伤疤是无妄之灾，只有疤痕完全消失不见，才能够消除心中对母亲的怨恨。

其次，社会工作者也注意到，服务对象对家暴的概念并无清晰的认识，母子俩对所谓的“家暴”问题阐述也不相同。虽然，服务对象坚称自

己一直处于被打的状态，并未还手。但此事间隔时间较远，难以将其定义为“家暴”事件。为避免青少年的权益受到伤害，社会工作者向服务对象提供反家暴法的有关信息，提醒服务对象若依然认为自己遭受家暴可以收集有关证据，进行自我保护。

在会谈的过程中，服务对象多次提到对父母教育方式的不满和怨恨，认为是母亲专制型的教育方式导致了现在这种局面。而且，父母总是用带侮辱性的言语形容其穿女装的爱好，希望父母能够尊重自己的选择，最好是给自己足够的钱，彻底接纳自己穿女装，让自己过自己想要的生活，否则宁愿一死。

社会工作者将两次会谈收集到的信息报备社区并初步预估：服务对象受生理、心理及家庭因素的影响，存在着自杀风险，需要持续关注和积极干预。

2. 服务中期

建立了信任关系之后，服务对象每日都向社会工作者表达对父母的怨恨。特别是看过医生后得知伤疤不会完全消失，服务对象感到绝望，开始尝试绝食，并要求母亲必须想办法将伤疤治好。社会工作者通过探访排除了服务对象存在绝食危险后，社会工作者分别对服务对象以及服务对象的父母亲进行了辅导。

（1）直接治疗：引导服务对象正确认识和了解所面临的压力，输入希望

首先，社会工作者倾听服务对象的痛苦，协助服务对象重新梳理伤疤事件的经过。服务对象表示事发的第二天，母亲还要求自己去学校上课，而不是带他去看皮肤科，可见母亲根本不在乎自己。为了引导服务对象重新认识和理解母亲当时的做法，社会工作者回应：“你刚才提到妈妈不在乎你，因为她让你去上课而不是去看病。那你觉得妈妈让你去上课是出于什么原因呢?”这样促使服务对象从新的角度思考问题，发现和探索自身思维方式上存在的问题。

其次，减轻服务对象对伤疤无法消失的焦虑感。社会工作者了解到服务对象认为其他人都没有这样的伤疤。社会工作者袒露自己的伤疤，传达对服务对象伤疤的接纳，引导服务对象重新看待伤疤的问题，鼓励服务对象积极按照医生的嘱咐涂药，或者尝试化妆的办法进行遮盖。

最后，社会工作者与服务对象探讨未来的计划和对金钱的看法。服务对

象坦言自己想要很多钱，是害怕自己钱花完后，又要被父母掌控。社会工作者指出服务对象渴望独立但又离不开父母的物质支持，是服务对象产生压力的根源，进而肯定服务对象的优势，输入希望，协助服务对象分析和发现自己以往求职方式上存在的错误，使得服务对象对现实状况有清晰的认识。

（2）间接治疗：增强家庭成员对服务对象的支持

社会工作者通过多次的电访和面谈与服务对象的父母亲探讨亲子相处过程中遇到的困难，帮助服务对象父母亲分析和了解服务对象喜欢穿女装的原因。建议服务对象父母不要用带有侮辱性的词汇形容服务对象对女装喜好，避免对服务对象造成精神上的刺激，鼓励服务对象父母多去发现和肯定服务对象身上的闪光点。同时，社会工作者指导服务对象父母学习和服务对象沟通的技巧，善用“我”的信息，学会准确地表达自己的意思，减少指责性和攻击性的语言。

（3）组织家庭会议，解开伤疤事件的心结，明晰家庭成员之间的界限

鉴于伤疤事件对服务对象和母亲的影响较深，双方各执一词。社会工作者组织家庭会议，帮助母子二人共同梳理了冲突发生当晚的经过。服务对象虽然没有正面承认自己打了母亲，但也无意透露出自己曾动手打母亲的信息，排除了信访中所提及的“家暴”问题，服务对象也无法再将自己置于只挨打的受害者角色而向父母索赔。

由当晚的冲突进而引发了母子俩关于界限的探讨。服务对象控诉母亲总是不顾自己的意愿，强行替自己做各种决定。例如：母亲嫌弃服务对象租的房子空气不清新，非要服务对象搬到另一间居住。服务对象认为每次都是自己妥协，心里的不满越积越深。

这个过程中，社会工作者大多采取倾听、同理及鼓励的技巧，协助服务对象和母亲去探索与抒发感受和情绪，减少服务对象和母亲之间的相互指责，促进彼此的相互了解。同时，社会工作者采用忠告的技巧，指出服务对象已经成年，拥有自我决定的权利，父母可以建议和劝告服务对象做某一件事的利弊，但不应该替代服务对象做决定，这样不符合青少年的独立自主的要求。

服务对象母亲多次落泪并向服务对象道歉，表示自己是第一次听到服务对象谈起这些事情，以前忽略了服务对象的感受和意愿，很受触动，今后会尊重服务对象的选择，遇事多沟通。

会议的最后，亲子共同探讨对未来的规划。服务对象坦白自己想顺利拿到大学毕业证，为了提升自己的竞争力，也有继续读研的想法。社会工作者通过倾听和鼓励的技巧，为服务对象提供考研的信息，鼓励服务对象拟订一个行动计划，为复学做准备。

3. 服务后期

服务对象偶尔仍有情绪上的波动，社会工作者及时给予疏导，帮助服务对象回忆服务过程，巩固服务成效。同时，社会工作者整合社区资源为服务对象母亲链接多个心理咨询师供其选择。据了解，服务对象母亲在对比后，有了较为心仪的心理咨询师。

（二）服务实施中的困难及其应对

服务对象的依赖性。服务对象和母亲都曾多次要求社会工作者代替自己去向对方传达想法和意见。面对这个情况，社会工作者耐心地重申服务范围，澄清服务对象的期望，表明问题解决需要双方的参与，社会工作者不是任何一方的传声筒。

五、评估和结案

（一）评估的方法

社会工作者通过过程记录的方法，记载服务过程，及时地总结和评估服务过程。通过观察法和会谈法对目标达成情况和服务对象改变情况进行评估。

（二）目标达成情况

1. 社会工作者及时介入危机，为服务对象提供支持性服务，确保服务对象的情绪平稳和安全，通过多方会谈收集材料评估服务对象目前并不存在致命风险。

2. 社会工作者通过间接辅导，改善亲子的沟通方式，促进亲子沟通。同时，组织家庭会议帮助母子俩进行了一次理性的对话，抒发各自对伤疤事件的感受，缓和了母子之间的矛盾，明确家庭成员的界限，增强家庭对服务对象的情感支持。

3. 社会工作者通过对质的方法触发服务对象探索和发现自己存在的非理性信念，运用真诚、接纳、自我披露等方法引导服务对象正确看待伤疤，减轻压力。

4. 社会工作者为服务对象整合了多家心理咨询机构的资源，服务对象已从中筛选了心仪的心理咨询师，配合精神科医生的药物进行治疗。

（三）服务对象的改变情况

服务对象自述服务成效，认为父母亲在行为上有了改变，不再喜欢挑刺和较真了，家庭关系有所强化，服务对象对父母的评价有所好转。服务对象的母亲表示经过和社会工作者的多次面谈反思了很多，也尝试着去发现服务对象身上存在的闪光点。例如，服务对象为了照顾年迈的奶奶会主动分担家务等。据了解，服务对象已经在母亲的陪同下前往学校，商议入学事宜。社会工作者与服务对象、社区工作人员以及督导讨论后进行结案。

（四）评估和结案的困难及其应对

服务对象肯定服务成效，但否认服务结束，试图找寻各种新的理由，要求社会工作者继续提供服务。例如，服务对象在网络上和陌生人吵架，向社会工作者寻求帮助。针对该情况，社会工作者强调自己的个案服务范围，肯定服务对象的能力，鼓励服务对象尝试自己解决问题。

六、总结和专业反思

（一）经验与创新

1. 重视服务对象发出的每一个自杀求助信号。在此类涉及生命安全的服务过程中，虽然服务对象未有自杀行为，但存在着自杀意识和自杀压力源，社会工作者不知道服务对象哪句轻生的话会成真。服务对象每一次提到想自杀都值得社会工作者引起注意。

2. 社会工作要认清自己能力及限制。在本案中若将服务的重点放在改变服务对象父母的思想上，让他们彻底接纳儿子穿女装将会导致我们的帮助难以产生效果，故本案将问题集中在目前最容易解决的由伤疤事件引起的矛盾和误解上。服务对象母亲具有改变的意愿，社会工作者可以快速介入并改善亲子沟通方式，以此来增强服务对象家庭的支持力度，从而看到服务的成效。

3. 注重社会工作者自我心理调适和自我保护。服务对象经常和社会工作者提到想自杀，不仅存在风险，也给社会工作者带来巨大的情绪压力和心理负担。社会工作者要做好有关证据的收集，保持和同事、社区工作人员以及机构督导的联系，获得专业和情感上支持。同时，将跟进情况报备有关部门，在提供个案服务的同时要保障好自身的权益。

4. 带动社区工作者的参与。本个案虽然由社区工作者转介而来，但社区作为服务对象生活的重要环境，社会工作者在本案的服务过程中与社区工作者建立了良好合作关系，实时反馈服务开展情况，整合与运用了社区的资源。

（二）专业反思

服务对象过于依赖社会工作者，总是将专业关系与私人关系混淆。甚至凌晨拨打社会工作者的电话传达想自杀的情绪，要求社会工作者替他包办一切。若社会工作者一时心软而允诺了，不仅会加大服务对象的依赖性，不利于专业关系的建立，也会扼杀服务对象的自己解决问题的能力。

驱散阴霾，重拾阳光

三明市扬帆青少年事务社会工作服务中心　顾　芳　黄越美

一、案例介绍

服务对象是一名初三学生，求助人为其母亲。服务对象遭到其父亲在外欠款的债权人父亲的跟踪、威胁、骚扰，债权人父亲甚至在校门外派发传单，让全校知晓此事，给服务对象带来巨大的心理压力和负面情绪。服务对象回到家中情绪激动在家多次进行自残，求助人希望得到制止老人行为的方法，同时希望服务对象能得到心理疏导和正向支持，以良好心态迎接6月的中考。

社工介入后，安抚服务对象情绪，为其链接司法资源，保障案件审判的顺利进行。同时，为缓解服务对象焦虑的情绪，邀请服务对象成为机构的志愿者，恢复其安稳的生活。后来服务对象得以顺利升学并担任班长一职，也积极参与我机构各项志愿活动。

二、基本情况

小廉，男，15岁。父母于2010年离婚，离婚后跟随母亲生活，较少与父亲联系。服务对象懂事乖巧，在校成绩优良，日常表现优秀，以往的成绩有能力稳定考取重点高中，现因该事件的影响，成绩排名明显退步，各科任老师愿意支持协助服务对象。

（一）服务对象个体层面

1. 生理层面：小廉近期经常性失眠，出现厌食症状，身体健康。

2. 心理层面：一是认知方面，服务对象能够描述问题的起因但是经历描述较为宽泛；二是情感方面，由于小廉父亲在外欠款的债权人父亲在其校门外派发传单，不断跟踪、骚扰小廉，让其陷入焦虑不安、无助、恐慌等不良情绪中，导致其情绪波动大，心理压力过大，处于一个失衡的心理状态中，严重影响到其正常的学习和生活；三是行为方面，服务对象经常感受到乏力，没有食欲，在家出现多次自残行为。

（二）其他资源

1. 家庭资源

服务对象的父母于 2010 年离婚，离婚后跟随母亲生活，较少与父亲联系。

2. 学校资源

学校心理老师郑老师在校内及时关注服务对象情况，并给予心理支持。

3. 社会资源

案件未发生前，小廉与其同学老师相处较好，成绩稳定，社会适应能力较强。社工可为其链接公安、司法、心理辅导等资源。

（三）曾作出的调适及成效

案件发生后，小廉及其母亲希望通过报警解决问题，但警方因债权人父亲年纪较大不适宜采取拘留等措施，并未得到妥善解决，小廉采取自残的方式逃避该事件，其母亲则束手无策，寻求社工帮助。

三、理论基础及服务模式

（一）危机介入模式

危机介入模式是在林德曼和卡普兰的研究基础上发展的危机干预方法。危机指的是一个人的正常生活受到意外事件的破坏而产生的身心混乱状态，危机介入首先关心的是人的安全，然后测评当事人的情感反应、认知反应和行为反应。本案例主要是针对服务对象的自残行为而开展的调适和解决问题的服务过程。

（二）社会支持理论

社会支持理论指的是通过个体间的接触互动，个人得以维持社会身份并且获得情感支持、物质援助和服务、信息并与新的社会接触。社会支持理论取向的社会工作，强调通过干预个人的社会网络来改变它在个人生活中的作用。尤其是对那些社会网络资源不足或者利用社会网络资源能力不足的个体，社会工作者致力于给他们以必要的帮助，帮助他们扩大社会网络资源，提高他们利用社会网络资源的能力。针对服务对象的苦恼问题，利用社会支持网络理论，为服务对象整合社工机构、学校、公安司法及专业律师志愿队伍等社会资源，从而使他获得更大的支持和帮助。

（三）“五方联动”模式

本案例中，社工采用“五方联动”模式介入服务。“五方联动”是扬帆社工在未保工作中的“3·家·S”立体式服务模式，链接政府、学校及社会力量的基础上，联动司法及专业律师志愿队伍等力量，发挥社工专业及“桥梁”作用，打造“五方联动，为爱守护”的司法社工工作模式。“五方联动”，将最大限度服务各类司法案件，也将为县域地区的司法工作提供指导性帮助。

四、问题及需求分析

（一）危机介入，降低自残概率

持续的跟踪威胁让服务对象的生活学习环境的安全遭到威胁，警方多次介入无果后让孩子感到绝望，不明确未来生活的危险性而引起不安感。需要对服务对象进行危机介入，降低其自残概率。

（二）进行情绪疏导的需求

面临中考学习压力与持续的被跟踪生活压力的集中爆发，导致服务对象情绪失衡，无良好的缓解方式和有利的情感支持，导致其出现自残行为，需要及时对服务对象进行情绪疏导。

（三）增强社会支持的需求

在学校内该事件的影响对服务对象造成巨大的心理压力，朋辈群体的支持缺乏，无良好的澄清渠道，需要通过多方联动，搭建社会支持平台，帮助其解决困扰。

五、服务目标

（一）总目标

降低服务对象自残概率，避免服务对象再次发生自残行为，疏导其负面情绪，增强服务对象社会支持网络，改善服务对象生活现状，增强应对危机的信心与能力。

（二）具体目标

1. 联动多方进行危机介入，调动服务对象社会支持资源，解决受跟踪威胁问题。

2. 通过定期心理辅导，搭建学校支持网络，缓解服务对象的负面情绪，保障服务对象能有稳定的学习生活环境。

3. 挖掘服务对象优势，安排志愿活动，输入希望，增强服务对象应对危机的信心和能力。

六、服务策略

（一）及时进行危机介入，了解服务对象自残行为情况，联动公安相关职能部门，链接法律援助资源，帮助服务对象更好地解决受跟踪威胁问题，争取为服务对象提供正常的生活和学习环境。

（二）与服务对象建立信任关系，陪伴服务对象，使用陪伴、倾听、协助、鼓励、赞扬等方式，疏导不良情绪。通过“五方”联动，搭建社会支持网络，缓解服务对象负面情绪。

（三）定期心理辅导，参与志愿活动，挖掘服务对象潜能。社工定期为服务对象做心理辅导。辅导时，社工倾听服务对象一周以来发生的事情，了解服务对象对所发生事件的看法和处理方法。带领服务对象参加社工组织的志愿服务活动，并在过程中挖掘服务对象的潜能，提升服务对象解决问题的信心与能力。

七、服务实施过程

（一）第一阶段：危机介入，降低自残概率

社工在介入初期，首先为服务对象进行危机等级评估，并进行服务范围澄清，与其本人及其母亲一同制订服务计划。社工通过鼓励来重塑服务对象的自信，让服务对象明白自己是有能力解决问题的。引导服务对象在焦虑时，可以用很多方法来排泄不良情绪；告诉服务对象自虐既不是好方法，也解决不了问题，身体是自己的，生命是宝贵的。让服务对象懂得在生活中遇到困难可以找老师、社工、公安等相关人员帮助自己解决问题，在一定程度上缓解了服务对象的焦虑情绪，社工也与服务对象小廉作了不伤害自己的约定。社工也时刻关心小廉的现状，给小廉留机构电话，让服务对象知道遇到问题的时候，可以向社工求助，充分取得服务对象的信任。

（二）第二阶段：疏导消极情绪，链接资源

社工在第二周了解服务对象最近心理状态与学习情况良好后，提醒其母亲收集证据，给予服务对象正向引导，积极解决。之后链接多方资源，联系律师咨询涉及的法律问题，联系公安（办案民警）了解案情，同时联系市未保中心、市福利院了解可以给予孩子帮助的可调动资源。同时，社工与办案民警、服务对象母亲、债主父亲约见下洋派出所。在面谈过程中，社工了解到，服务对象母亲的多次报案，办案民警仅是协调解决，重点是考虑到债权人父亲年纪较大，还有健康方面的原因，不适宜采取拘留等措施。但社工表示，为老人考虑，更应该为服务对象的将来考虑。面谈结束后，社工再次咨询律师意见，并联系学校的心理老师对服务对象采取心理干预，经过一段时间心理辅导，有效缓解了服务对象的消极心理情绪。

（三）第三阶段：五方联动，构建社会支持网络体系

5 月 17 日，债权人父亲再次到学校骚扰服务对象，社工接到电话后，立即前往学校，与学校副校长、接案民警、服务对象班主任以及学校心理老师见面。考虑到服务对象的情绪，希望通过学校方面的配合，先稳定服务对象的情绪，让服务对象熟悉的学校心理老师先对服务对象进行心理辅导，舒缓过激情绪，尽量以平常心面对即将到来的中考。

同时，社工将咨询到的法律意见转述给办案民警，并链接市中院及检察院的资源，最后以寻衅滋事罪，将债权人父亲拘留。在债权人父亲被拘留之后，服务对象母亲提出要对其提出法律诉讼，社工劝解道：不适宜在此时产生过多的纠纷，目前最重要的就是先确保能有一

个稳定的环境，保障服务对象能够顺利中考并且债权人父亲也得到应有的惩罚。

（四）第四阶段：人道主义，保护双方权益

随后几天，社工出于人道考虑，也考虑到债权人父亲年事已高且有高血压等疾病，在债权人父亲被拘留三天后，社工也为债主父亲链接了法律援助，对债权人父亲采取取保候审，希望案件能够妥善解决。

（五）第五阶段：志愿活动，输入希望，增强服务对象应对危机的信心

中考结束后，社工担心服务对象暑假在家会胡思乱想，导致焦虑情绪，于是邀请服务对象以志愿者的身份加入社工在荆东社区之家举办的夏令营活动，让其辅导低年级的同学做功课，承担小老师的责任，让服务对象体会当小老师的乐趣。同时在夏令营过程中，了解困境儿童的学习生活困境与应对方式，能够学会理解这个社会的完美与不完美，接受生活，并提高应对危机的信心与能力。

（六）第六阶段：增能赋权，跟进服务

9月初，了解到服务对象已经顺利考上三明九中，并在班级里担任班长一职，近期生活较为平稳。随后，社工积极联系三元法院，确保服务对象的平稳生活能够得到司法保障。针对本案，三明市三元区人民法院作出判决：

（1）判决被告人债权人的父亲犯寻衅滋事罪，判处有期徒刑十一个月，缓刑一年。（被告人债权人的父亲在缓刑考验期间内应依法接受社区矫正，缓刑考验期限从判决确定之日起计算。）

（2）禁止被告人债权人的父亲在缓刑考验期限内接触被害人或在校园及校园周边活动，但确因居住等原因，经执法机关批准的除外。

（3）在案扣押的传单四十一份、大字报一幅，予以没收。

有了法院的正式判决，也保证了服务对象今后的平稳生活，使其能够安心读书。在后期的回访工作中，社工邀请服务对象成为机构的志愿者，服务对象开心地表示，希望自己今后也能帮助其他人。

八、效果评估

（一）评估方法

具体评估见下表。

评估主体	评估方法	对服务对象的评价	评估结果
服务对象自身	量表评估	服务对象自述：社工帮我放松了心情，也让我体会了帮助人的乐趣，将来会积极面对生活，力所能及地去帮助别人	服务对象积极调整心态，对服务方案较为满意
社工（笔者）	观察法、访谈法	鉴于本案的特殊性，社工更多的是帮助其链接资源与缓解情绪，助力其顺利升学	个案服务目标基本实现
服务对象母亲	问卷调查、访谈法	很感谢社工作出的努力，使得案件能够顺利解决 小廉现在也变得开朗了，还当了班长，以后要叫他也去帮助别人	个案服务目标基本完成

（二）服务成效

服务目标已达成，困扰小廉的被跟踪事件通过各方资源力量的汇总顺利得到解决，为其搭建了社会支持网络。其本人目前情绪稳定，无自残行为，并成为机构志愿者，致力于帮助其他有需要的人员，践行了“助人自助”的服务理念。

九、总结和反思

危机介入模式需要社工迅速应对、及时处理。在服务的过程中，情感支持、恢复自尊、培养自主能力等方法要综合运用，为服务对象输入新希望的同时要争取其家人的陪伴支持。本次案例社工更多倾向于链接资源，忽视了服务对象个人的自决能力以及对其家人的关注。危机干预中，社工要相信服务对象有能力解决问题，杜绝家长作风，减轻服务对象对于工作者的依赖。将服务对象问题充分个别化，并扮演好自己的角色，注重提升服务对象个人的自决能力以及其家人的辅助作用。要让服务对象感觉到有

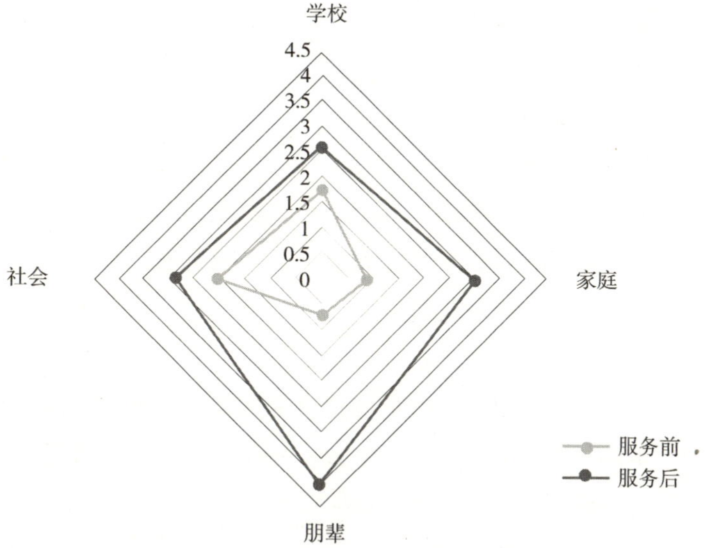

图 1

一个人的确可以无条件地接纳他、理解他，并愿意在背后支持他，帮助他渡过危机。

在个案服务过程中，通过“五方联动”模式，发挥各自的优势为服务对象提供多方位的帮助，最终促成此个案达成目标。因此，社工在提供服务时，不能单打独斗，要善于利用和整合身边的资源。

梦想照亮现实

——青少年抑郁症的社会工作服务案例

石狮市少年家青少年社会工作服务中心　邱珊妮

一、案例介绍

（一）案例概述

东东，男，17 岁。2020 年，东东身无分文在路上闲逛，潜入他人家中及一家小卖部，盗走若干现金及零食。

（二）服务对象的基本情况

1. 个体状况

（1）生理、心理状况

东东中等身材，偏瘦，生理状况良好，未见异常。在心理方面，东东比较孤僻，爱独处，容易焦虑、紧张，有自残倾向。惯常使用否认、回避等方式拒绝回答问题，经过了解发现东东存在精神病性障碍问题，去医院检查后综合评估为“内源性抑郁”。

（2）个体生活习惯

东东小时候待在老家上学，平时会出去网吧上网或待在家里玩，不喜欢去读书。来到某市后无人管束，学会了赌博、借钱，据其称“借钱都是有来有往的，他借我一点，我下次也借给他一点”。

（3）法律、法规认知状况

东东对于其所犯案件悔罪意识较强，认识到自己的行为会造成对自身与社会的不良影响。具有较强改正自己错误行为的意愿。由于其未成年，无法找到工作，迫于生存压力才会行窃，现在对自己的行为感到非常后悔。

2. 家庭及社会关系状况

（1）家庭状况

东东在家中排行第二，在老家有爷爷、父亲、继母、哥哥以及两个同父异母的弟弟。母亲在其两三岁时与父亲离婚，其与哥哥的抚养权被判给了父亲。父母离异后均重组了家庭，有了各自的孩子。东东自述小时候与父母关系不好，经常被父亲殴打。后来与哥哥关系也变差了，已经好几年未曾联系了。

父母重组家庭之后，东东接二连三尝到被抛弃的滋味。父亲与继母殴打从小抚养自己长大的爷爷，其与继母关系恶劣，经常发生冲突，产生叛逆行为，因此自己和哥哥经常被父亲暴打。之后东东在亲戚介绍下前往江苏工作半年后，主动联系母亲接他来某市，与母亲共处的那段时间是东东较为开心的一段时光。然而好景不长，母亲返回老家，东东再次被亲人抛弃。他一个人生活，独来独往不与他人接触，母亲的离开诱发了东东抑郁的状态。

（2）社会关系情况

据东东称，自己没有什么朋友，平时有联系老家一起玩的几个朋友，现在自己也不愿意回老家，联系慢慢少了。之前东东去文身的时候认识了一名女孩，二人成了男女朋友。之后双方发生矛盾，两人的感情破裂，东东的情绪变得更加不稳定。

除了老家的朋友之外，东东上班的同事、老板对东东均颇为照顾。平时东东会和一起上班的同事聊天说笑、吃饭，老板在东东找不到工作的时候接纳了他，并且给他涨了工资，为其支付租住房屋的租金以及水电费。与老板一家的良好关系体验使东东在石狮有了归属感，体会到了被人接纳与包容。

二、分析预估

服务对象的问题分析和需求预估

1. 东东的问题分析

（1）生理情况方面

受负面情绪控制，东东情绪压抑，睡眠质量差，常产生自伤自杀的想法，在东东的手臂上能明显看到多处自残的痕迹。东东的食欲不佳，一天只吃一到两顿饭，有时候甚至不吃饭。

（2）人际关系方面

社会支持网络薄弱，悲观情绪长期被压抑在心中，严重影响日常生活交往。东东的朋友皆在老家，工作地点的同事以及老板都是年长于东东的人，东东封闭自我，难以找到可以理解他的人。

（3）家庭方面

长时间缺少家庭支持。东东父母在其小时候就离婚了，幼年时期家庭发生严重冲突，父母经常吵架。现两人均重组了家庭，无法照顾到东东的生活和心情。东东在父母双方之间反复体验到被抛弃的感觉，使东东丧失了安全感。

（4）思维方面

由于在现实生活中，东东找不到能够理解自己的人，自我功能发挥失常。东东时常情绪不稳定，一天之内经常性感觉低落，经常想会用什么样的方式结束自己的生命，对生活感到无意义无价值感。生活态度消极，自述习惯了被抛弃，曾多次用小刀割伤手臂，伤害自己。

2. 东东的需求评估

（1）改善生理状况的需求

东东的抑郁状态导致其睡眠质量不佳，经常性失眠，食欲不振。被负面情绪控制，东东容易产生自残行为，用小刀割自己的手臂。

（2）纠正认知偏差的需求

东东来自单亲家庭，父母离异之后他们又重组了家庭，东东一直没有享受到来自父母的关爱，母亲的重心在同母异父的弟弟身上。父亲对东东一直采取打骂教育，甚至和继母一起伤害了从小照顾自己的爷爷，东东心里一直心存怨恨。父母双方对东东的忽视、缺乏沟通，导致东东的负面情绪无处宣泄，致使东东产生了孤独无助和不安感，在行为上表现出敌对、回避、拒绝沟通、冷漠等一系列状态，在自我认知上产生偏差。

（3）良好人际沟通的需求

父母婚姻的失败导致东东对婚姻产生恐惧以及不信任感，父母与东东缺乏有效沟通和交流。东东的朋友均在老家，他不愿意再回到老家，与朋友的联系越来越少。当出现心理问题时没有人能及时出现在东东身边给予他支持，心中负面情绪不断堆积得不到有效释放，东东的不安全感、无助感等问题迸发，出现人际沟通障碍。

（4）家庭关系修复的需求

东东的内心很渴望来自父母的关爱，但从小受父亲的打骂。来某市之后，母亲丢下东东一人返回老家，和哥哥的关系降到冰点，东东面临着被抛弃，坦言已经习惯了被抛弃。独自居住的东东，没有亲人的陪伴，也不愿意回老家和亲人接触。缺少陪伴支持，东东较易胡思乱想，出现自残行为。

三、服务计划

（一）理论基础和服务模式

1. 理论基础

（1）马斯洛需求层次理论

马斯洛认为，作为个体的人都是有需求的动物，在需求的刺激下，人很少会达到完全满足的状态。同时，根据需求对个体发展的影响程度，可以划分为生理、安全、归属和爱、尊重及自我实现的需求五个维度。涉罪未成年人作为社会中的个体，再社会化过程中也面临着这五大需求的满足。东东独自一人生活，生理需求缺乏保障，缺少情感支持，当前东东亟须逐步实现需求，缓解自己的现状，实现自我肯定。

（2）理性情绪疗法理论

理性情绪疗法理论认为一个人抑郁消极的想法以及行为并不是因为某件诱因的事件产生的，而是此事件中的当事人对这件事的看法产生的，即造成消极的情绪与作为的原因是人对事件而不是事件本身。而态度缘于理性的信念，好的态度产生理性的信念，从而产生积极的情绪；反之，不好的态度产生非理性的信念，从而产生消极与悲观的情绪。因而，用理性信念取代非理性信念，能够从很大程度上缓解消极与悲观的情绪。东东多次被父母抛弃，不被关爱和重视，运用理性情绪疗法理论为东东创建合理的理性理念，用积极健康的方式看待问题。

2. 服务模式

（1）个案辅导模式

个案辅导服务模式，即主要以某单个个体作为社会工作的主要服务对象，为服务对象开展心理咨询服务或者人际交往与生活辅导等服务。个案辅导服务模式的主要原则是个别化，涉罪未成年人犯罪背后的原因各不相同，因此要采用区别化的处理措施。在与涉罪未成年人接触时，社工首先要与其建立专业关系，以平等的姿态面对涉罪未成年人，从而获取其的信任。涉罪未成年人家庭、社会关系等在不同程度上均存在一定的问题，社会工作者要引导涉罪未成年人积极主动地处理好社会关系，帮助他缓和亲子关系。

（2）社区参与服务模式

社区参与服务模式，即以社区为单位、充分利用社会内的有效资源开展介入工作。社工链接资源，鼓励、带领涉罪未成年人参加公益活动，了解社区，感受社会关怀，促进其社会融入。

（3）危机介入模式

东东情绪状况不稳定，根据量表显示东东为中度以上抑郁，经常发生自残行为，社工需要及时处理，减少服务对象对自身的伤害。与东东共同建立目标，为东东输入新的希望，激起东东寻求改变的愿望。

（二）服务目标

1. 短期目标

与东东建立良好的信任关系，帮助东东缓解负面情绪，释放心理压力。协助东东意识到自身的非理性信念以及错误认知，打消东东厌世、自闭的状态，鼓励东东与他人主动交流。叮嘱东东养成正常的生活作息，按时吃药、吃饭，锻炼身体。

2. 长期目标

引导东东以积极的心态正确看待自己，培养正确的理性信念。提高东东的人际沟通能力，扩大东东支持网络，改善东东与家人的关系。鼓励东东表达自我感受，获得人际关系的发展。

3. 最终目标

协助东东树立自信心，缓解抑郁情绪，建构抗逆力，实现自我成长与发展。

（三）服务策略

1. 危机介入策略

东东长期处于被抛弃的状态，具有强烈的非理性信念，出现自残、绝食等行为，社工帮助东东解决危机并恢复社会功能。

2. 资源整合的策略

联系东东家属，巩固东东家庭支持系统。同时联系心理咨询师，为东东展开专业的心理咨询服务，协助东东走出负面情绪。链接社会资源，为他安排公益服务活动，促进他更快地融入社会。

（四）服务程序

1. 会谈

社工运用引领性技巧、支持性技巧和影响性技巧与服务对象面对面会谈。与服务对象初步建立关系，了解服务对象的基本信息。

2. 建立目标

通过多次和服务对象会谈，建立稳固的信任关系，对服务对象存在的问题和需求进行分析，与服务对象共同建立服务目标。

3. 展开服务

根据服务目标制订服务计划和服务内容，展开针对性服务，帮助服务对象实现目标，缓解服务对象的负面情绪，协助服务对象走出困局。

四、服务实施过程

（一）服务过程

1. 心理疏导

在个案服务6个月的时间内，社工通过专业服务，关注东东的生理健康以及心理健康，每周进行一次心理咨询，共计进行了26次心理咨询服务。同时社工带领东东前往医院进行全面的检查，用药物辅助东东控制自己的负面情绪，改善睡眠情况。双管齐下，东东的认知、行为模式、负面情绪等有一定的改善。

在初期测评中，根据结果显示东东抑郁和敌对的症状较为明显，有中度食欲及睡眠问题。性格比较孤僻，爱独处。典型内向性格，保守离群。情绪不稳定，焦虑、紧张，闷闷不乐，心理反应速度慢，说话反应缓慢，比较敏感。甚至发现东东用小刀割伤手臂，处于自我放弃的阶段，想让自己死亡或者进监狱。社工和咨询师通过澄清、引导、鼓励等方式帮助东东意识到自身的非理性信念，走出负面情绪。

经过一段时间的咨询，东东低落的情绪得到了缓解，与一起上班的同事能够自如地谈天说地，心情比较放松、愉快。对于他人释放的善意，东东能够主动接纳，融入新的社交圈。

2. 亲职教育

在与东东交流接触的过程中发现，在东东的成长历程中，父母离异且均重新组建了家庭，父母的角色严重缺位，东东相继被父母抛弃，不被接纳，自我放弃。社工通过联系东东的父母，让东东的父母前来S市帮助东东，主动与东东交流沟通，关心东东的近况，从而引导东东在感受家人的温暖的同时，从积极正面理解、修复与家人的关系。

3. 社区活动

东东不愿意与外界交流，通过带领东东参加志愿服务，认识同龄人，感受广大志愿者的精神风采，帮助东东打开自己的内心世界，重新建立正确的人际关系，达到自我确立。

（二）实施中的困难及解决方法

1. 服务对象自身情况的局限性

抑郁症属于慢性病，不能够完全根治，进行治疗需要的时间也较长。改善服务对象的环境是一个缓慢的过程，不能急于求成。案件的帮教期仅为6个月，东东的支持系统十分薄弱，6个月的时间不能够完全解决。社工在对其进行帮教的时候除了坚持不懈地观察，还借助耐心和热情，对其提供帮助和指导。在帮教结束之后，还要观察东东的生活情况。目前东东感受到了来自他人的肯定，有人愿意每天分享日常给他，情绪逐步稳定。

2. 家庭环境的局限性

东东的家人均在老家，且父母在老家重新组建了家庭，没有办法实时监管东东。社工积极和家人取得联系，将东东的情况告知其父母，建议父母经常打电话与东东沟通，让东东感受到来自父母、家人的关爱。与此同时，社工与东东的老板联系，联合老板为东东构建良好的工作环境。

五、评估和结案

（一）评估的方法

采取效果评估的方法，主要采用服务对象自评、家属评估与社工评估相结合的方式进行。

1. 服务对象自评

东东表示经过一段时间的咨询之后自身的情况有所好转，和父亲也不再像以前一样保持敌对关系，更像是朋友一样相处。自己也愿意和工作的同事交流相处，能够和他们聊到一起去。

2. 家属评估

东东一直不愿意和家人沟通，经过6个月的咨询和帮教，东东慢慢接受家里人打来的电话，回避的态度有所减轻。家属表示很感激社工在此阶段对东东的帮助，东东开始主动和父母联系。

3. 社会工作者评估

社工在对计划实施过程和个案辅导过程中发现东东的变化十分明显。在社工干预前，东东自残的频率较高，自从社工带领东东前往精神医院检查之后，在医生的用药指导下，东东的情绪有所缓解。加上心理咨询师每周的跟进，东东自残的行为得到控制。

通过6个月的社工介入，东东抑郁的症状有所减轻，社工的服务目标基本达成，且服务效果较为显著。东东的情绪得到了疏导，和家人的关系也有所缓和。

（二）服务成效

1. 负面情绪缓解

社工介入前，东东SDS测评量表得分为63分，为有中度以上的抑郁。经过多次心理咨询、个案辅导，东东的心理状态逐渐稳定，睡眠质量得到改善，能够按时服用药物。

2. 人际沟通能力增长

相较于此前足不出户，东东开始学会融入周围的环境，对他人敞开心扉，能够主动和同事沟通交流，参加同事聚会，主动与社工分享自身与同事之间发生的趣事。

3. 家庭关系缓和

东东对于家人的排斥感降低，对于父亲的怨恨减少，将父亲当成了朋友一样相处。作为诱发东东抑郁状态的父母认识到了自己对东东的忽视，积极与东东沟通，东东的家庭支持系统得到巩固与修复。

（三）评估和结案遇到的困难及应对措施

1. 服务对象离别情绪

东东在结案的时候情绪较为低落，出现否认、逃避的行为。社工运用同理的方式表达了对东东出现的感受的理解，并帮助东东肯定在帮教期间其的变化，澄清结案的理由。

2. 评估的有效性

在服务结束之后，社工通过整合服务对象、咨询师、家庭，以及社工自评，评估服务对象目标达成程度、服务内容、社工工作表现等，一次判断社会工作介入服务达成的效果。

六、总结和专业反思

（一）经验、创新和不足

1. 经验

（1）社工和咨询师相结合的个案服务

东东的家庭从小破裂，父母离异，加之东东母亲家庭有遗传病史，东东的精神状态较普通抑郁症患者更不稳定。通过社工和咨询师共同介入，方能巩固服务效果，共同协助东东走出童年创伤。

（2）支持系统的嵌合

东东独自生活在某市，父母均在老家，东东的家庭系统处于破碎状态。社工通过联系东东所在工作场所的老板及同事，在他们的接纳下东东的情绪状态变得稳定，同时父母、爷爷和东东的关系逐渐缓和，多方支持系统相互嵌合。

2. 创新

（1）服务对象的创新性

当前在重点青少年社会工作服务中，主要矫正未成年帮教对象的错误思想和不良行为习惯，很少关注患有抑郁症的青少年。

（2）服务方向的创新性

本案例中，社工联合咨询师从非理性信念、童年创伤、父母教养方式等方面共同切入，深入问题，缓解服务对象的负面情绪，巩固服务对象的支持系统。

3. 不足

（1）社工自身经验的不足

在进行专业服务时，社工仅能做到了解服务对象的基本情况，也能及时和服务对象的父母沟通联系，但能够开展的服务较少，这与社工自身的经验不足相关联。

（2）服务时间不足

东东的支持系统脆弱，在亲职教育方面仍有很大的空间进行服务，但由于东东的帮教时间仅为 6 个月，该个案只能结案。

（二）专业反思

抑郁症帮教对象问题的解决需要社工的介入，社工在此过程中不仅是引导者的角色，更充当教育者、陪伴者、使能者的角色。社工必须意识到，对于服务对象来说鼓励是至关重要的，社工是服务对象坚强的后盾，在心理上安抚服务对象，与服务对象共同走出困境。

追影子的孩子

——青少年焦虑障碍的社会工作服务案例

龙岩市方圆社工服务中心　覃可盈

一、案例介绍

（一）案例概述

服务对象为民政局登记的困境儿童之一，在读初三。其父母离异，父亲瘫痪在床，服务对象有“社交焦虑障碍”，苦恼于自身的人际关系，社会支持系统较弱。在社工走访过程中，其奶奶因服务对象的社交焦虑向社工寻求帮助。社工通过前期的接案、预估、计划，针对服务对象的问题与诉求进行了界定，树立了服务对象社交焦虑障碍的各方面的影响因素，并且制订了相应的工作计划，通过认知行为疗法，共八次介入，运用专业技巧，对服务对象的问题进行干预。评估结果为干预有效；在后期结案中，社工与服务对象共同回顾、探讨了服务过程以来双方的表现与感悟，同时对服务对象的分离焦虑作了正确处理。

（二）服务对象的基本情况

1. 人口学资料

小伦，男，汉族，16 岁，初三学生，处于即将中考的关键时期，学习成绩中下，无宗教信仰。

2. 重要事件

（1）6 岁时，父母因常年争吵而离异。

（2）10 岁时，父亲因遭受诈骗，神经刺激过度变成植物人。

3. 精神状态

情绪较低落，时常焦虑，眼神回避，但感知觉正常，说话有条理并有逻辑性，能表达情感及内心感受，时常有无助感与孤独感，不喜欢与他人接触，若感到有人在关注自己，会产生焦虑。不抗拒社工的接触。

4. 社会支持网络

（1）家庭系统

父母亲间的关系由早年时的争吵、冷漠转变为离婚后，小伦由父亲抚养。母亲很少回来看望小伦，只在过年过节时，会送些贵重的衣物作为补偿。不幸的是，几年前，父亲因被诈骗遭受刺激，突发脑溢血，全身瘫痪，终日卧床，只能依赖他人的照料延续生命。小伦和父亲目前由爷爷奶奶共同来抚养。奶奶原为乡村小学教师，注重对孩子的教育，小伦很听奶奶的话，但随着年龄渐渐长大，意见上时常与奶奶发生冲突。

（2）社会系统

服务对象是一名初三学生，主要社交关系都在于学校。服务对象的性格内向，较少与同学交谈，也担心别人看不起自己的家庭。班主任知晓其家庭情况，替其向学校申请了困难学生补贴，但由于小伦比较少主动找班主任，也不愿意和班主任多说话，班主任较少会对其特别关照，以往服务对象家庭没有接受过社工服务。

综上所述，服务对象的社会支持系统较弱。

二、分析预估

（一）服务对象的问题分析和需求预估

1. 问题分析

社工经过探讨分析，并采用个体 CBT 中常用的案例解析法，发现服务对象的问题在于与他人交往过程中所产生的“负性自动思维”，进而导致其自卑心理和社交焦虑的产生。这些“负面思维”是服务对象在其早年家庭关系中习得的。

2. 需求评估

通过与服务对象的商讨，小伦提出，希望能减少社交中的紧张程度，减少焦虑感，提升社交自信。

（二）服务资源分析

1. 家庭关系

小伦的生活是由爷爷奶奶照料的，奶奶为退休教师，理解服务对象在青春期发生的心理变化。在小伦威胁要跳楼时，奶奶很好地控制了自己的情绪，并心平气和地劝说服务对象，在一定程度上缓解了服务对象的焦虑，同时奶奶也是服务对象的心灵支柱。

2. 学校关系

小伦的班主任了解其家庭，平日在学校对他也颇多照料，并为其申请了助学金补贴，曾提出可以为小伦辅导数学。

三、服务计划

（一）理论基础和服务模式

认知行为治疗模式：是将认知治疗原理同行为治疗原理结合于一体的一种治疗模式，是一种以问题为导向的短期治疗模式，关注的是服务对象此时此地的经验和感受；同时，对于服务对象家庭背景、创伤经历、儿童早期的发展状况等方面也有所关注。多项研究表明，其对社交焦虑障碍者的干预有效。通过认知行为疗法，促进服务对象认识紧张情绪背后的真正原因，并通过认知重建改变服务对象的不合理认知观念，学会建立正向自动思维，提升自信及自我满意程度。

（二）服务目标

1. 服务对象自评目标：处在人群中的焦虑感由 9 分减少到 4 分以下。

2. 行为变化目标：增加每周在他人面前发言的次数，例如课堂上举手回答、在朋友或朋辈团体中主动发表意见等，由目前的 0 次变为每周 5 次以上。

（三）服务策略与程序

1. 前期社工与服务对象建立良好的信任关系，让服务对象感受到社工的真诚、接纳和保密，鼓励服务对象表达自己的想法和需求，以任务中心模式帮助服务对象辨识自身的问题与资源，一起制订服务目标与个案服务计划，增强服务对象自我改变的动力和自信。

2. 社工以认知行为治疗模式进行介入，通过认知重构、松弛疗法、模拟演练、暴露训练等方法技巧，让其意识到自己的“负性自动化思维”和“错误信念”，有步骤、有计划地循序渐进改善服务对象的不合理信念及不良行为模式，降低焦虑。

3. 链接资源使服务对象加入志愿服务团队，利用朋辈支持加强并巩固服务对象的社交自信，在实践中锻炼与他人社交的能力。

四、服务实施过程

（一）通过家访建立信任关系，并收集服务对象基本信息

小伦在一开始与社工接触时，十分内敛、紧张，不自觉地回避与社工的视线接触。社工主动热情地介绍了自己、机构的一些情况，稍稍寒暄缓解小伦的紧张情绪。在谈话过程中，社工偶然发现，由于经常为卧病在床的父亲进行护理，小伦对于社工活动中可以学习急救技术非常感兴趣，社工便以之为话题，鼓励小伦交谈，通过倾听、共情等支持性技巧，以语调和表情流露出乐意了解并接纳的态度。这种鼓励的气氛慢慢地软化了小伦的防御，并逐渐建立起小伦与社工间的信任关系，在小伦表达的过程中，逐步收集小伦的相关信息。

（二）运用认知行为疗法，共同探讨行为背后的真实原因

建立信任关系后，社工开始引导小伦描述自己的主要困扰、家庭及童年重要经历，来了解他与其他系统的互动。本次交谈中，社工利用“认知概念化图表”，与小伦一同探讨了影响情绪的事件，了解到服务对象之所以面对他人时焦虑紧张，其背后的原因是因为极度希望被他人肯定、爱和接纳，而这个想法源于服务对象的家庭及早年经历：父亲离婚后变得寡言少语，而母亲每年仅见1~2次，每次看望时都只会告诉他要好好学习，但小伦认为自己的学习天赋很差。在家庭中，获得的爱与支持不足，这导致服务对象自我感觉“我不可被爱”，他人会因为不喜欢我而拒绝我、议论我的不好。

在本阶段中，社工积极地将小伦融入预估中来，共同探讨问题的发生及解决问题的方法，同时使社交焦虑的问题正常化。从某种意义上来说，在这个过程中，社工的理解和尊重会在无形中提升其自尊自信，让小伦感到自身想法的重要性，感到自己解决问题的能量。

（三）进行认知重构，并辅以放松训练及暴露练习

社工与小伦在复习“概念认知化概念图表”的过程中，以苏格拉底式提问动摇小伦的自动思维“我不如别人”“别人都在看我、笑话我”的歪曲认知，进一步引导服务对象进行行为实验，验证想法是否符合现实，并产生新的符合现实的认知，如“我感觉大家都在看我，但感觉未必是真实的，我可以去验证一下”，并将新的适应性认知记录

到卡片上。

在谈话中，小伦感到焦虑时，社工适时引入了放松训练，让小伦在感到焦虑时，可以自行使用握拳式放松法，调整情绪。同时，社工给小伦布置了以暴露练习为主的家庭作业，建立了焦虑等级清单，并辅以聚焦于外部线索的注意力练习，社工与小伦协商，选取了公交车喊下车的社交场景做首次暴露，并在实施现实暴露前，社工带领小伦在咨询室内进行了想象暴露，鼓励小伦在大家面前对司机喊“有下”，并进行外部线索的注意力关注。而后又以家庭作业的形式让小伦对“与前后桌交谈”“上课举手回答”进行了多次现实暴露。

（四）邀请参与志愿服务活动，体会治疗效果

结合小伦对急救技术的兴趣，社工邀请其参与了与红十字会联合举办的志愿服务活动，在活动初始，小伦只敢与社工交谈，但通过社工的招呼，活动中其他志愿者会主动拉着小伦参与互动、合作，让小伦真实感受到了来自陌生人的接纳与认同。活动后，社工与小伦一起总结了本次活动的体会，小伦最后表示，希望能加入社工组织的志愿服务团队，再次参与到此类活动中。

五、评估和结案

（一）评估的方法

经过两个多月的跟进服务，运用访谈法、量表法、观察法等从服务对象自我评估、心理量表测评评估、他人评估、社工评估四个方面来评估服务对象的改变。

（二）服务成效

1. 服务对象自我评估

在服务对象自行填写的《个案工作评估表》中，服务对象认为自己应对困难、解决问题的能力有所提升，对社工的表现满意度为“非常满意”，其情况改善得分（1~10 分）为 8 分，与社工商定的目标达成情况为“完全达成”——社交紧张感自评由 9 分降为 3 分，每周在他人面前发言的次数增加到 5~7 次。

2. 心理量表测评结果

对服务对象使用焦虑自评量表（SAS）：得分为 48 分，属正常范围。

3. 他人评估

（1）家人反馈：小伦看起来比以前开心了许多，不会动不动就发脾气了，心态变得乐观积极，话题也变多了，乐于表达自己的想法。

（2）其他志愿者反馈：会主动融入志愿者团队活动中，团队配合的意识也更强了，会主动去帮助有需要的人，社交能力不断增强。

（3）老师反馈：通过奶奶的转告，社工得知老师评价服务对象学习认真刻苦，成绩也有所上升。同时小伦会主动向老师问问题，日常跟同学的沟通也变多了。

4. 社工评估

本次个案服务达到预期目标，在介入过程中，服务对象积极参与，并调整了自己不合理的信念，建立了正确认知。

（三）评估和结案的困难及其应对

小伦担心如果缺少了社工的帮助与支持，自己又会产生社交焦虑，社工与小伦一起回顾了整个辅导过程，复习了认知概念化图表、反馈暴露训练中的体会，尤其是暴露过程中习得的新认知与经验，同时也与小伦共同讨论如何识别复发的征兆及应对措施。这些复习和讨论都是为了巩固干预效果、预防复发及处理服务对象的分离焦虑。

六、总结和专业反思

（一）经验、创新和不足

本次案例是以认知行为治疗的 3 阶段模型作为理论指导，并结合了服务对象的具体焦虑情境进行认知行为解析，使其觉察并理解自身社交焦虑的恶性循环思维，而服务对象是否真正理解对干预效果起到关键性作用。

此外，虽然认知行为治疗以问题目标为导向，但本次案例中进行了宏观的纵向案例解析，去理解症状背后的故事，服务对象的成长经历、家庭信息等能够帮助社工理解服务对象核心信念、图式及行为策略的形成。

但本次案例中并未对“我不行”的核心信念及早年创伤做太多的干预工作，长期目标的达成仍需进一步观察，以后的干预辅导工作中可以尝试加入萨提亚家庭治疗模式，更全面地处理个人身上所背负的问题。

（二）专业反思

1. 真诚与信任是建立信任关系的关键

作为一名青少年事务社工，往往会遇到青春期中面临自我认同焦虑、社交焦虑等困扰的青少年，介入前期，他们往往难以向陌生人表述感受和真实想法，想要了解他们的内心与成长经历，需要社工耐心的陪伴与充分的信任，可适当地采用自我暴露等方式，让他们感受到社工对自己的接纳与真诚，让他们能释放压抑的情绪，叙述困境。而社工根据服务对象情况不同，采取适合的方式与服务对象接触。

2. 利用朋辈影响，增强青少年的自信

处于青春期中的青少年，情感由原来对亲人的挚爱之情，拓展到对同学、老师的情感，他们需要与同龄人，尤其是异性、父母的平等交往。困境儿童的生活中由于父母的缺位，导致其缺乏家庭的爱与支持，则更渴望获得同龄人的认同与友情。本案例中，社工邀请服务对象参与志愿服务活动，使服务对象获得了更多与同龄人交往的机会，满足其社交需求的同时增强了自信心。

第二章　小组工作案例

导读：本章重点介绍了三个不同主题的小组服务案例，以呈现重点儿童青少年小组服务案例的实务过程。第一个小组服务案例以偏差青少年为服务对象，以其学习动力提升为主题，在埃里克森人生成长八阶段理论以及超级学习法的指导下，通过系列小组训练，分别从情绪疏导、价值观引导、行为习惯调整、学习方法、专注力训练、生涯规划等多角度开展服务，以提高小组成员的学习自信心，促进学习的兴趣，提升学习的主动性。第二个小组服务案例以归侨青少年为服务对象，以性教育为主题，在经验学习理论的指导下，通过系列小组教育，从认识自我身体、意识性别平等、了解青春期特征等方面进行教育，帮助组员提升认识性、了解性，建立自我保护意识，树立正确的性观念、性行为与性道德。第三个小组服务案例以留守儿童为服务对象，以亲子沟通为主题，在家庭沟通理论的指导下，通过系列小组服务，从家庭亲子沟通状态、亲子沟通方法、亲子互动活动等方面开展亲子互动沟通服务，帮助父母学会和孩子沟通的技巧，引导留守儿童理解父母，积极主动表达自己的想法，以增进亲子之间的情感交流，促进亲子关系的和谐发展。三个不同主题的小组服务案例流程完整、内容详尽，目标达成。小组服务流程规范，包括组员需求评估、组员筛选、小组契约制定、小组目标确定、小组实施过程以及小组评估与反思等，为重点儿童青少年小组服务提供了实务操作流程的指导以及小组介入方法和技巧的分享。

“七彩阳光，筑梦有方”

——偏差青少年学习动力提升小组

厦门市同心义工服务中心　蔡学艺

一、小组背景介绍

（一）小组概述

2019 年 4 月，厦门市同心义工服务中心在执行某青少年社会事务项目过程中，了解到某学校初一年段有一批学生存在学习兴趣不高、学习专注力差、学习动力不足等现象，不仅给青少年的个人发展带来了不利的影响，也给学校管理带来一定的困惑和问题。经对个案进行摸底调查，结合学校教学任务、管理需求和面临的各方面压力，项目组组建了“七彩阳光”学习动力提升小组，初期设置组员为 15 人，后经学校要求，最终确定小组人数为 22 人。为确保活动的成效，活动采用封闭式成长小组模式，时间为 2019 年 5 月 28 日~2020 年 12 月 2 月，历时 6 个月，安排课时 18 节。

（二）服务对象的基本情况

序号	姓名	性别	年龄	个人表现
1	小松	女	13	上课爱睡觉，不写作业，不服学校管教，行为比较偏激，爱打小报告，扰乱班级秩序
2	小顺	男	14	性格内向，平常很少跟人交流，上课爱睡觉，不爱学习，很少写作业
3	小信	男	14	上课爱睡觉，不爱学习，不写作业
4	小黄	男	13	上课经常睡觉，不爱学习，不写作业，上课喜欢讲话扰乱班级秩序 经常跟同学打架，讲粗话，不服学校管理，经常偷跑出学校买东西
5	小隆	男	14	上课不认真，偷看无用的课外书，经常不写作业，个人不讲究卫生
6	小乐	男	14	上课经常找同学讲话，喜欢在课堂、自习课上起哄，经常不写作业

续表

序号	姓名	性别	年龄	个人表现
7	小辉	男	13	想学习，但基础太薄弱了，找不到学习方法，容易自我放弃
8	小苏	男	13	不遵守课堂纪律，经常旷课，不尊重老师，曾经威胁同学出校门买东西
9	小焓	男	13	不爱学习，不遵守课堂纪律，经常不服从学校管理，擅自出校门
10	小驹	男	13	性格懦弱，容易受人影响，自身不爱学习
11	小涛	男	13	上课总是睡觉，作业不完成，也不想读书
12	小迅	男	13	不爱学习，经常抄别人作业，上课扰乱纪律，课堂上与同学闲聊，喜欢看“快餐书”
13	小雄	男	13	上课喜欢扰乱课堂纪律，不爱学习，不认真完成作业
14	小聪	男	13	不爱学习，经常在课堂上讲话，扰乱课堂秩序，好动
15	小杰	男	14	思想比较偏激，不爱学习，平时上课基本都是睡觉，作业基本不写，有暴力倾向
16	小颖	女	13	智商偏低，对于学习的事很慢，跟不上
17	小茹	女	13	心思不在学习上，上课都是趴着，经常故意不写作业
18	小泽	男	13	不喜欢学习，特别喜欢骂粗话，扰乱课堂纪律，是班级里的负面影响
19	小琛	男	14	喜欢乱起哄骂人，会和班委作对，喜欢看小说，不爱学习
20	小晨	男	14	不喜欢学习，喜欢起哄，经常欺负女同学
21	小怀	男	14	智力偏弱，学习被动，不能按时完成作业
22	小言	男	13	智力偏弱，学习被动，上课爱讲话，喜欢出校门买东西吃

二、分析预估

(一) 服务对象的问题分析和需求预估

1. 服务对象问题分析

小组成员22人，其中女生3人，男生19人，成员涵盖3个初一年段班级，其中1班7人，2班7人，3班8人。在这些成员中，存在学习能力差的有4人，其中女生2人，男生2人；存在学习兴趣不高、动力不足的有8人，其中女生1名，男生7名；存在学习习惯养成问题的有3人，均为男生；存在基础薄弱，需要学习方法引导的有3人，均为男生；存在不爱学习、不遵守课堂纪律和学校管理的有6人，均为男生；存在个人价值感低、有自伤倾向的1人。

2. 服务对象需求评估

(1) 成员自身需求

①生理方面：部分成员自身发育、智力情况与其他正常的孩子差距较大，从认知能力、生活能力上，语言表达方面都较弱，需要系统专业的课程训练。②价值观方面：成员受家庭和社会影响，自身价值观存在一定的偏差，缺乏上进心和动力，需要推动其对自我潜在资源的挖掘，引导其进行未来发展的规化。③情感方面：小组成员的无助、失落等负面情绪需要得到倾听和理解，需要来自老师、家人、朋友等方面的情感支持和鼓励。

(2) 朋辈支持需求

小组成员学习能力及认知能力较弱，其在班级里朋友圈较窄，社交自信心和能力较差，基本上只能和小组内的成员结交朋友，其他班级同学较排斥。因此小组成员在个人价值感提升和人际关系处理方法上需要帮助。

(3) 家庭支持需求

小组成员的父母都很少参与教学管理，推动力不足，约访基本落空。有个别父母打骂情况较严重，个案表达与家人沟通比较少。因此，需要在课程上就亲子沟通方法的需求加以满足，对成员父母的亲职教育尤其有必要。

(4) 学校管理需求

学习成绩差，上课不专心，经常扰乱课程秩序，影响学校教学秩序，部分经常违反学校管理秩序，造成一定的不良影响，给学校教学、管理带来一定的困难。学校表达了希望通过小组活动，提高学生的专注力、学习兴趣和纪律观念，同时在学习方法上加以引导和训练，能提高学习成绩更好。

（二）服务资源分析

1. 服务对象正式社会支持网络

社区和学校。但学校和社区受客观环境影响，无法形成合力，从而因其给予服务对象不同的支持，各自发挥的功能不均衡，效果不明显。

2. 服务对象非正式社会支持网络

家庭和朋辈群体。从社会工作者掌握的情况来看，服务对象家庭，朋辈关系差，互动频次很低，交流很少，容易造成服务对象的自我认同感低，引发自我放弃的心念。

三、服务计划

（一）理论基础和服务模式

1. 埃里克森人格八阶段理论

埃里克森人格八阶段理论认为："自我认同危机"最常出现在青春期阶段（12 岁到 18 岁）的青少年。埃里克森在其著名的"八阶段理论"中提到，青少年在这一时期的核心任务主要是解决自我同一性和角色混乱的冲突问题。如果该阶段的自我认同危机不能顺利解决，极易形成青少年为人冷漠的性格特点，并且导致缺乏关爱意识、缺失自我认同感等一系列严重的后遗症，乃至对其后成年阶段的发展仍然产生持续的负面影响。

2. 团体动力学理论

小组是一个动力群体，当组员进入一个由自身和不同的力量和变量组成的心理场中，个人的行为会受到这些力量和变量组成的心理场影响。通过小组，使组员间相互影响，积极互助。同时，小组工作者通过及时了解小组内可能出现的各种影响力量和变量，很好地驾驭和带领小组，从而达到小组的目标。

3. 超级学习法理论

超级学习法是南京某教授研发的一套提升学习方法的系统课程，经实践证明，对提高学习兴趣、优化学习方法具有很好的效果。该方法建立在实证脑科学基础上，包含以下几点：一是每一个学生都有学好任何一门课程的潜能。二是学生是需要学习的，学习本身就是一种技能，这种技能是可以通过训练而提高的。三是每一个学生都是在大脑和心智还没有发育成熟的情况下开始学习的，能做的就是刻意锻炼大脑的发育以及训练心智的成熟，为掌握更多的知识做好准备。四是喜欢运动的学生更聪明，因为运动能够促进大脑发育的完善。五是身体中蕴藏着学习的密码，专业的运动和调整技巧可以解开这些密码，唤醒学习的潜能。六是我们改变不了学习的压力，但我们可以提高学习的能力；我们减少不了学习的内容，但我们可以运用更快的学习方法。七是生命在于运动，学习需要安静；要想安静地学习，必须先满足生命的运动。学习就是学生的生命，这个生命的规律是：身体外在的运动满足之后，才能安静下来学习；在安静地学习时，身体内在的运动尤其是大脑的运动就开始了。八是曾有无数的学生总结过成功的学习经验，曾有无数的专家研究过高效的学习方法，与其从零开始不如借鉴采用。九是大道至简，所有有效的甚至神奇的方法都是极其简单的。十是没有一种方法能满足所有的学生，但所有的学生都可以借鉴一种方法。

（二）服务目标

1. 总目标

通过阶段性小组训练，从情绪疏导、价值观引导、行为习惯调整、学习方法、专注力、人生规划等多角度提升，以提高该小组成员的学习自信心，促进学习的兴趣，使学生从被动学习到主动学习、被动管理到主动融入学校管理。

2. 分目标

（1）通过情绪疏导方式，认识到小组成员的内在优点，同理他们的不一样，建立与学生的关系。

（2）50%以上小组成员在手工和游戏体验中，建立学习的信心。

（3）让80%的小组成员在冥想和感统训练中，增强了专注力，提升了学习兴趣。

（4）运用超级学习方法，教会小组成员正确认识自己，从而树立近期、中期和远期目标，并为此制订了工作计划。

（5）运用专注力训练方法，教会学生高效的学习方法，养成良好学习习惯。

（6）建构正确的人际关系观念，引导小组成员主动融入学校和家庭关系中。

（三）服务策略

考虑到成员的年龄和小组工作需求具有一定的复杂性，短期内无法取得成效，且常规社工小组工作无法满足工作需求，因此在工作方法上引进了社会专业力量支撑，并打破短期工作的常规做法，将小组工作分两个阶段进行，其中5月到6月完成8节，9月到12月完成10节。第一阶段结合埃里克森人格八阶段理论，将超级学习理论内容进行分步骤进行，主要围绕学习目标、价值、兴趣及培养学习习惯和自信等入手，通过游戏体验、兴趣互动、心理团辅、激励表达和分享等手段，不断对学生的心理进行建构，让学生从心里明确学习的方向，树立学习的目标，不断增强自身的价值感，从而使小组成员更有张力和活力，在互动中不知不觉养成主动学习的习惯，对学习产生兴趣。第二阶段围绕超级学习方法中的人生目标、价值和专注力训练下功夫，通过订立远期目标、中期目标、近期目标等方式，让学生明白正确的学习目标（不是过高或者过低）会激励自己勇往直前，在完成目标中从力所能及的角度出发制订工作计划；同时以专注力训练，不断用正能量语言输入、视觉专注训练、听觉专注训练和感统行为专注力训练，全面提升学生的学习方法和学习习惯养成。

（四）服务程序

1. 前期调研

一是通过访谈和资料收集，了解服务对象的基本情况，分析服务需求。二是设计符合学校教学管理和小组成员需求的活动方案，对相应的课程进行模拟推演。三是引进专业力量协助。鉴于学校和服务对象多元化的特点，邀请熟悉超级学习法内容和操作方法的老师为主带老师，入校开展服务，确保小组活动的成效。四是协调小组的活动时间和地点，并配备足够保障人员，确保小组活动的顺利开展。

2. 活动实施

（1）按照课程设计内容有序推进，并结合个案情况，进行个别谈话疏导。

（2）每次课程结束后及时与初一年段的段长进行情况反馈、信息澄清，问题和解决方法讨论，及时对课程内容进行微量调整。

（3）做好安全保障。小组成员的人数比较多，成员之间纪律观念比较差，在游戏过程中容易出现不可控的因素，需要有一名男性社工与学校老师支撑，确保活动的安全有序。

（4）采用积分奖励方式，激励小组成员参加活动的积极性，也促进小组成员的进取心和自律性。

3. 活动总结

通过社工的观察总结、学校老师的评估、小组成员的自评和两个阶段成绩比对，全面客观评价小组活动的成效。

四、服务实施过程

（一）实施步骤

1. 准备阶段

（1）小组组员的招募和遴选。前期通过需求发掘和学校共同发起小组活动，招募方式以学校推荐为主。社工虽然详细向学校阐述了小组工作的方式和最佳服务人数，但学校从教学管理角度出发，认为应该尊重班主任的意见，并希望能最大限度利益学生。最终经筛查，确定小组人数从15人增加到22人。22名成员中，有4名属于先天发育不良、1名具有自伤行为的不适合小组活动，其余成员均有一定的同质性，适合小组方式。

（2）主带老师的招募。为确保项目的有效执行，我们配备了具有法律、社工和心理咨询师资质的社工进行组织策划和执行，邀请熟悉超级学习方法的资深心理咨询师主带课程。

（3）保障人员的选定。协调初一年段年段长作为小组对接沟通人员，并协助做好纪律维护。

（4）小组时间和节数的确定。为配合学校的教学管理任务，小组的时间和每个阶段的节数进行了灵活调配，确保小组工作的顺利完成。

2. 小组初期（第一至四节）

建立信任关系和小组活动规则。小组第一节，通过自我介绍，建立老师与组员、组员相互之间的联系。以三个小游戏进行破冰，促进组员之间的相互认识。对小组的工作原则和目标进行说明。第二至四节通过制作口袋书、情绪管理课程、游戏、奖励的兑现等方式，建立轻松、支持、愉快的小组氛围，并在无形中激发组员的潜能和参加小组活动的兴趣。

3. 小组中期（第五至十六节）

进入超级学习理论的全面推动阶段。第五节开始，主带老师以“目标金字塔”“设定具体的目标”“制定目标的6大理由”等环节，逐步引领组员进行学会为自己设置目标及设置目标的好处。在第六节，运用感觉置换法与自我暗示手法，通过“日常计划”“实现目标的黄金步骤”“整合资源”和活动小结，促进组员的思考。第七节运用语言暗示手法，通过“心像自我训练”“我的缺点”及“克服缺点，走向成功”三个活动内容，让组员学会调整自身状态，唤醒最佳状态，激发学习兴趣。第八节，运用唤醒最佳状态法和汲取能量法，通过“克服缺点，走向成功”，激发了小组组员敢于为梦想努力的活力，也充分暴露了组员的性格特点。在本节中，小组兑现了第一次奖励积分，小组组员也实现了第一次向上的转变，为后期的小组工作奠定了良好的基础。第九节的主题是如何将梦想变成具体的目标，主要是引导小组成员从身份、地位、职业、资产等方面想象，在口袋书上分别回答20年、10年、5年、3年、1年后，我要成为什么样的人，为了实现这个目标，我要做10件最重要的事情。最后，运用正向语言暗示，激发组员的学习动力。第十节主题是发现人生的价值。通过“你猜我做”活动，演示哈佛大教授在课堂上的实验，引导学生明白在人生中应该先做什么才最有价值，并分享感受和启示。该节对整个活动起到承上启下的作用，实现了组员第二次思想上的转变，组员进入自发学习、自我约束和管理阶段。第十一至十六节，主题围绕提高专注力和学习方法进行，主要通过静心冥想、手指操、感统训练、听觉训练、视觉训练等方法，提高组员的专注力，学会快速学习的方法，并在一定程度上提高了组员学习的信心。至此，超级学习方法课程得到了系统性的运用，学员进入了自我思考的阶段。

4. 小组后期（第十七、十八节）

做好小组结束的准备。第十七节，通过总结，让组员看到自己的成长历程，引导组员对个人的变化做一个分享，进一步强化组员的内在动力。第十八节，分别根据组员的学习情况进行奖励，引导组员珍惜当下，为自己的梦想努力学习，并与组员建立联系方式，处理组员的离别情绪，结束小组活动。

（二）服务实施中的困难及其应对

1. 小组成员的阻抗。小组活动中，个别组员存在抵触和畏难情绪，主带老师在课堂中尊重其状态，并利用课后单独进行个案心理疏导，了解问题症状，并与年段长进行充分沟通，予以一定的支持。

2. 小组成员之间的矛盾。小组活动中会有一些对抗游戏，在激发组员活力时，也会让组员之间产生一定的口角矛盾，同时，前期组员的纪律观念比较差，影响课堂纪律。对此，主带老师通过角色互换、情景剧、结对子等方式，促使组员相互支持理解，变成相互间之间的动力。

3. 来自科任老师的意见。因小组活动时间与上课时间不一致，组员参加完活动后，自行回教室会影响班级的秩序。对此，社工加强与年段长的沟通，并调整小组时间和地点，避免组员对班级课堂秩序的影响。

五、评估和结案

（一）评估的方法

社工的观察分析、学校部分老师的访谈、科任老师的调查问卷、小组成员的自评、期末和期中考成绩比对等方法进行成效测评，小组目标基本达成。

（二）服务成效

1. 专业主带老师反馈。主带老师从课程设计、学生课堂纪律、参与的积极性、训练情况等方面进行了分析，发现小组工作给组员带来全新的提升，比如经过 2 次课程训练后，85%以上的组员们不仅跟她建立了良好的信任关系，而且组员们的眼神开始明亮起来，可以感觉到这些组员的求知欲得到了很大的激发，课堂的纪律明显好转。后期，经过系列课程，95%的组员参与互动的积极性不断高涨，训练的情况也不断地变好，特别是在视觉专注训练和听觉专注训练中，组员的正确率不断提升。

2. 社工的观察。社工作为辅助人员，不仅起到辅助作用，更好及时地摸清小组成员的情况，与小组成员建立良好的关系，并做好课程的观察和记录。从观察情况看，组员从对课程的抵触到接受，再到喜欢，这是一个很自然的过程，组员不仅很享受课程带来的乐趣，也从中吸收到了滋养，自发与老师互动的现象逐步增多。例如：蔡某松和颜某颖两名女同学主动向老师反映学习基础差，只会写简单的字，希望老师能帮她们补习功课；蔡某顺同学，从开始对课程的抵抗到后面主动参与训练，并积极协助老师开展活动、课后主动帮忙打扫卫生等，发生了巨大的变化；小苏、小焓、小黄三名同学，从开始一直影响课堂纪律，到后面积极认真参与专注力训练，均取得了很大的提高；小隆、小晨两名同学，一直保持着很好的训练热情，并表达了希望老师能在学习方法上给予一定的帮助；小怀和小雄、小涛三名同学从一开始的不自信，到后来的敢于表达，积极参与活动，在自信心方面得到很大的提升；小信、小乐、小驹、小泽、小言等几名同学，从开始经常谈论电脑游戏，上课心不能定，眼神飘忽，到后来能专注参加培训。这些都说明了小组课程给了同学们很大的支持和力量。

3. 校内老师的评价。在课程进行到第十六节时，项目组通过对 3 个班级的班主任、科任老师及年段长发放了调查问卷共 10 份，收回 6 份，其中年段长 1 份，班主任 1 份，科任老师 4 份。在小组成员学习是否提高上，80%以上老师表示有提高；在专注力是否提高方面，80%以上老师表示有提高；在课堂纪律方面，100%的老师表示有提高。同时，有 3 名老师认为小组成员在合作学习、分享成果、尊重他人、学习习惯及行为等方面有很大进步。同时，有的老师还建议要扩大课程的辐射面，以点带面，向其他组员分享这个课程。可见，学习动力提升小组活动成效已经得到大多数老师的认可。

4. 小组成员反馈。项目组通过个人分享和发放问卷调查 19 份，得出以下情况：一是小组成员 100%表示很喜欢这样的课程，认为对其有很大的帮助；二是感觉参加小组活动后，学习成绩有很大进步的学员有 7 人，有进步一点的学员有 12 人，总体进步率达 100%；三是课程提供帮助的方面：认为学到了好的学习方法的比例高达 100%；认为自己的专注力和意志力得到提高的有 18 人，占比 94.7%；认为明确了学习目标有 16 人，占比 84.2%；认为各方面压力得到了缓解，感觉更有自信的有 14 人，占比 73.6%。

5. 学习成绩变化。项目组调取了小组成员上学期期末考和本学习期中考的成绩和年段排名，发现上学期有 15 名学生出现成绩下降、排名退步等现象，但本学期期中考成绩开始提升，排名开始上升，实际成绩提高人员占小组成员比率为 71.4%。

（三）评估和结案的困难及其应对

在评估中，因科任老师和班主任的时间无法保证，原订访谈的计划无法实行，只能改为少部分访谈，大部分采用填写调查问卷的形式。同时，在结案过程中，涉及对组员的物质奖励，刚开始学校从管理角度考虑不同意，后来经过充分沟通和协调，最终学校同意了奖励方案。

六、总结和专业反思

（一）经验、创新和不足

1. 经验和创新：一是小组时间、次数上的突破。工作中，项目组认为对后进学生的学习动力提升不是一个短期、一组六节内小组活动能做到的事，因此做好长期支持的准备，并保持了工作人员的稳定性，确保小组工作的连续性和稳定性。二是采用了成熟有效的工作方法。学习动力小组是一个复杂个案和多方需求的组合，不是采用单一工作手法就能实现的。因此锁定主要矛盾，确定系统全面的服务工作理论和方法非常重要。项目组通过反复比对和考察，最终确定采用超级学习理论，实践证明，该理论的落实给学生提供了全面的支持和帮助。三是调动了学校的支持系统。通过成立工作组，对小组方案进行反复讨论，执行中不间断的沟通协调，尤其是奖励积分内容取得了分管副校长、年段长和各班主任的支持，极大树立了小组成员对社工工作的信任，由此也调动了成员强烈的学习兴趣和相互赶超的热情。四是针对课堂中发现的个案问题，采用课下单独辅导的方式，了解个案情绪的来源，做好陪伴，并引导其认识自己，挖掘自己的支持系统，同时社工通过适当地披露自己的方式，引导其寻找适合自己的解决方式，最终多数个案顺利融入小组工作中，使小组工作得以顺利推进。

2. 不足：一是时间安排缺乏联系性。因学校条件限制，加上节假日无法安排等原因，小组活动的个别时间间隔跨度比较大，无法发挥最大的成效。二是未能争取家长支持。因主客观原因，原定要开小组成员家长会和组织家访的计划一再搁置，使得小组活动缺乏家庭支持，个别小组成员无法改变家庭环境影响，从而影响小组成效，甚至第二阶段有 2 名同学放弃参加小组活动。三是小组成员人数偏多。学习动力提升小组人数以 10~15 人较为适宜，而本次小组人数达到 22 人，且这些小组成员原本为班级里纪律性比较差的同学，将这些人聚在一起上课本身难度比较大，在纪律维护上需要一定的时间投入，从很大程度上影响了小组成效。

（二）专业反思

本次小组活动的参与对象为各班的“差生”或“问题学生”，全部是被动要求参与，刚开始组员参与的积极性差，且有一定的阻抗和防御心理。用口袋书手工的制作引起学生的好奇，代入情绪疏导的课程，加上连续游戏的模式，打破了组员与老师、组员与组员的防御心理，拉近了彼此的关系，不仅营造了轻松、愉快的氛围，也激发了组员参与的兴趣，为小组的后续顺利开展打下了良好的基础。同时，在课程的设计上，从人生目标、价值、学习方法等方面，形成系统全面的支撑，不仅促进学生们自我思考、自我探索，还不断激发学生的学习动力，提升学生学习的能力和信心，给到了最有力的理解和支持，从而取得了应有的成效。小组活动中，社工扮演的角色是“观察者”“陪伴者”“引导者”，而不是专家或授课老师的角色，这个定位取得了学生的认同，确保小组活动的顺利推进。

（三）可提升空间

（1）在时间安排上，最好安排在周六或者周日，避免与日常课程或学校大型活动冲突，影响课程的开展。同时，在课程的安排上要保持连续性，避免中断。

（2）小组活动的地点最好能固定，且场所不宜太大，避免学生分身，无法投入课程中。

（3）学生的问题大部分是由家庭环境引起的，如果家庭环境无法得到改善，学生的问题将无法得到根本的解决，因此今后如有此类课程，建议争取参与人员家庭支持，并适当开一两次的家长辅导课程。

花蕾保护行动

——归侨青少年性教育小组

泉州市洛江区启航青少年社工服务中心　黄启军　魏秋月

一、案例介绍

青春期是青少年发育成长的重要阶段，在面对生理、心理等方面的突然变化，很多青少年未能对青春期的诸多疑问得到较好的解答，性知识的普及就是青少年成长教育的重要课题之一。家庭和学校在青少年性教育角色中缺失，导致青少年的性知识获得与身体的成长发育脱节断层。根据

《“女童保护”2018年性侵儿童案件统计及儿童防性侵教育调查报告》显示，由于诸多因素，性侵儿童案例难以全部被公开报道和统计被公开的案例仅为实际发生案例的冰山一角；熟人作案比例近七成，青少年自我保护意识薄弱；家长对孩子讳莫如深，或是想说又不知如何开口，未能给青少年足够的防范性侵害的能力支持。做好儿童青少年防性侵教育，让其掌握性教育的核心知识和技能是必要而迫切的。社会工作者在服务的过程中，发现很多儿童甚至家长对儿童自我保护，特别是性保护方面的知识知之甚少，例如男生在上洗手间时，女生在旁边嬉戏打闹等。

如何保护儿童不被性侵，除了社会、家庭、学校需要保护措施外，教会儿童学习自我保护也是很有必要的。为此，社会工作者针对此现象展开调查。某社区现有常住人口946人，归侨、侨眷约500人，青少年占比16%，其中18周岁到25周岁的侨眷青少年有58人，14周岁到18周岁的侨眷青少年有41人，12周岁到14周岁的侨眷青少年有17人，此次主要的服务对象为6周岁到12周岁的侨眷青少年67人。社区内多为年龄较大的侨一代和年龄较小的侨三代，侨二代外出工作不常回家，在老人们“谈性色变”的传统观念中，一直在有意无意地忽视小侨眷的性教育，大部分儿童对于自己是怎么来的、身上的哪些部位是不可以给别人碰的等问题答案并不明确。根据弗洛伊德的性心理学，处于小学阶段的青少年儿童对于性的行为不认识也不清楚，容易被人利用和误导。为此，社会工作者通过花蕾保护行动——归侨青少年性教育小组，将有关性的保护意识传输给青少年儿童，旨在让归侨青少年儿童能够在课程中学习相关自我保护的知识，树立自我保护的意识。

二、分析与预估

（一）服务对象的问题分析和需求预估

社会工作者采用小组组前问卷和访谈方式对服务对象接受性教育的现状进行了解：服务对象对性的态度和认知上较为排斥和腼腆，且对性教育知识和性保护似懂非懂；家庭和学校性教育知识体系不完善且在性教育的态度和认知上较为传统和不自信。服务对象的需求主要包括：

1. 服务对象对性教育和性保护的知识缺乏，服务对象的性知识与身体成长发展阶段脱节。

2. 服务对象自我保护意识薄弱，在可能遭遇性侵害时不能作出正确的选择保护自己，社会工作者应该引导服务对象正确认识自己的隐私部位，并明白在遇到性侵害时应该大胆说“不”。

（二）服务资源分析

1. 江苏“你我伙伴性教育支持计划”项目的授课教案教材。

2. 社会工作者所在机构的专业督导支持。

三、服务计划

（一）理论基础和服务模式

经验学习理论也称“体验式学习理论”，注重以学习者为主体，激发学习者的体验尝试、反思总结以及行动实践；注重“当事人”的行为、感受、启发、收获；强调从实践中来，到实践中去。社会工作者通过结合时事热点以及服务对象关注的话题引入性教育小组活动主题，在活动过程中注重团队讨论，引导分享，注重服务对象在当下的体验并在团体中巩固；最后搭建服务对象学习性知识的后续实践的平台或体验途径，让服务对象在小组中所学习的性知识在日常生活中得以应用，如通过角色模拟扮演对身体发育变化的应对、对性侵害行为的防护等，可以从内容上推动服务的延续。

（二）服务目标

1. 总目标

帮助服务对象了解性、认识性、树立自我保护意识，正确地认识及行使自己的身体权利，学会更好地防范性侵犯，帮助服务对象树立正确的人生观、恋爱观、生育观、性道德。

2. 分目标

（1）帮助100%的服务对象明白自己从哪里来，感受生命的诞生、性别的形成。

（2）帮助100%的服务对象了解自己的身体及生殖器官，正确认识隐私部位以及懂得遭受性侵犯应该怎样作出正确的选择保护自己。

（3）帮助95%的服务对象明白人的性别虽然不同却是平等的，明白不管是男孩女孩也必须通过学习和努力才实现自己的人生价值。

（4）帮助95%以上的服务对象了解什么是青春期以及青春期的特征与

注意事项。

（三）服务策略

链接江苏“你我伙伴性教育支持计划”项目，社会工作者通过PPT和动画片放映的形式为社区小学一至三年级的归侨青少年开展性教育小组，通过体验式、渐进式的方式促进服务对象收获知识，获得成长。

（四）服务程序

社会工作者以经验学习理论框架设计小组内容，通过设计了“青春期预备营”服务对象性教育小组，从“我从哪里来”“我的身体我做主”“我们都平等”“青春期来了”四个递进层级的性教育知识普及，以视频、PPT等媒介手段，引导服务对象自我觉察和互动讨论，营造小组动力，通过小团体技巧的应用，实现小组目标的达成。

服务阶段	工作内容
准备阶段	1. 需求调研、了解服务对象需求 2. 根据服务对象需求制订服务方案，撰写计划书 3. 与社区以及社区内小学、企业对接，确定开展时间、地点等 4. 人员招募、筛选、确定参与人数 5. 课件PPT、视频、物资、多媒体设备等准备，保证活动顺利进行 6. 社工分工及场地布置
实施阶段	1. 小组第一节主题：我从哪里来 2. 小组第二节主题：我的身体我做主 3. 小组第三节主题：我们都平等 4. 小组第四节主题：青春期来了
结束阶段	1. 整理活动现场，保持场地干净、物资整齐 2. 服务对象填写满意度调查表并收集服务对象反馈意见 3. 整理小组材料并撰写新闻稿，及时进行新闻媒体宣传 4. 后续跟踪服务对象情况，了解服务对象建议 5. 对服务进行评估

四、服务实施过程

（一）小组第一节

主题：我从哪里来

目标：明确小组目的、目标；帮助服务对象互相认识，订立小组契约；帮助服务对象明白自己从哪里来，感受生命的诞生、性别的形成。

内容：

1. 社会工作者自我介绍（5 分钟）。

2. 介绍小组活动内容及设置（5 分钟）。

3. 服务对象相互认识（20 分钟）。

4. 制定小组目标及契约（10 分钟）。

5. 故事问答：（20 分钟）：故事里小男孩的疑问是什么？故事里提到的“我从哪里来”的方式有哪些？你小时候有没有问过家人我是从哪里来的？家人是怎么回答你的？

6. 一起看视频及知识短讲（30 分钟）：播放视频《我从哪里来》。

7. 总结预告（10 分钟）：回顾总结本节活动内容、预告下节课内容；每人一句话感想。

（二）小组第二节

主题：我的身体我做主

目标：引导服务对象了解自己的身体部位，了解生殖器官的功能和保健知识，正确认识隐私部位以及懂得遭受性侵犯应该怎样作出正确的选择保护自己。

内容：

1. 回顾及导入（10 分钟）：社会工作者引导服务对象回顾上节课的内容，并说明本次课程的目标、提问导入本次课程。

2. 互动游戏“我的身体我知道”（20 分钟）：社会工作者结合提问“身体部位有哪些？它们的作用分别是什么？”

3. 一起看视频及知识短讲（20 分钟）：播放视频《认识我的身体》。

4. 互动游戏“我的身体我做主”（20 分钟）：服务对象根据自身意愿，考虑后决定是否做出对应动作。

5. 一起看视频及知识短讲（20 分钟）：播放视频《我的身体权利》。

6. 总结预告（10 分钟）：回顾总结本节活动内容、预告下节课内容；每人一句话感想。

（三）小组第三节

主题：我们都平等

目标：引导服务对象了解人的性别虽然不同，但他们是平等的，男孩和女孩一样，应该共同承担家务，读书学习；也让服务对象明白男孩和女孩虽然生理上有差异，但也可以拥有相似的性格、自己的理想，也可以通过学习和努力实现自己的人生价值。

内容：

1. 回顾及导入（10 分钟）：社会工作者引导服务对象回顾上两节课的内容，并说明本次课程的目标、提问导入本次课程。

2. 小组讨论分享“我知道的职业”（30 分钟）：社会工作者邀请服务对象分享：刚才大家提到的职业里，有哪些职业是只能男生做或者只能女生做的？有哪些职业男生多女生少或者男生少女生多？你长大后想要从事什么职业？为什么？

3. 互动游戏“男生女生做家务”（30 分钟）：社会工作者邀请服务对象分享，将以下内容都涵盖：“只有妈妈做家务、爸爸妈妈都做家务”“爸爸妈妈孩子”都做家务的情况都涵盖。社会工作者提问：“哪些家务活，是只有爸爸能做，或者只有妈妈能做？”

4. 一起看视频及知识短讲（20 分钟）：播放视频《我们都平等》。

5. 总结预告（10 分钟）：回顾总结本节活动内容，预告下节课内容；每人一句话感想。

（四）小组第四节

主题：青春期来了

目标：引导服务对象了解什么是青春期以及青春期的特征与注意事项。

内容：

1. 回顾及导入（10 分钟）：社会工作者引导服务对象回顾上节课的内容，并说明本次课程的目标，提问导入本次课程。

2. 故事互动问答：（20 分钟）：故事里小新和小乐怎么了？他们发生了什么变化？青春期除了会长高、长痘痘、胸部发育、变声等，还会有哪些变化呢？

3. 一起来画画“我们有些不一样”（20 分钟）：每位服务对象在纸上，画出 10 岁女生和 20 岁“姐姐”、10 岁男生和 20 岁“哥哥”的身体轮廓图，并在旁边用文字写出有明显区别的部位。社会工作者鼓励服务对象对自己的图画进行分享。

4. 一起看视频及知识短讲（30分钟）：播放视频《青春期上、下》。

5. 总结展望（20分钟）：总结回顾四次小组活动核心信息，巩固知识点；让每位服务对象分享收获和感想，肯定每位服务对象在小组中的成长和表现；处理离别情绪。

五、评估和结案

（一）评估方法

1. 基线评估

前测：社会工作者采用面谈方式对小组需求进行了解：服务对象对性的态度和认知上较为排斥和腼腆，且对性教育知识和性保护似懂非懂。

后测：社会工作者在小组结束后采取面谈、填写“反馈卡”的方式评估服务对象知识掌握程度、服务满意度。服务对象100%均表示有学到之前不懂的知识，其中9人对“我从哪里来”最解惑，有8人愿意继续参加类似的活动。社会工作者以此评估服务对象的评价整体是满意的。

2. 过程评估

通过观察法、提问法等形式了解服务对象对于小组每节知识的掌握程度。在小组过程中，服务对象的参与度和投入程度明显逐渐提升，服务对象从开始的生疏和腼腆，经过社会工作者不断的鼓励和带领，在互动游戏和分享环节都积极参与并踊跃发言，由刚开始不敢表达性词汇到后来的自然大方地表达出来；服务对象在活动中有什么疑惑也会积极地向社会工作者提出来，社会工作者耐心解答他们的疑惑。

社会工作者在小组每一节活动开始前都会对上一节课进行回顾，在每节小组结束时都会对本节课的核心信息和知识点进行总结和巩固并准备相关问答题，以便及时收集和了解服务对象对小组内容的学习和掌握程度，服务对象在问答中答题正确率接近100%。

（二）服务成效

1. 90%的服务对象在第一节课程中了解了生命的诞生和性别的形成，小组结束后可以明确告诉父母和同学自己是由爸爸妈妈的精子和卵子的结合，然后妈妈十个月孕育后，再从妈妈的阴道生出来的或者剖宫产出来的。

2. 从收集反馈中了解到100%的服务对象在第二节课程中了解了自己的身体以及隐私部位，也懂得了自己身体的隐私部位被侵犯应该勇敢大声说“不”并及时告知父母或老师。

3. 在第三节小组跟进服务反馈中，了解到91%的服务对象在家中会倡导父母很少做家务的一方积极参与家务活动；也明白了不管男女都可以通过学习和努力实现自己的人生价值。

4. 社会工作者在小组结束后进行个别访谈，了解到95%的服务对象虽还未到青春期，但是经过这次小组活动他们懂得了青春期阶段有的会长痘、会长毛发、会变声，女生会有月经还有胸部发育，男生会遗精，这些都是正常的生理现象，不应该因为这些变化而嘲笑他人或者不好意思。

六、总结和专业反思

1. 社会工作者关于性教育服务的设计，要给青少年创造更多讨论、学习实践的机会，引导他们主动学习；尝试去了解“孩子如何看问题”，学会站在孩子的角度去看问题。

2. 社会工作者要多渠道多方面获取科学的性教育知识，并将知识转化为社会工作者自己的知识，然后用孩子喜欢的方式进行表述、传递，通过任何有趣好玩（包括戏剧、舞蹈、音乐、绘画、视频等）的形式，去帮助孩子把一些关于性“难以启齿”的东西表达出来，性教育更有趣的方式就是让沟通更有趣。

让爱“聆”距离

明溪心守护青少年事务社会工作服务中心　雷　晖

一、案例介绍

（一）案例概述

随着人们生活水平的提高，家庭更加关注孩子的教育，而亲子间的关系则是教育的重点，有81%的家庭对于孩子的成长教育、亲子关系、家庭娱乐有较大的需求。而亲子沟通则是父母比较重视的一点，由于留守儿童的父母常年在外奔波，空闲时间少，与留守子女联系较少，对于孩子的成长缺乏足够的关注和指导，对于亲子关系方面的知识了解较少，所以渴望通过一些社工组织的活动小组来提升自身亲子沟通的能力。

（二）服务对象的基本情况

亲子间缺乏情感交流，加上监护人引导不足，安全感较低，造成其内向、敏感、任性、孤僻、不合群等性格问题，影响其健康成长。

（三）社区基本情况

某社区是留守儿童较为集中的社区，社区共有留守儿童200余人。2018年，团县委在社区开办“心守护”青少年社区公益“四点半”课堂，依托团干、青年志愿者、社工、社区工作人员等组成“心守护”志愿者队伍，每周一至周五下午4点半至6点免费辅导和陪伴留守儿童及时完成家庭作业，引导学员们进行素质拓展训练，培养学习兴趣，提升学习效率。同时以个案管理的模式，为特殊的青少年个体提供心理疏导、物资援助、成长指导等服务，逐步营造和谐、积极、有爱的青少年成长环境的平台。

二、分析预估

（一）服务对象的问题分析

某县作为侨乡之地，外出务工人员居多，留守儿童居多。由于长期远离父母，亲子之间的沟通交流越来越少，一定程度上造成正常家庭教育的偏差。

1. 道德与行为问题。青春期阶段的儿童面临着生理和心理走向成熟的过程，这个时期的儿童会逐步形成自己对外界的认识和价值观。由于留守儿童缺乏父母正确的教育和引导，他们在思想道德和价值观念上容易产生偏差，一不小心就会被社会上的不良青年诱惑，青春期的模仿心理使他们更容易形成不良行为，如抽烟、打架、网瘾、早恋等。

2. 学习与理想问题。许多留守儿童在小学阶段受到学习环境的影响，没有形成良好的学习习惯，学习基础没打牢固。到了初高中阶段，课程突然增多，课堂上遗留的问题无法得到及时解决，与其他孩子学习上的差距越来越大，群体中厌学现象比较严重。

3. 心理与情感问题。对于留守儿童而言，其他同龄人在成长阶段中有父母关心和陪伴，而自己却没有得到足够的重视，难免产生强烈的心理落差，甚至会产生低人一等的错误认知，变得越来越自卑和沉默寡言。部分家长出于愧疚和补偿心理，一味给予物质补偿，导致孩子养成不正确的价值观，对金钱产生错误的认知。长期的家庭缺陷使留守儿童无法享受到正常的亲情关爱，留守儿童没有时间和机会向父母表达自身的真情实感，更无法切实体会到父母对自己的爱。

（二）需求预估

通过小组活动中的游戏设计及亲子间的互动，充分调动儿童的主动、积极性。

1. 增进亲子间的沟通交流，促进家庭成员之间的相互理解。

2. 激发学生与父母的情感，了解父母养育自己的辛苦。

3. 帮助父母认识到家庭教育在孩子成长中的重要性。

（三）服务资源分析

通过孩子和家长的游戏，增加孩子的体质，增进家长与子女之间的情感交流，激发学生与父母的情感。同时发展孩子动作的协调性和灵活性，让孩子们体验活动带来的乐趣。

三、服务计划

（一）理论基础和服务模式

父母与孩子间的沟通，能在家庭中建立亲密的亲子关系，给孩子安全感和归宿感。有效的沟通，能使孩子感到自己受到重视，时时感受到父母的理解与关爱。而父母也可以通过沟通了解孩子心理、思想的细致变化，有利于亲子间情感的融洽。同时使孩子对家庭对父母有稳定的情感寄托，自然而然产生安全感和归宿感，有助于缓解孩子的逆反心理。

1. 家庭沟通理论

家庭沟通理论认为，所有的行为沟通理论认为，所有的行为都是沟通，沟通是人类互动中的信息部分。不良的家庭沟通模式是影响家庭生活状态的主要因素之一。不良的沟通往往是沟而不通，反而对家庭生活气氛起到伤害作用，进而对家庭成员的心理产生消极的影响，对孩子人格的形成与发展更加不利，而不良的沟通的形态有讨好型、责备性、打岔型、超理智型。小组通过创造一个相互尊重、公平的环境，采用角色扮演等形式，让组员了解不良的沟通形态，反思自己家庭中存在的不良沟通形态，促进家庭中沟通形态的转变，改善家庭关系。

2. 优势视角理论

每个服务对象都存在着一些优点，社工要从优势视角出发，发掘服务对象自身的优势，帮助他们寻找自主解决问题的途径，提升他们的自信心，使他们敢于面对生活，积极应对挑战。

3. 团体动力学理论

小组是一个动力群体。当组员进入一个由自身和不同的力量和变量组成的心理场中，个人的行为会受到这些力量和变量组成的心理场影响。通过小组，使组员间相互影响，积极互助。同时，小组工作者必须了解小组内可能出现的各种影响力量和变量，才能够很好地驾驭和带领小组，从而达到小组的目标。

（二）服务目标

1. 总目标：建立一个孩子和父母互动的平台，帮助父母学会和孩子交流的技巧，引导留守儿童正确认识父母为何外出务工，让留守儿童和父母做有效的亲情沟通，通过游戏，增加孩子体质的同时，增进家长与子女之间的情感交流，帮助家长更好地与孩子相处，增进亲子感情，促成亲子关系的和谐。

2. 具体目标

①能认识到因沟通不畅带来的危害。

②愿意向对方表达自己的想法或感受。

③学会了解决亲子沟通障碍的小技巧。

④愿意将在小组中学到的知识与技巧运用于实践当中。

（三）服务策略

①让参加活动的六对亲子进行破冰游戏，为亲子制造沟通交流的机会。

②亲子之间相互对社工诉说，自己平时生活中对对方的看法，然后由社工作为中间人与双方进行沟通，让亲子之间达成共识和理解。

③开展亲子游戏，引导亲子之间开展游戏，增加对父母的了解，改善儿童与父母沟通，掌握一些与父母沟通的方法。

④引导亲子双方说出参加本次小组的感悟，引导亲子之间给对方写一封信，并进行分享。

（四）服务程序

1. 撰写策划书

2. 准备小组所需物资

3. 组员招募

4. 小组详细计划

四、服务实施过程

（一）服务开展情况

1. 相识一家亲

（1）面对面的介绍

游戏规则：将所有人排成两个同心圆，随着歌声同心圆转动，歌声一停，面对面的两人要相互自我介绍。

① 排成相对的两个组员初次认识

主持人：同心圆，边唱边转，内外圈的旋转方向相反。

② 歌声告一段落时间停止转动，面对面的人彼此握手寒暄并相互自我介绍。歌声再起时，游戏继续进行。

（2）诺亚方舟

① 选出一人作为诺亚，其他人都作为一种动物，每个人给自己起一个动物的名字。

② 在中间摆放比人数少一张的凳子，围成一个圆圈，所有人（动物）都坐到上面。

③ 诺亚走过来，可以叫一个或多个动物跟着你走，也就是代表动物的某人跟着你走，然后诺亚说“洪水来了”。这时，所有跟你走的人和诺亚必须找到一个空位坐下。

④ 没有抢到位子的人则成为新的诺亚，继续游戏。

⑤ 当某人三次成为诺亚，则需要表演节目或接受惩罚。

邀请组员简单地说出对这次活动的感受，工作人员从组员的感受和意见中，改善后面的游戏，同时令各组员了解到别人的感受。

2. 亲子有法

运用家庭沟通理论，通过创造一个相互尊重、公平的环境，采用角色扮演等形式，让组员了解不良的沟通形态，反思自己家庭中存在的不良沟通形态，促进家庭中沟通形态的转变，改善家庭关系。

（1）还原完整的爱

① 小组开始前，先准备好 6 组拼图。

② 家长和子女一组，共同完成拼图。

（2）人生剧

① 由工作者来讲述故事的情节，找一组家庭上来表演家长和孩子的问题，要按照故事的情节来进行表演。

② 表演者和组员分享各自的感受。

③ 结合案例谈谈自己日常生活中是否存在沟通不良的现象及其不良影响。

（3）分享

① 组员分享此次活动的收获，工作者给予适当的引导。

② 留家庭作业，让组员想父母与孩子的沟通技巧。

③ 问卷填写。

3. 倾听就是爱

组员按顺序说一下自己在上一环节学习到的如何与父母与孩子进行沟通、如何向对方表达自己的想法；当意见不合的时候，希望如何与对方进行沟通。

（1）毕加索不假思索

① 组长先预备数张画了圆形的纸。每两人配对比赛。

② 开始前，每一组背对背而坐。

③ 在指定时间内，一人负责讲工作者分发的图片，另一人则负责画圆。画圆的人，只可听不可问，也不可让讲的人看到。

④ 时间到，看谁画得快而准。

⑤ 也可互换角色。

（2）哪一次

父母和孩子分别说出最近一次或者印象最深刻的一次因为沟通不够而产生的矛盾。

工作人员在游戏结束后，向组员讲解沟通的艺术性和重要性。

4. 爱的行动

（1）幸运抽奖

主持人在纸上写出组员最近的新变化，写好后放到箱子里，逆时针每人轮流抽签，抽完念出来，其他成员猜写的是谁。

（2）愿望树

主持人邀请组员在纸上写出自己的愿望和憧憬，最后贴到“树”上面，然后请组员分享读出自己的愿望。

（3）问卷表

主持人邀请组员填写问卷表，分享参与小组的感受，社工总结发言，宣布小组结束。

（二）服务实施中的困难及其应对

困难：气氛僵硬、冷场。

对策：放一些轻音乐作为背景，准备几则笑话调节气氛。

困难：小组分享的主题内容较深，部分组员可能因为年纪小参与积极性低。

对策：较多地用小游戏来代替体验了解，提高参与度。

五、评估和结案

（一）评估的方法

采取过程评估和结果评估相结合的方法。在每次小组活动结束后的总结分享环节，会对组员进行满意度的咨询，以及对小组开展的意见和建议，工作员和观察员也会对小组的开展过程进行观察和分析；在小组六次活动全部结束后，进行了一次较正式的问卷评估。

（二）服务成效

根据评估反馈的结果，95%以上的组员认为小组的活动内容与小组主题完全契合、小组的活动目标已经达成，对社工和老师的表现表示满意，觉得自己参加小组收获了很多，并建议以后多开展类似的小组活动。

六、总结和专业反思

（一）经验、创新和不足

社工和相关工作人员之间在小组开组前一定要充分沟通、密切配合，不仅要做好场地、设备、人员的准备工作，而且要事先做好应变各种突发情况的准备。

小组存在的问题。首先是准备过程中存在的问题。在开展小组的第一次活动时，出现了两个意外情况导致小组开始延迟，一是小组活动场地没有事先清扫，社工和相关工作人员到达后才开始清扫整理；二是因为事先联系欠妥的原因，出现了有的家长迟到的现象，致使小组规定的开组时间延后，更使第一次小组活动延时半个多小时才结束。另外，准备过程的不足还表现在社工和老师事先沟通不够。主要表现为对于组员的情况老师比较了解，但是小组开组前社工和老师没有详细进行沟通。导致社工在第一次小组活动中花费不少时间来了解组员亲子关系的详细情况，造成了小组时间的浪费。

其次是小组带领过程中存在的问题。一是规范要求的问题。在小组过程中存在家长迟到甚至缺勤的状况，但是社工除了再次强调规范，也并没有太好的办法。二是社工的一些语言表达和活动设计超出了个别组员的接受程度。因为家长组员是农民工，有些组员的文化水平较低，并且还有一个不识字的组员，对于有些专业的书面语言表达较难理解。好在社工和老师发现这些情况后马上改进了语言表达方式和活动方式，才没有影响整个小组的发展。

（二）专业反思

1. 要充分做好准备工作。预则立，不预则废。对于组员的确定，组前面谈非常重要，社工和老师要和家长及其子女对小组的主题、目标达成共识，详细了解家长及其参加活动的实际困难。

2. 在小组规范方面最好让小组组员自己确定，即从组员的角度启发他们自己建立相应的小组制度。社工和老师不能为了担心组员丢面子或者担心组员退组就睁一只眼闭一只眼，从而影响整个小组的活动安排和效果。

3. 社工还需进一步提高专业知识和带领技巧。不同的小组有不同的主题，不同的主题要求不同的专业知识，这就需要社工事先充分做好这方面的资料收集和知识储备。另外，在实际带领小组过程中，要注意带领技巧的运用，特别是要能够在带领过程中做到敏感发现及时回应，对组员有高度的关注，对其认知和情绪要及时察觉和反应，从而促进小组中同理和共鸣的产生，为小组带来积极的动力。

第三章　青少年社会工作专项服务案例

导读：自21世纪初以来，我国司法社会工作逐渐形成了社区矫正社会工作、禁毒社会工作、未成年人司法社会工作三大服务体系。未成年人司法社会工作是我国最早开始探索的司法社会工作领域之一。本章立足未成年人司法社会工作领域，从帮教帮扶涉案未成年人及未成年人被害人、未成年人禁毒教育、未成年人普法教育三个方面体现未成年人司法社会工作者的做法。

长乐区青少年司法社工专项服务项目从2020年开始，是福建省第一个通过政法委牵头，公、检、法、司联合购买的全流程服务项目。该项目的青少年社工以合适成年人角色，帮教帮扶涉案未成年人及未成年人被害人，维护其合法权益；撰写社会调查报告，为未成年案件审理提供有效依据；在“矫正+赋能”工作模式下创新设计了一套涉案未成年人帮教课程，开展一对一帮教工作。

集美区高校禁毒绘本大赛项目从2019年开始。该项目社工整合相关部门资源，联合集美区10所高校成立禁毒联盟，充分发挥专业青年力量来创作适合儿童阅读的禁毒教育绘本，丰富禁毒教育科普读物，助力儿童禁毒预防教育工作发展，同时也培育了大学生禁毒骨干队伍。

武夷山市普法项目从2020年开始。该项目整合检察院、学校、社工中心等资源着力打造南平地区首家青少年（沉浸式）模拟法庭，选用发生在当地的青少年典型案例以案说法，通过沉浸式情景剧的方式让青少年亲身经历“案件审判”过程，从而提高青少年法律意识、增强法制观念，让青少年主动学法，零距离学法。

解开枷锁·重燃希望

——青少年司法社工专项服务项目

福州市长乐区青少年事务社工服务中心　陈亮芳

一、项目背景介绍

2012 年福建省推进社会工作介入少年司法工作，同年 L 区青少年事务社工服务中心成立，成立之初便把服务群体定位于青少年，确立了“让更多青少年阳光成长”的使命；2016 年福建省检察院与团省委签订《关于在未成年人检察工作中引入青少年司法社工的意见》，率先在全国未成年人工作中引入少年司法社工，同年 L 区团市委与人民检察院签订相关意见，青少年社工开始介入未成年人案件审理，探索附条件不起诉涉罪未成年人个案帮教，经过几年探索努力获得 L 区人民检察院的认可和支持；2018 年在团区委和检察院推动下，L 区政法委开始购买青少年司法社工服务；2019 年经区人大法治工委、政法委、检察院、法院、公安局、司法局、财政局、团区委等单位协调，最终正式立项，2020 年起将项目经费列入财政预算，是全省第一个通过政法委牵头，公、检、法、司联合购买的全流程服务项目。

二、需求分析

（一）相关部门的需求分析

1. 未成年人刑事诉讼中需要合适成年人。在未成年人刑事诉讼中，公检法在讯问、提审、宣判未成年犯罪嫌疑人时应当通知其法定代理人到场，如若不能或不愿意到场的情况下，需要一名合适成年人到场，以保障未成年人的合法权益。

2. 未成年人案件审理需要社会调查报告。社会调查程序是未成年人刑事案件办理中的重要组成部分，调查他的生活环境、成长轨迹，以此来找出他的犯罪原因的同时考察其帮教监护条件，是法官对未成年被告人采取从轻、减轻、免除处罚或者决定是否适用缓刑的重要参考依据，是对未成年人进行教育和感化的前提。

3. 涉罪未成年人需要社工进行专业帮教。在传统的未成年人刑事检察工作中，检察院集案件办理和帮教矫正于一身，既无法保证案件办理的专业化，又不能保证帮教矫正的有效性。未检和社工的理念本质上是相同的，社工理念是助人自助，未检工作追求的是教育感化挽救，为此，委托专业青少年社工对涉罪未成年人进行帮教，帮助更多涉罪未成年人回归社会。

（二）涉罪未成年人需求分析

1. 重新提升自我认识和自我价值的需求。涉罪未成年人在案发、关押、审讯等一系列过程中，心理和生理受到极大的冲击，内心深处比较自卑，总觉得自己和别人不一样，家庭、社会和自我都对本身进行了否定，这时候的涉罪未成年人及其家庭则需要社工的引导和肯定，帮助其重塑自信，肯定自我价值。

2. 提升法律意识，修正不良行为的需求。80%以上的涉罪未成年人误入歧途，是因法律意识不足，触犯法律都不知道。为此涉罪未成年人亟须提升法治意识，养成知法、学法、守法、用法的习惯。

3. 需要改变家庭教育方式。大部分涉罪未成年人从小父母监护力度弱，家庭关系不良、教育方式简单粗暴缺少关爱和关护，进入青春期后过早辍学投入社会，远离家庭，抗拒父母，家庭关系僵硬，阻碍了青少年健康人格的形成，导致青少年产生不良行为，甚至产生犯罪行为使青少年走上偷盗抢劫的道路。亟须改变其家庭教育方式，能够以民主、平等、尊重的态度影响青少年，使其能够感受到家庭的关爱，从而产生改变的意愿。

4. 增强社会融入，提升社会责任感。在犯罪后一段时间里，涉罪未成年人的社会关系网会出现断裂，有的家庭对其社会行为、社会交友等进行严格限制，甚至关在家里使其足不出户，往往致使涉罪未成年人在求学、工作方面，因缺乏学历或一技之长，遇到更多的阻碍、困难，这时需要相关社会团体的介入，用积极的方式带领他们融入社会，引导其重新构建社会网络。

三、服务计划

（一）实施地域

L 区 18 乡镇（街道）

（二）项目周期

2019 年 1 月 1 日 ~2020 年 12 月 31 日

（三）受益对象

1. L 区公安机关逮捕或羁押的涉罪未成年人。

2. L 区未满 18 周岁未羁押涉罪未成年人：

（1）取保候审未成年人

（2）不批准逮捕未成年人

（3）附条件不起诉未成年人

（4）社区矫正未成年人

3. 符合监护帮教条件，自愿接受帮教的 12~15 岁不良青少年。

（四）项目目标

1. 总目标

维护涉罪未成年人及未成年人被害人合法权益，帮助他们顺利回归家庭、融入社会。

2. 分目标

（1）针对 L 区公安机关逮捕或羁押的涉罪未成年人，社工作为合适成年人维护其合法权益的同时，通过走访或电访社区、家庭、学校及之前所在工作单位，对涉罪未成年人从其性格特点、家庭情况、社会交往、成长经历、犯罪原因、犯罪后悔态度、帮教条件等进行调查，最终形成社会调查报告报送相关部门，作为检察官、法官对涉罪未成年人裁判的重要参考依据。

（2）针对 L 区公检法司受理作案时未满 18 周岁未羁押涉罪未成年人：

①通过面对面访谈，社工引导涉罪未成年人正确认识自己犯罪的根本原因，引导其自愿悔罪。

②为涉罪未成年人提供情绪疏导，引导其走出案件带来的困境。

③鼓励涉罪未成年人积极参加公益活动，提高其自我认同度，强化自我能力，提升社会价值感。

④挖掘涉罪未成年人的潜在能力，开展职业规则指导、求职演练等活动，引导其学会定位自己，规划人生。

（五）项目服务策略

序号	阶段	相关部门	工作内容
1	侦查阶段	公安部门	1. 青少年社工作为合适成年人 2. 社会调查 3. 取保候审涉罪未成年人帮教
2	检察阶段	检察院	1. 青少年社工作为合适成年人 2. 社会调查 3. 取保候审、附条件不起诉涉罪未成年人帮教及未成年被害人帮扶
3	审判阶段	法院	1. 青少年社工作为合适成年人 2. 未成年人被害人帮扶
4	执行阶段	司法部门	社区矫正未成年人帮教

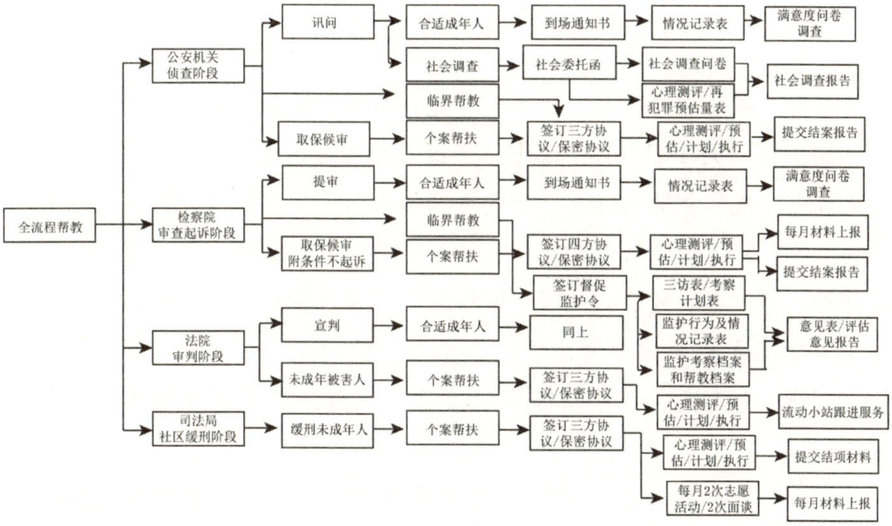

图1　全流程帮教图

四、实施过程

（一）介入合适成年人工作，保障未成年人的合法权益

青少年司法社工以合适成年人即代理家长的身份介入未成年案件的讯问、提审、开庭、宣判等环节，保证未成年人案件在监护人缺位的情况下顺利进行，维护涉罪未成年人合法权益的同时对其进行心理辅导，体现合适成年人工作的独特性和专业性。这是该项目中青少年司法社工参与涉罪未成年人工作中最基本的一项工作。

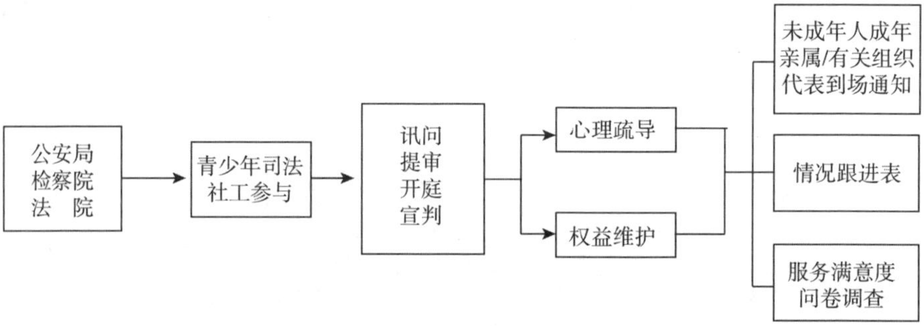

图2 合适成年人工作流程图

（二）接受区公安局、检察院委托，展开未成年犯罪嫌疑人社会调查

2020年7月1日开始，《中华人民共和国社区矫正法》实施后，L区公安局将未成年犯罪嫌疑人社会调查新增为青少年司法社工专项服务项目内容，委托社工机构进行调查。3名青少年社工组成调查组设计了一份调查问卷，通过走访或电访社区、家庭、学校及之前所在工作单位，对未成年犯罪嫌疑人从其性格特点、家庭情况、社会交往、成长经历、犯罪原因、犯罪后悔态度、帮教条件等进行社会调查，最终形成报告报送相关部门。

（三）接受公检法司委托，运用专业方法，设计一套涉罪未成年人帮教课程，开展一对一帮教工作

1. L区青少年社工中心接受相关部门委托，开展涉罪未成年人个案服务。青少年司法社工以专业知识为基础，以社会工作方法为指导，本着“平等、尊重、接纳”的态度和“以人为本”的服务理念介入涉罪未成年人帮教工作。

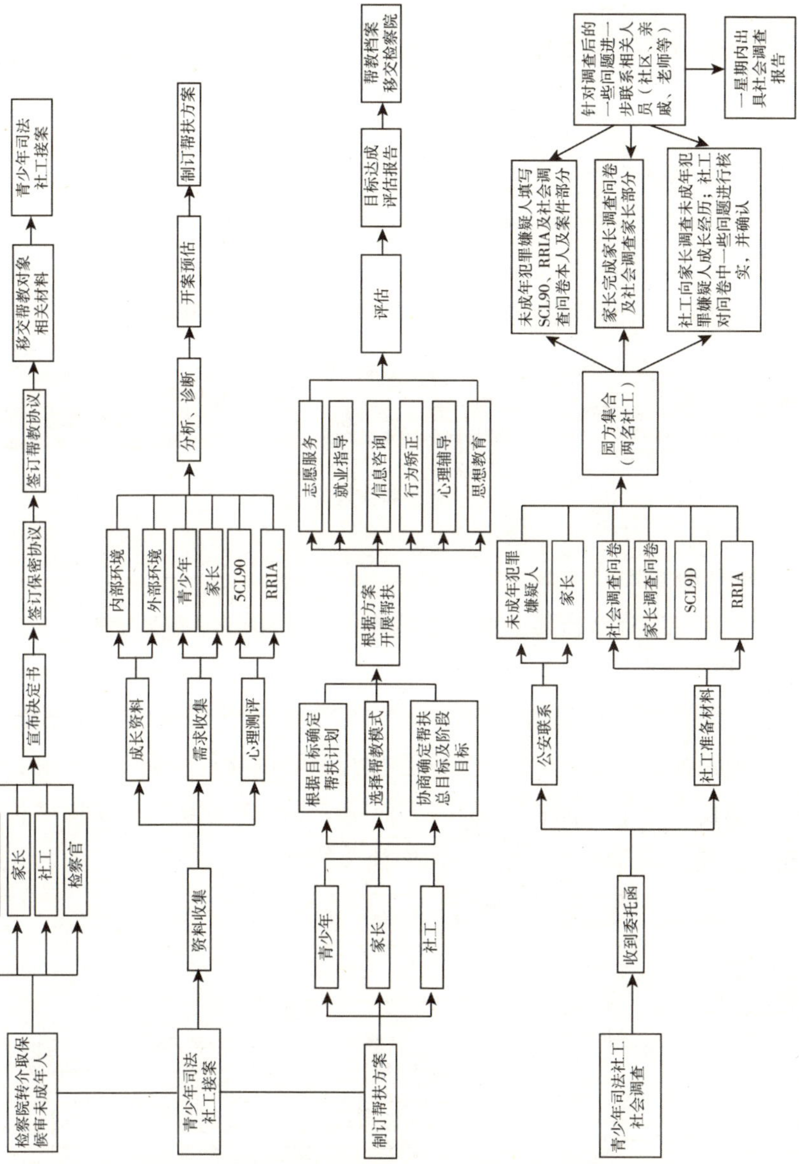

图3　一条龙帮教程序（以检察院个案为例）

2. 由于青少年的成长环境受家庭、学校、社会等多方面影响，犯罪原因是非常复杂的，为此，社工的介入也是多元的，社工对涉罪未成年人的帮教工作也是多元的帮教。项目运作期间，青少年司法社工、检察官、司法工作人员组成帮教团，针对涉罪未成年人或未成年被害人的具体情况，青少年司法社工采取“矫正+赋能”的工作模式，为其制订差别化帮教计划，同时设计一套涉罪未成年人课程（分为普适性课程和增强性课程），从心理调适、法治教育、情绪管理、职业规划、户外拓展、亲职教育及亲子平行小组等方面展开帮扶工作。

图4　一套涉罪未成年人课程

（四）搭建志愿者服务平台，实现循环转化

青少年社工中心搭建三峰服务站和芷衡小站两个志愿服务平台，青少年司法社工通过个案服务与服务对象家庭建立信任关系后，让其重新定位新角色，使其从“受助者”到“助人者”，给予涉罪未成年人充分认可、鼓励和展示的良性平台，具有正向强化及引导的功能。它一方面帮助青少年摘掉不良青少年“标签”，另一方面赋予其新的社会积极正向“标签”，体现其价值，提升涉罪未成年人回归社会的自信。

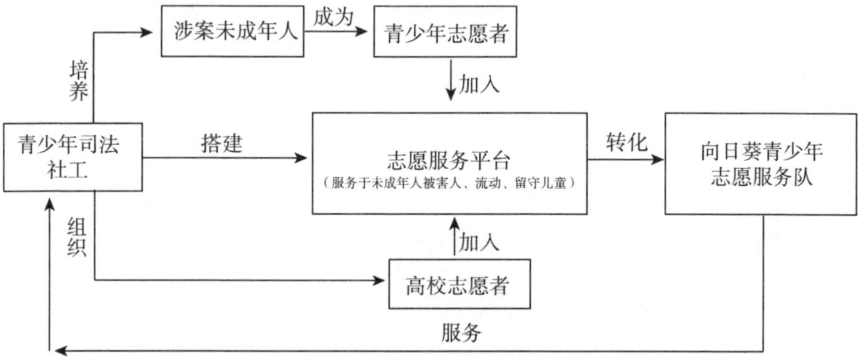

图5　循环转化图

五、项目成效

（一）作为合适成年人，维护涉罪未成年人合法权益

青少年社工作为合适成年人参与未成年人案件的讯问、提审、开庭等维护未成年人的合法权益共计40余次，有效维护其合法权益，保障案件各环节顺利进行。

（二）撰写社会调查报告，为未成年案件审理提供有效依据

2020年7月以来，接受公安机关、检察机关委托针对未成年犯罪嫌疑人展开社会调查，出具社会调查报告60余份，为未成年人案件审理、审判提供依据。

（三）一对一个案帮教涉罪未成年人，引导其顺利回归社会

项目期间，开展涉罪未成年人个案帮扶56人次，其中检察院转介31人，司法局转介19人，未成年被害人6人；带领服务对象参与志愿公益服务活动累计678次，让其接触社会正能量群体，改善朋辈群体，共计活动时长1000余小时；心理测评100余份，心理访谈工作300余次，为其进行心理疏导，时长累计800余小时。在这个过程中，为其制订差别化帮教计划56份，同时让其参与学习涉罪未成年人课程，提升其求职就业能力，普及法律知识，尤其是聚众斗殴、偷窃、抢劫、寻衅滋事等罪名的法律知识，并通过法律知识问答前后测及面对面访谈问答两种方式，测评其掌握程度普遍提升。所有已结案服务对象均顺利回归社会，其中90%的服务对象顺利就业。

（四）督促家庭监护令执行，助力涉罪未成年人改善家庭关系

青少年社工在帮扶涉罪未成年人及未成年被害人的过程中，深切感到家庭环境和家庭教育的缺失对未成年人犯罪的重大影响。对于父母作为监护人未能履行对未成年人监护、教育职责的问题，检察院发出《督促监护令》，青少年社工督促涉罪未成年人的父母履行对孩子的监护责任，但父母在如何教养孩子方面还是一个难题。为此项目期间，开展亲子平行小组三次，亲职教育活动七期，帮助涉罪未成年人父母或其监护人100余人次，90%的家长掌握了更多亲子沟通技巧，做合格称职的家长，助力涉罪未成年人顺利回归家庭、社会。

六、项目经验总结和专业反思

（一）项目经费纳入财政预算，保障项目的稳定性和延续性

2019年经L区政府专项协调会通过，青少年司法社工专项服务项目经费2020年起列入区委政法委财政预算，每年由区委政法委向社工机构采购，公检法司根据需求委托项目社工展开服务。

（二）公检法司跨界合作，实现帮教涉罪未成年人全流程服务模式

L区青少年司法社工项目打通了青少年司法社工服务的全流程，在全省率先实现了由政法委牵头，公安局、检察院、法院、司法行政部门跨界合作，即青少年社工从犯罪预防起开始、介入到犯罪侦查、犯罪检察、犯罪审判、刑法执行全司法过程阶段，并与司法过程的公安局、检察院、法院、司法局之间形成互动和合作。这种全流程服务模式是一个社工从未成年人涉案被抓捕到最后刑罚审判结束，全程跟进帮教，有效地预防涉罪未成年人再次犯罪。

（三）采取“矫正+赋能”的工作模式，创新设计了一套涉罪未成年人帮教课程

青少年社工制订差别化的帮教计划，同时创新设计了一套涉罪未成年人帮教课程（分为普适性课程和增强性课程），从心理调适、法治教育、情绪管理、职业规划、户外拓展、亲职教育及亲子平行小组等方面展开帮扶工作。项目期间，这一套课程逐步推进，针对服务对象个体独特性，其侧重点也会有所不同，有效推进对涉罪未成年人全方位、多角度介入和帮扶，保证项目有效进行。

（四）随着项目的深入开展，实务研究的领域和内容越来越广泛

项目从开始只服务于检察院取保候审、附条件不起诉未成年人，到新增三类群体：未成年被害人、公安阶段取保候审未成年人及临界帮教未成年人。这是一个持续不断的研究过程，是一个理论和实务不断对话和发展的过程，专业服务在这个过程中不断提升。

“绘禁毒·护童心”

——高校禁毒绘本大赛项目

厦门·欣立社工服务中心　郭明军

一、背景介绍

毒品是万恶之源，是困扰人类社会健康发展的绊脚石。2018 年 9 月，F 区成立福建省第一个区级群众性禁毒社会组织——F 区禁毒协会。协会以“为沉沦毒海者照亮回家之路，给窥探毒海者点亮警示之灯”为使命，并于 2019 年 6 月推动包括华侨大学、集美大学、厦门理工学院等 10 所高校的 F 区高校禁毒联盟成立，充分发挥各院校专业优势，以青年力量推动社会参与，不断创新禁毒宣传方式。

在 2020 年 6 月 26 日国际禁毒日来临之际，F 区禁毒协会组织开展“绘禁毒·护童心”高校禁毒绘本大赛，充分调动发挥各高校各专业青年力量，创作适合儿童阅读的禁毒教育绘本，丰富禁毒教育科普读物，助力儿童禁毒预防教育工作发展。

二、分析预估

（一）问题与需求分析

疫情期间，社会工作者在计划开展线上青少年禁毒课程时，发现市面上禁毒儿童读本少，给禁毒宣传教育推广带来困难，因此社会工作者及其团队萌生整合资源创作禁毒绘本的想法。

（二）优势与资源分析

服务基础。禁毒高校联盟成立以后，各高校各专业的学生能积极参与禁毒工作，发挥各自专业领域的特长，助力禁毒预防宣传工作。如通过举办禁毒创新大赛，各高校充分展现了专业优势，涌现出大量优秀作品，如禁毒微电影、禁毒小程序、创意禁毒活动、文化产品等，内容丰富，发人警醒。

团队基础。高校禁毒联盟组建了骨干群，群内保持一定的交流互动，能较快响应禁毒相关服务。

相关部门支持。在往期禁毒宣传活动中，市禁毒办、团市委、区委政法委、区委宣传部、文教区管委会、团区委给予了大力支持。

三、服务计划

（一）理论依据及在案例中的应用

社区参与理念：强调通过“自下而上”有组织地参与解决与他们共同利益相关的问题，来凝聚社区居民意识，提高社区生产力。社会工作者倡导和组织高校禁毒联盟成员发挥专业优势，广泛参与绘本创作，保障有效的绘本产出，从而惠及广大儿童。

认知行为理论认为人在不断地处理从本身内部及环境外部所获得信息并将解读作为适应社会环境和追求个人生存意义的行动依据。认知和行为是相互影响、相互决定的，通过改变个人的认知，改变其行为。禁毒工作，预防为本，加强青少年毒品预防教育是应对当前毒品形势的必然要求，增强宣传教育的吸引力、感染力、说服力，使青少年真正理解并入脑入心，从而提高抵制毒品的自觉性及行动力。

（二）服务框架图

项目在社区参与理念的指导下，参与不局限在“告知”与“咨询”，更是调动参与主体的“协商”与“共同行动”，结合资源整合情况，绘制服务框架图如下。

（三）服务目标与策略

	服务目标	服务策略
1	动员高校禁毒联盟至少10支队伍参加初赛，发挥青年力量，助力禁毒教育绘本创作	社会工作者通过多种渠道宣传招募，如禁毒协会公众号、各微信交流群、通知函等，广泛动员参与
2	产出不少于3个优秀绘本作品	社会工作者对进入决赛的10支队伍的参赛作品给予一一指导，期待作品能紧扣主题，更有针对性，保证绘本质量
3	积极宣传，扩大影响力	通过前期推文招募、优秀作品线上投票、网媒纸媒宣传及印刷成册赠送等方式积极宣传

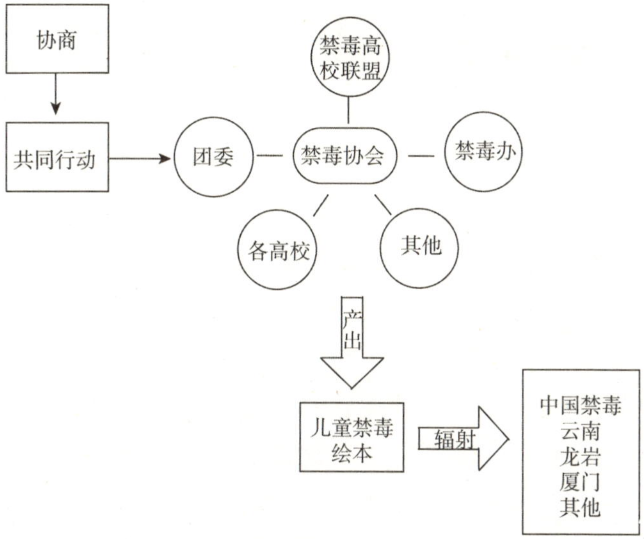

图 1

（四）服务程序

时间	主题	内容
5 月 15 日	发布大赛通知	通过公众号、发函等形式发表大赛通知，鼓励学生组队参与
5 月 15 日～6 月 13 日	绘本制作	报名团队制作绘本，并在截止日前提交报名表及作品至主办方邮箱
6 月 14 日 9：00～12：00	初赛	借助直播平台，参赛者准备 PPT，每组选派 1 名代表线上介绍自己的作品，每组 5 分钟 由评委评选出 10 份优秀作品进入决赛
6 月 15～21 日	公示与指导	通过微信公众号进行公示；社会工作者对进入决赛的 10 份作品给予指导
6 月 22～23 日	线上投票	微信投票环节，两天时间，每人限投 1 票。线上投票占总分的 20% 第一名计 20 分，第二名 19 分，以此递减，最后一名为 11 分。
6 月 24 日 9：00～12：00	决赛	每组 8 分钟汇报时间，介绍本组作品的故事内容、独特性、寓意等，由专家评委打分，占比 80% 若高校已开学，则采用线下评比方式（只有评委与参赛者参与，无观众）；若未开学，则依旧采用线上方式
6 月 24 日～7 月 10 日	宣传推广	通过网媒、纸媒进行活动宣传；将前 6 名作品进行修改及定稿印刷，赠送

四、服务实施过程

（一）筹备阶段

1. 活动策划与资源整合

社会工作者萌生禁毒绘本大赛想法之后，主动盘点往期服务资源，确定绘本创作方案的可行性。后经禁毒办整合资源，召集区各高校保卫处一起商讨，将活动确定为2020年集美区6·26大型活动。

2. 社会动员与参与推广

考虑到禁毒教育绘本制作难度较大，社会工作者担心参与不足，所以在活动方案确定以后，社会工作者在微信公众号及时推出题为“@所有人接招吧！今年，6·26国际禁毒日，我们要做这件大事”的推文，并积极转发到各个相关群进行招募。其一，利用禁毒协会微信公众号（粉丝1261人）、高校禁毒联盟骨干群（包含各高校禁毒志愿服务队负责人和老师）、高校禁毒联盟联络群进行宣传招募。其二，利用合作单位的宣传平台与联络群，并且以禁毒办、文教区管委会、团区委的名义发函邀请各个高校参与。其三，利用各镇街综治口工作群，邀请工作人员转发宣传。整体来说，全方面的宣传招募取得了一定的效果，最终有25支队伍报名参赛，并提交了21个参赛作品。

3. 队伍组建与专业支持

社会工作者指导有报名意向的学生组建队伍，并通过线上、线下多渠道的方式为参赛团队进行答疑解惑，指导学生通过官方渠道收集毒品知识资料，普及禁毒知识的侧重点、青少年容易陷毒的误区等。社会工作者还在初赛前建立了参赛队伍负责人的联络群，通过联络群解答和通知比赛相关事宜等，为参赛队伍提供充分的专业支持。

（二）实施阶段

1. 充分宣传，收集参赛作品

社会工作者在作品征集初期遇到的困境是参赛作品不多，经过团队协商，一是作品征集阶段的后期加大了宣传力度，并通过定向联络高校老师和学生，主动邀请参赛，精准宣传；二是适当推迟了初赛时间，给报名队伍更充足的时间创作。这两项举措取得了一定效果，后面收到有效作品

21 份。

2. 对比选择平台，保障赛事进行

活动期间正值疫情，各个学校基本是封闭式管理，无法举办线下的初赛，社工积极对比测试了多个线上平台，如钉钉、腾讯课堂、微信（企业版）等，最终选择用钉钉平台，主要考虑到平台稳定性、受众广泛等。

3. 初赛优选，辅导增能

6 月 14 日通过钉钉直播平台进行初赛，初赛的评委主要为本次活动的策划团队及区禁毒协会会长，各参赛队伍依次通过 PPT 展示自己的绘本创意后评委针对各组作品进行打分，选出 10 组优秀作品进入决赛。之后，社会工作者对这 10 组作品进行更为细致的指导，围绕作品主题聚集、故事完整性、图文搭配效果等内容提升作品效果。在这个过程中，社会工作者也保持与 10 支队伍负责人的一对一联系，积极协助他们应对在绘本创作过程中遇到的困难，增强他们的自信心，并通过他们提升队伍的向心力与凝聚力。

4. 活动决赛，优中选优

6 月 27 日禁毒绘本大赛通过钉钉直播平台进行决赛，来自团市委、团区委、区禁毒大队、文教区管委会及两岸高校专家等担任评委。参赛的 10 支队伍通过 PPT 云直播方式向评委讲述创作历程、故事灵感及背后故事等，随后评委根据绘本内容、画风设计、PPT 展示等情况进行打分，评选出一等奖 1 名、二等奖 2 名、三等奖 3 名、优秀奖 4 名。

（三）总结阶段

1. 召开总结会

决赛结束之后，社会工作者对本次活动进行系统性总结，邀请评委相关代表、出资方、参赛团队等参加，共同总结本次活动开展过程及成效，提出改进建议，并讨论后续推广宣传计划。

2. 活动记录撰写及资料存档

活动总结报告及宣传推文的撰写，活动照片及其他相关文书资料进行存档。

（四）推广阶段

社会工作者将前 6 名的作品进行印刷并赠送给相关方，最终印刷了 300

套共计1800册的作品，260套送至区教育局，下发给区各小学和幼儿园。另外40套分别送到市禁毒办、团市委、区委政法委、区委宣传部、文教区管委会、团区委等部门，方便相关方后续进行禁毒教育宣传推广工作。

五、成效评估

（一）目标达成评估

1. 参与队伍层面

考虑到禁毒绘本创作的难度，社会工作者初定目标是至少有10支队伍参加初赛，发挥高校联盟青年力量参与禁毒预防教育工作。经过线上线下多渠道动员，本次活动收到了25支队伍参赛报名，其中4支队伍弃赛，共有21支队伍参与初赛。目标1达成情况良好。

2. 作品产出层面

社会工作者将决赛前六名的作品进行印刷赠送，共300套1800册的作品赠送到各相关部门。这些绘本画风简洁明快，文字通俗易懂，附有禁毒知识，警示作用显著。目标2达成情况良好。

3. 宣传层面

入围决赛的10个绘本投票链接阅读量2371人次，大赛最终获奖作品也得到了中国国家禁毒委公众号（中国禁毒）的转发，阅读量10万+，活动得到了广泛的宣传。目标3达成情况良好。

（二）服务成效评估

1. 参与情况

活动获得F区各个高校的广泛参与，参与的高校数量和师生数量也取得了新高，充分反映了高校对禁毒工作的重视。评选过程中，也得到了包括两岸禁毒专家及教育工作者的支持，对作品质量有了进一步的把控。

2. 相关方评价

来自厦门理工学院的曹竞文、崔依凡的作品《亲爱的小孩》受到一致好评，荣获本次大赛一等奖，获奖后她们接受采访时说道：“在科普毒品危害的同时，我们更想告诉小朋友，要从小严于律己，克制住自己不正当的欲望，守住底线。正如绘本中的故事：小刚和小勇最后迷途知返而获得了救赎，而小美却走向了毁灭。她表示，希望小朋友们能感受到绘本传达的知识与正能量，开心地读完故事后，能受到对成长有帮助的启发。”

区禁毒大队大队长李艺忠表示：随着毒品犯罪的低龄化，我们需要做好超前预防工作，从幼儿抓起，让孩子从小“识毒、明毒、拒毒”。他说，别让“我以为”变成“我后悔”，希望通过绘本更生动地向儿童揭露毒品的危害性，向其父母提倡“健康人生，绿色无毒”的理念，做好儿童禁毒预防教育工作，助力无毒F区建设。

3. 资源整合情况

人力、物力方面：在前期宣传和筹备阶段，各高校、合作单位、各镇街综治口等相关方积极参与，区禁毒办提供近五万元的资金支持；决赛时合作单位也派代表出席担任评委，大赛结束，共同印刷作品进行推广。

媒体宣传方面：得到了区委宣传部的支持，协调对接了多家媒体如人民网、天下集美、东南网、《福建日报》等，最终的大赛获奖作品也得到了中国国家禁毒委公众号（中国禁毒）的转发。

4. 禁毒骨干队伍的培育

通过本次活动，参赛队伍尤其是进入决赛的队伍，通过一系列活动的打磨，社会工作者的引导，他们对毒品知识的掌握、绘本创作的思维、团队协作能力的培养等都得到了极大的提升。这些队伍成为我们本次活动宣传的中坚力量。

六、总结和专业反思

（一）经验与不足

1. 经验

本次活动充分发挥往期活动的延伸效果，调动各项资源，运用各高校青年力量，在儿童禁毒绘本创作方面作了探索与尝试，累积了一定的经验，也产出了实实在在的作品。从发现问题到解决问题的过程中，社会工作者得到了成长。

2. 不足

从大赛启动到收尾，社会工作者看到各个高校学生热情度非常高，但是缺乏专业老师指导，导致绘本质量有参差。再加上印制绘本成本较高，经费有限，印制的绘本数量还很少。

（二）专业反思

1. 从想法到落地，看见社工服务的价值

做儿童禁毒绘本原本是社会工作者的一个小想法，后面遇到各种契机，让活动得到多种多样资源的支持，最终成为F区一年一度的6·26大型活动。而从策划到初赛，再到决赛，可以看到团队齐心协力做好一件事情的努力，看到人力、物力、财力的联动。尤其是看到印刷出来的色彩丰盈、质感超强的绘本，想到通过社会工作者的力量真正为禁毒预防教育工作贡献了自己的一份力量，社会工作者感受到了满满的成就感与专业服务价值。

2. 多方参与助力绘本落地，看到联动的力量

本次活动能顺利开展，取得预期成效，并且能取得实质性的产出——10本儿童绘本，离不开多方的助力与支持。禁毒高校联盟各成员单位的积极组队参与、禁毒办的资金及各方协调、其他合作单位的联动，共同助力儿童绘本的创作与产出。

3. 多渠道推广，促进活动的延伸效果

带动各大高校专业力量创作出优秀的绘本作品并印刷赠送是本次活动的一个目标，社会工作者也在思考如何保障本次活动的持续性效果。在主动服务方面：其一，社会工作者主动联动机构各项目点，带动更多社区、学校共同开展禁毒绘本阅读活动，期待让童趣风的绘本吸引儿童青少年朋友更轻松、更主动地吸取禁毒知识，开展线下禁毒绘本阅读活动10余场。其二，考虑到绘本印刷的成本较高，为了扩大受众面，社会工作者计划通过众筹的方式，获取更多资金支持，共同推动青少年禁毒预防工作。

在宣传辐射方面：其一，云南省红河州红河县宝华镇嘎他村委会农家书屋在“中国禁毒”网上发现本次活动的优秀作品与当地留守儿童在禁毒教育需求方面的契合度，主动与机构对接，并征得同意后，将绘本印刷成册，带领当地的留守儿童共读绘本，助力偏远地区禁毒教育。其二，龙岩禁毒办引用本次绘本作品，链接资源将作品印刷15套，为辖区儿童开展累计3场的活动。本次活动的影响得到了进一步延伸。

学法零距离，从“单项输出”到“双向互动”

——普法项目的实践探索

武夷山市第三中学　赵　琴

一、案例背景与问题需求

W 中学是 Y 市市区唯一一所进城务工人员随迁子女指定就读学校。其生源 80%以上是进城务工人员随迁子女，其中约有 30%为非户籍生源，个别学生存在打架、吸烟、辍学的现象。这样的生源条件让学校的德育工作开展存在着一定的难度，为了更好地加强青少年法制宣传教育，提高青少年法律意识、增强法制观念，预防青少年违法犯罪，让青少年主动学法、零距离学法，启程公益协会、小茶苗社工中心联合检察院、W 中学打造南平地区首家青少年（沉浸式）模拟法庭。

二、服务理论

1. 埃里克森人格发展八阶段理论

埃里克森认为，一方面青少年本能冲动的高涨会带来问题，另一方面更重要的是青少年面临新的社会要求和社会的冲突而感到困扰和混乱。所以，青少年期的主要任务是建立一个新的同一感或自己在别人眼中的形象，以及他在社会集体中所占的情感位置。这一阶段的危机是角色混乱。

2. 班杜拉社会学习理论

班杜拉强调的是观察学习或模仿学习。在观察学习的过程中，人们获得了示范活动的象征性表象，并引导适当的操作。

三、服务目标

1. 通过“亲身、亲历”参与模拟法庭活动，使学生熟悉司法审判的实际程序、过程；学生能够亲身感受到法庭氛围，真正做到从“做中学”，达到道德认知、道德情感和道德行为三者的有机统一。

2. 利用案例对学生进行法制教育，增强学生法律意识，自我保护意识，同时也锻炼学生的社会适应能力，提高他们分析判断、辨别是非的能力；让更多的学生去关注法律，学法、懂法、守法、用法，做一个真正的法制公民。

3. 加强未成年人法制宣传教育，传播法律知识，弘扬法治精神，进而建设和谐平安校园，形成人人知法、懂法、守法的校园氛围。

四、服务实施过程

1. 前期准备阶段

（1）资料收集：采取文献调查法、信息检索法，了解当前已有的法治教育形式及青少年模拟法庭的相关经验做法。

（2）选定场地，与检察院、W 中学、小茶苗社工中心共同筹划参考真实的法庭，在学校建设一个模拟法庭。

2. 中期实施过程

（1）检察院确定适合的剧本，预期能对学生达到教育的目的。

（2）W 中学教师负责演员的招募，并进行问卷调查。选取角色适合的学生进行排练，锻炼学生的表演能力，提升学生的法律意识，让学生进行充分合作，培养团结意识。

3. 后期总结阶段

（1）正式对外公演，呈现模拟法庭的庭审过程。通过直播的方式进行，提升影响力与教育意义。

（2）综合汇总过程性资料，对学生进行问卷调查与访谈，了解学生的成长与变化。

五、评估和结案

（1）问卷调查法。通过前测与后测，了解直接参与“庭审”学生的法律意识情况是否有变化，以及参与后的收获。

（2）深度访谈法。拟好提纲对学生、学生家长进行访谈。了解参与模拟法庭演员的学生的感受，以及其对案情的看法、想对同学们说的话。参访观看学生与家长的感受与体会。

六、存在的困难

（1）中学生学业压力较大，排练需要花费课后大量的时间与精力。一些家长担心影响成绩，不赞成孩子参与。

（2）虽然直播的形式能让大多数的学生近距离学法，但一场“庭审”的演员在20人左右，直接参与“庭审”的学生数范围较小。

（3）一场“庭审”的时间在40~60分钟，时间较长。如何更好地让观众有参与感、调动观众的积极性，更加创新地提高“沉浸式”体验普法，是我们要继续探索的内容。

七、专业反思

目前，青少年（沉浸式）模拟法庭已经成功“开庭审理”六期，并入选团中央2020法治宣传、禁毒防艾专项资助项目。青少年（沉浸式）模拟法庭选用发生在Y市现实生活中的青少年典型案例，模拟法庭从案件的由来到庭审，活动中审判长、审判员、辩护人、书记员、被告人、法警等均由青少年扮演，通过沉浸式情景剧的方式，以案说法，让青少年亲身经历精彩的“案件审判”过程。庭审中的“调查”“取证”“辩护”及“审判”过程严格按照正规的法庭规范和程序进行。庭审中，公诉人的指控义正词严，教育情理交融；审判官的审判威严、公平、庄重；辩护人的辩护不卑不亢，使得整个庭审活动严谨流畅。同学们精练简洁的公诉和据理力争的辩护丝丝入扣、精彩纷呈，获得在场观众的阵阵掌声，更让青少年与法律知识产生双向的互动，从传统被动的知识接受者转变为模拟法庭中的主动参与者。

结合埃里克森人格发展八阶段理论与班杜拉的社会学习理论，本案例中“庭审”以及让学生当观众的过程，有利于青少年在观察学习的过程中积累经验，明确后果，拒绝出现违法犯罪的行为，建立自我同一性。

在庭审前，案件事实、焦点问题、适用法律等问题的提出，让青少年们带着问题去观看模拟法庭，从庭审过程中寻找答案，在观摩中学习。在看完庭审现场后青少年们纷纷表示：“观看了案件模拟和庭审，我们学到了很多法律知识，懂得了一个人必须要学法、守法、懂法、用法，受益匪浅。”

青少年由于年龄、认知能力有限，容易受他人欺骗或引诱而误入歧途，走上犯罪的道路。青少年（沉浸式）模拟法庭还延伸用网络直播的方式，拓展覆盖面，让更多的青少年在线观看，举办六期以来的剧本也有一定的变化，但不变的是，法律焦点和法律争议贯穿在整个庭审过程，在互动中强化法律知识。从“单项输出宣贯”到“双向互动沉浸式”使青少年主动学法、懂法、用法，以案为镜、引以为戒，认识法律的严肃性，拒绝违法犯罪行为。

第四章　引导青少年参与社会治理案例

导读：《中共中央关于制定国民经济和社会发展第十四个五年规划和二〇三五年远景目标的建议》中提出，“完善基层民主协商制度，实现政府治理同社会调节、居民自治良性互动，建设人人有责、人人尽责、人人享有的社会治理共同体。”青少年是建设社会治理共同体中不可缺少的力量。本章由四个案例组成，呈现了青少年社会工作者如何发挥专业优势，引导儿童青少年参与社区治理，践行社会工作使命。

三明市大田县的“爱在赤岩·携手同行”赤岩社区弱势群体社工服务项目以赤岩社区的弱势群体及家庭为服务对象，以社区内青年党员、热心青年为抓手，聚焦弱势群体及家庭的实情和特点，运用“三社联动”机制，开展网格化管理，助力弱势群体及家庭改善生活条件，提升抗逆力，打造星级平安家庭户，同时引导青年群体参与社区治理。

厦门市湖里区的J社区“小小益生‘君’”儿童志愿者培育项目以“亲子家庭社区参与能力提升”为主线，通过多元化服务带动亲子家庭的社区参与，进而提升儿童参与社区志愿服务的参与感和主观能动性，探索“社区+社工+家长三助力、家庭+家长+儿童三反哺”的儿童参与社区治理路径。

福州市永泰县的“青春不一Young·文明童相伴”青少年参与社区志愿服务项目，通过打造青少年提供服务的“实体门店”，延伸共青团联系青年、服务青少年的工作臂膀，打通团组织联系和服务基层青少年的“最后一公里”。通过成立青少年志愿队伍和开展志愿服务，引导其参与社区治理。

福清市的青春邻聚里，家园传帮带——服务阵地“青春家园天宝站”建设项目立足实际，将服务大局和服务青年有机结合起来，打造了一个由党建引领、共青团主导、整合各方力量广泛参与、专业社工执行，面向基层青少年提供“量身定制”的“服务实体门店”——“青春家园天宝站”，引领社区青少年主动参与打造服务阵地，为青少年在新时代成长成才、施展抱负做好“传帮带”工作。

“嵌入”变“融入”：创新基层社区治理路径

——基于大田县“三社联动”助力弱势群体的“赤岩探索”

大田县青晨青少年社会工作服务中心　江晓莉

由大田县青晨青少年社会工作服务中心负责设计运营的“爱在赤岩·携手同行”赤岩社区弱势群体社工服务项目是大田县首例以“三社联动”为机制、“两青（青年社工+青年群体）互动”为抓手，引导县青年群体参与为社区内弱势群体及家庭开展帮扶活动的专业化社工项目。服务期限为2019年10月至2020年2月，项目服务周期已结束。

一、案例介绍

（一）案例概述

“爱在赤岩·携手同行”赤岩社区弱势群体社工服务项目以赤岩社区的弱势群体及家庭为直接服务对象，以社区内青年党员、热心青年为抓手，聚焦弱势群体及家庭的实情和特点，运用“三社联动”机制（以社区为平台、社会组织为载体、社工为人才支撑），开展网格化管理，重点实施基础建档、周末课堂、手拉手·心连心社区系列活动、“居敬”孝老爱亲传统节日系列活动、疫情防控宣传等主要内容，目的是要助力弱势群体及家庭改善生活条件，搭建稳固的情感、社会支持网络，提升抗逆力，打造星级平安家庭户，同时引导青年群体参与社区治理，营造和谐优质的社区氛围。

（二）社区的基本情况

项目实施地是大田县城区东南侧赤岩社区。该社区总面积1.6平方千米，社区内便民设施齐全；社区现有常住居民2157户、现有居民6332人，平均年龄超过45周岁，共建需求大；社区工作人员6名，基层工作负担大。社区常住居民中青年占比20%，较少参与社区活动，此资源有待社工发掘；党支部党员73名，其中青年党员占比54.79%，参与社区事务积极性高，可为项目增添助力。

(三) 服务对象的基本情况

赤岩社区登记在册的弱势群体家庭为40户，经走访、调研、评估后将其中26户弱势群体及家庭确定为最终服务对象。26户弱势群体及家庭普遍存在身体机能下降、社会参与减少、生活保障缺失、家庭照看缺位等问题。社工队伍的介入让服务内容更具专业性与针对性，社区青年的介入让项目持续性得到保障，满足多元服务需求。

二、分析预估

(一) 服务对象的问题分析和需求分析

项目前期，青晨社工积极查阅资料并联动社区内青年党员走访调查，发现弱势群体普遍存在身体机能、社会参与、生活保障等问题，并衍生出不同程度的心理健康问题，从而造成弱势群体在社会化过程中不同且复杂的行为特点。因此，项目从个人层面（认知、情感、行为）和外部支持网络（家庭、社区、朋辈）两个维度将弱势群体划分成四种类型，并依据四种类型总结归纳出以下需求：

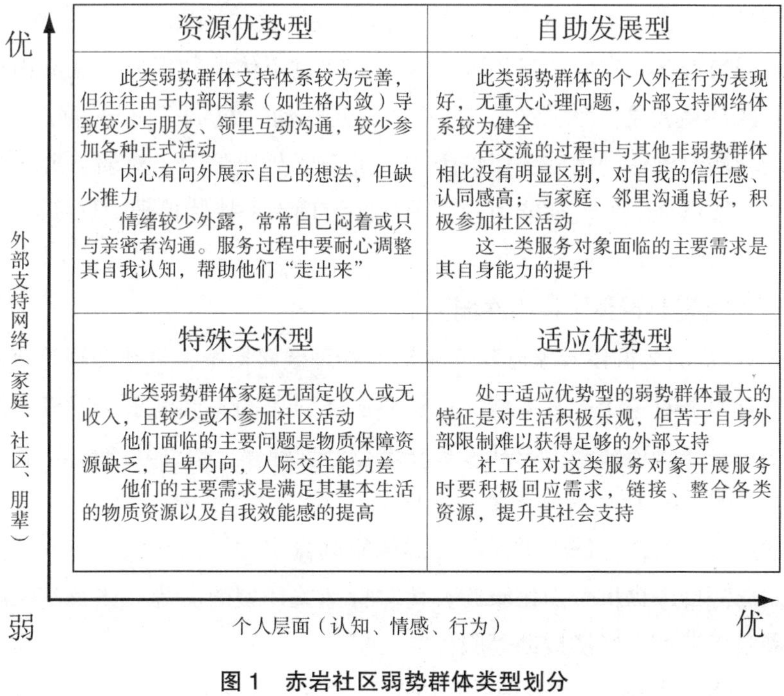

图1　赤岩社区弱势群体类型划分

（二）服务资源分析

1. 机构内部资源

大田县青晨青少年社会工作服务中心项目组平均年龄35周岁以下，能与青年群体较好沟通；组织框架清晰，组成了项目督导—主管—社工三级框架组织体系，为项目提供专业保障。截至项目开展前，中心已与当地团县委、禁毒办、总工会、社区、学校、企业等单位建立良好合作关系，为项目提供资源手册。中心运营有微信公众号，为项目宣传、义工招募等提供线上平台，保障项目实施。

2. 机构外部资源

赤岩社区重视基层治理和民生服务，为项目提供了必要的辖区资源、人力资源及场地支持；社区党支部青年党员40名、县青年义工、县青年居民对社区志愿活动富有热情，为“两青互动”提供可能。

三、服务计划

（一）理论基础和服务模式

项目以抗逆为本，聚焦社区弱势群体及家庭的内在能力与外部资源，从影响弱势群体及家庭的保护因子入手，通过个体能力提升、家庭内部增能、社区环境营造三大路径，运用“三社联动”机制，引导青年参与服务，培育弱势群体的内外部保护因子，进而弱化风险因子对弱势群体的负面影响，增强他们的抗逆能力，实现社区治理水平持续提升的良好效益。

（二）服务目标

1. 提升弱势群体个体内在能力

为26户弱势群体及家庭建立生活、心理健康档案，每季度跟踪更新信息，完善服务对象个人基本情况；针对服务对象的不同需求，组成不同类型的小组，在具体活动中识别个案并进行心理辅导，提升其内在能力。

2. 促进弱势群体家庭内部系统增能

通过入户访谈，深入了解弱势群体家庭真实的生活状况，对不同家庭情况的弱势群体提供个别化服务。针对特殊关怀型的弱势群体及其家庭优先开展政策咨询、经济援助等服务。

3. “多元主体参与+多种关系协调”营造社区环境

把培育社区精神作为社区营造的重要一环。青年社工引领、青年群体

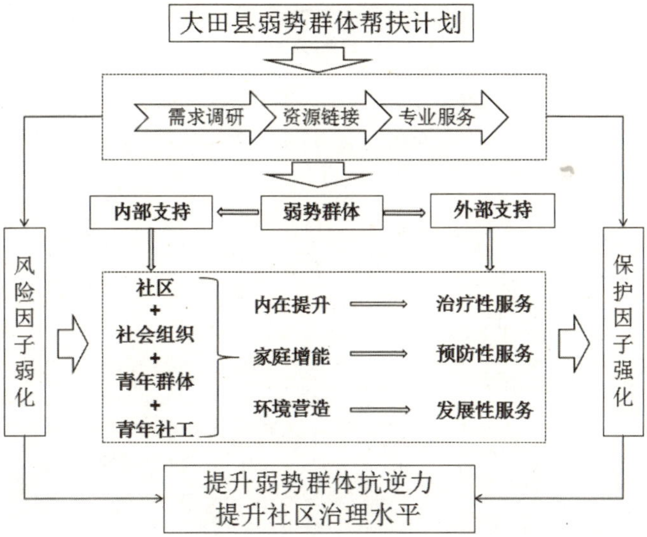

图2　赤岩社区弱势群体理论框架图

参与，共同协调社区内外部资源，开展赤岩讲坛、“居敬”孝老爱亲志愿、便民服务卡、疫情防控常态化等活动，借助互联网媒介进行宣传，营造关怀和支持弱势群体及家庭的社区氛围、社区环境，增强社区青年、县域青年融入社区、建设社区、服务社区的积极性和主动性。

（三）服务策略及程序

“赤岩探索”立足于对社区内弱势群体及家庭的入户探访后探讨、总结出的需求，以“三社联动”为行动机制，在具体实践中联动多方主体（特别注意引导青年群体参与），紧紧围绕“内在提升、家庭增能、环境营造”三大路径开展服务。

项目分为三个环节：前期需要评估与项目策划、中期项目执行、后期评估与结案。项目以目的为导向，在多元主体联动的情况下针对各类弱势群体及家庭设计多样化、个性化的服务内容。在具体实施过程中，不可避免出现突发情况，青晨社工将根据实际情况进行适当调整、增加服务内容及方式，从而为服务对象提供合适、优质、专业的社工服务。

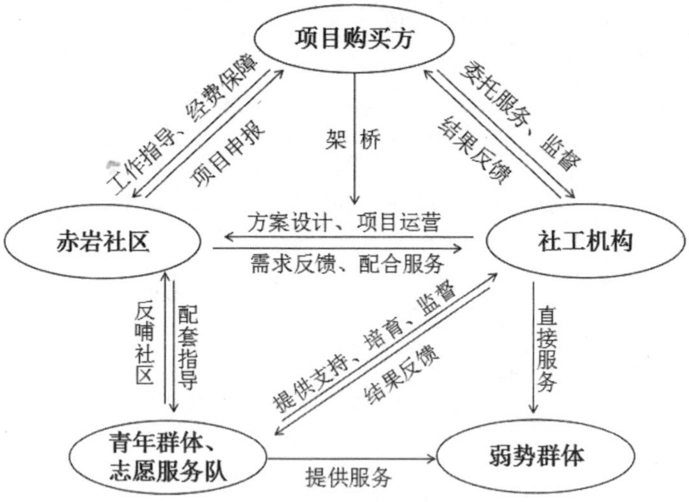

图3　赤岩社区项目主体联动关系图

四、服务实施过程

（一）服务开展过程

1. 接纳：开展内在能力养护，提供治疗性服务

受弱势群体自身条件限制、对社区活动的偏见认知、社区自身服务供应有心无力等因素，弱势群体及家庭的活动能力、活动意愿弱。为鼓励弱势群体及家庭走出家门、参与活动，青晨社工前期招募社区青年参与项目，并联合社区青年开会研讨，积极走访、鼓励服务对象，技巧性带领服务对象减轻对外出活动的抵触：社区青年对社区弱势群体自带“自家人”特性，让服务对象更好更快地接纳“外来人”社工。服务初期，青晨社工积极开展“朋辈互助、守望相助”系列小组活动，经由两青劝导、同辈带动、活动吸引，参加活动的队伍逐渐壮大。随着项目的深入开展，服务对象们改变了对社区活动的偏见认知，乐于参加活动。青晨社工根据服务对象的实际情况，以网格化方式划定服务对象，重点保障对特殊关怀型弱势群体的持续沟通与陪伴，建立情感联结；起初，社区青年们仅简单按预先计划开展活动，随着服务的深入开展，社区青年们自发“加量加质”，从每周一次入户陪伴变为每周两次、三次，服务内容也更加丰富化；陪伴聊天、打扫卫生、读报纸、修理电器……社区青年党员陈女士说：“今天才

发现原来我还会修理热水器，又挖掘了一项隐藏技能！”同时，在与青年志愿者的探讨下，社工发掘出有个案需求的服务对象 4 名，并逐渐与其建立专业关系，开展个案服务。

2. 嵌入：发掘家庭潜在动能，发展预防性服务

在走访调研过程中，青晨社工了解到弱势群体最重要、最根本的支持系统是家庭，而家庭因长期扮演着看护、支持角色，得不到喘息空间，往往已经十分疲惫。对此，青晨社工针对性开展“青晨社工·为爱助力 多元化周末课堂”，征集县域内具备专业技能的热心青年群众利用周末时间为社区弱势群体的在读儿童提供包括课业辅导和兴趣能力拓展（包括篮球、跳舞、绘画、书法等）帮扶助学行动。社工与居委会工作人员保持密切联系，积极落实政府政策，不仅向服务对象开展政策咨询，也向社区内全体居民宣传、普及福利政策，社区青年党员中有负责法律工作的，主动“举手”制作宣传手册，并在手册上印上自己的联系方式，以便及时向有需要的群众提供服务。面对资源匮乏型弱势群体，机构邀请与有共建关系的单位、爱心企业开展结对子志愿帮扶，为有需要的弱势群体提供理发、剪指甲、量血压等基础服务，为弱势群体家庭提供基本生活保障。帮助机构实现从“接纳”到“嵌入”的过程，也为县域青年群体发挥自身才能提供平台、增强认同感与使命感。

3. 融入：营造社区微观环境，带动发展性服务

如何带领社区自治发展？这是青晨社工在项目运行前期与中期都在思考的问题。大田县青晨青少年社会工作服务中心成立于 2019 年 4 月，赤岩项目承接时间是 2019 年 10 月，机构内社工经验薄弱、专业性技巧不足等问题，让社区自治发展成为机构“头疼”的大问题。对此，机构一边与督导、高校学习专业知识，一边参加其他机构开展的社工交流，一边与项目购买方探讨，一边深入社区向居民调研，这种“自我修炼”加“四处取经”的方式让青晨社工的“赤岩探索”之路更加开阔：发掘社区睦邻讲师，依托团县委平台联系各类青年，积极发动县域内青年教师、民警、医生组成“赤岩讲坛”讲师团，开展禁毒、法制、防诈骗、反邪教、家庭安全、生理健康等宣讲活动；资源联动，制作“便民服务卡”，卡片内容包括水电缴费（维修）、便民康养、家电维修、便利超市、医疗机构、社工服务等，让弱势群体能及时联系到所需；社区青年反哺社区，实行“1+N”

服务模式（1名一线社工+N名青年志愿服务者/团体），依托赤岩社区“居敬”孝老爱亲志愿队平台，由专业社工统筹服务质量，开展“手拉手·心连心”社区系列活动、义诊、游园活动，深入社区网格听取社区弱势群体心声；组织参与“我和我的祖国”庆祝中华人民共和国成立70周年歌唱祖国MV拍摄，增强服务影响力。青晨社工极力拓宽青年群体参与渠道，组织相关培训，积极培育社区青年志愿者领头人，以点带面，让县域青年群体之间形成良好互动，相互提升青年们的能力素养，增强与机构的黏性，让服务保质又保量。因缺少经验，青年们在最初常常在活动现场手足无措，随着经验的增加，青年们已经能几人成团带领服务对象开展一次内容丰富、意义深远的活动，这为项目撤离后社区服务持续化提供了可能。

青晨社工通过与服务对象、社区、青年群体的多方合作建立起弱势群体及家庭的沟通机制，及时追踪了解弱势群体的现状，不仅达到了改善问题、预防问题的目的，也为社工制订有序、连续、有重点、有策略的服务计划提供了依据，让青年参与到“接纳—嵌入—融入”的治理过程，建立“接纳—嵌入—融入”的互构型模式。

（二）服务实施中的困难及其应对

项目收尾阶段，突发疫情。青晨社工积极响应抗击疫情志愿行动的号召，在做好自身常规防疫工作的同时，网格化分配防疫工作，青年们创新思路将“戴口罩 勤洗手 不聚集 少出门”警示标语直接贴在马甲上，醒目的流动宣传标语更接地气，同时配合赤岩居委会，在小区、公共区域和服务场所通过发传单、喇叭喊话、一封信等形式开展防疫宣传和在家防控心理辅导工作，发放宣传折页，向居民解释疫情情况，澄清谣言误传，消除恐慌情绪，增强居民的社会支持网络。

五、评估与结案

（一）评估方法

本项目评估采取自评与第三方评估相结合的方式开展，机构自评分占30%，评估小组评分占70%。其中，第三方评估工作通过聘请有资质的社工机构开展，评估方法为逻辑框架法。依据项目基础、项目实施、成效、影响的关系，确定评估逻辑；采用对比法，对比服务产出与项目方案的内容及进度安排，评估服务产出、成效与合同约定的一致性程度；同时，以问卷加访谈的方式，访谈服务对象、服务购买方及志愿者、评估服务对象及购买方的满意度和志愿者的反馈意见。

（二）服务成效

1. 服务目标达成情况：硬性指标层面

服务产出数量达成情况为100%。项目开展前期，完成对社区内26户弱势群体及家庭的信息建档，符合合同约定的服务目标。机构开展的4个个案服务，服务记录完整；周末课堂是以小组工作的方式开展，共完成5期；举办社区主题活动7场；开展6场“居敬”孝老爱亲传统节日系列活动；组织社工与志愿者开展防疫防控主题活动3场。活动结束后，青晨社工及时在微信公众平台进行发布信息，且“我和我的祖国”MV拍摄视频获得了大田县广播电视台媒体报道。

2. 服务目标达成情况：柔性指标层面

（1）以一对一关爱为切入点，形成个体动态追踪机制

开展需求调查与评估时，机构通过电话访谈和入户探访两种形式了解弱势群体及家庭近况，缓解其不良情绪；开展义诊跟进弱势群体身体状况，形成了弱势群体身心状况追踪机制，并进行动态管理。

（2）以专业活动为载体，搭建多方互动交流平台

青晨社工为弱势群体及家庭开展各类不同的小组，同时结合开展多样的社区活动，为弱势群体及其家庭搭建互动沟通平台，营造良好的社区氛围，提升弱势群体及家庭的自尊自信。

（3）形成多方合力，实现了社区稳定连续的服务供给

项目后期，随着活动的逐渐成熟、参与人数的增加和青年群体的加入，自主自发式的活动逐渐形成，社会工作者能够逐渐从服务中抽离。即使服务项目结束，弱势群体及家庭在社区青年及志愿队的带领下依然能够独立自主开展活动。

3. 评估和结案的困难及其应对

因机构初次承接大型项目，在志愿者信息及签到记录方面缺乏相关资料佐证，“志愿者使用”的评估分数低，影响整体项目评估。

六、总结和专业反思

（一）项目服务设计方面不足

项目方案设计在逻辑性、连贯性方面缺乏；个性化需求满足不到位；服务开展过程中引导青年方面存在创新性不够等问题，机构针对上述问题将加强专业培训以及增强行业交流，提升专业能力，让服务更契合服务对象的需求。

（二）志愿者使用方面不足

针对评估过程中志愿者佐证材料缺失的问题，机构吸取经验教训，在志愿者队伍管理方面依托“志愿三明”平台，对志愿者的服务时长进行登记，评选机构年度优秀志愿者。完善志愿者培训与反馈机制，形成社工与志愿者的良性互动。

青晨社工在服务项目过程中，深刻认识到：“三社联动”是推动社区工作从原本的“向上看”——承接政府末端工作为主，转变为“向下看”——以满足居民需求为使命的重要抓手。引领青年群体参与基层社会治理，使得青年群体对社会治理体系有更深入的了解，在治理中发挥青年群体作用，能更好更快更优地让“三社联动”从“嵌入”变“融入”，真正创新基层社会治理路径。

小小益生君：以志愿服务践行社会教育

——以J社区“小小益生‘君’”儿童志愿者培育为例

厦门市湖里区开心社工服务中心　吴　萍　汪　鑫

一、案例介绍

（一）案例概述

党的十九届五中全会关于《中共中央关于制定国民经济和社会发展第十四个五年规划和二〇三五年远景目标的建议》中提出，“完善基层民主协商制度，实现政府治理同社会调节、居民自治良性互动，建设人人有责、人人尽责、人人享有的社会治理共同体。”家庭作为社区的重要组成部分，是社区治理中最不容忽视的重要力量。家庭参与社区治理，不仅能够让家庭成员在服务中贡献自身的价值，有效提升居民的归属感、认同感，也能有效地整合与发挥社区各种资源，改善生活环境、促进基层民主建设，推进社区建设的发展。

2017 年 1 月至今，J 社区通过政府购买服务落地以 6~12 周岁儿童为主要服务对象的“亲子家庭教育”社工服务项目，以“社区主导、社工助力、义工支持、家庭参与”的方式，逐步实现了从亲子群体到家庭内部系统再到家庭外部系统的延伸。2019 年下半年，社会工作者通过志愿者常态活动调动服务对象参与公共事务的积极性，每期参与志愿服务的服务对象有 20 多人。该服务提高了服务对象的家园意识和环境意识，也提升了服务对象的价值感和荣誉感。结合过去三年的家庭教育服务，社会工作者如何深化服务路径，进一步发挥家长和社会工作者“言传身教”的作用，充分挖掘服务对象（本文中的服务对象指“儿童”）的优势，打造以“儿童”为主体的社区本土特色品牌是非常必要的。

对此，社会工作者以“社区治理”为主线，以服务对象的微观能动性带动家庭教育文化的宏观影响力，通过服务对象志愿系列服务，提升服务对象的社会责任感和社区参与意识，逐步孵化一支以“儿童”为主体的志愿服务队伍；通过多元化志愿服务提高服务对象及其家长的社区参与度与归属感，打造积极向上的社区氛围，促进服务对象健康快乐地成长。

（二）服务对象的基本情况

J 社区成立于 2011 年 3 月，现辖区包括 A 小区保障性住房、B 小区、C 小区和 D 小区，户籍人口 6500 多人，流动人口 9500 多人，是一个典型的混合型社区。在社区常住家庭结构中，亲子家庭占比约 60%，儿童群体以 6~12 周岁的人群居多，约有 1528 人。

根据埃里克森八阶段理论，6~12 周岁学龄期主要面对勤奋与自卑的冲突。理论中表明：这一阶段的儿童都应在学校接受教育。学校是训练儿童适应社会、掌握今后生活所必需的知识和技能的地方。如果他们能顺利地完成学习课程，他们就会获得勤奋感，这使他们在今后的独立生活和承担工作任务中充满信心。反之，就会产生自卑。

当儿童的勤奋感大于自卑感时，他们就会获得有“能力”的品质。埃里克森说：“能力是不受儿童自卑感削弱的，完成任务所需要的是自由操作的熟练技能和智慧。”

基于家庭教育服务的专业化和系统化，本案例将家庭内部教育转化为社会外部教育，借助“学校实践任务”与“家长言传身教”的双向作用，以 6~12 周岁的服务对象为重点服务人群开展服务。

二、分析预估

（一）服务对象的问题分析和需求预估

社会工作者以志愿服务为导向，调查服务对象对于志愿服务认知、服务形式等需求，具体如下。

1. 以往志愿服务形式比较单一

经过前期的志愿服务活动，服务对象本身的志愿服务认识有了显著提高，参与积极性也显而易见（如图 1 所示）。但目前志愿服务以“环境保护”为主（如图 2 所示），形式较为单一，志愿服务体验感单薄，难以帮助服务对象更好地发挥志愿服务精神，从而影响其参与社区建设和治理的兴趣。

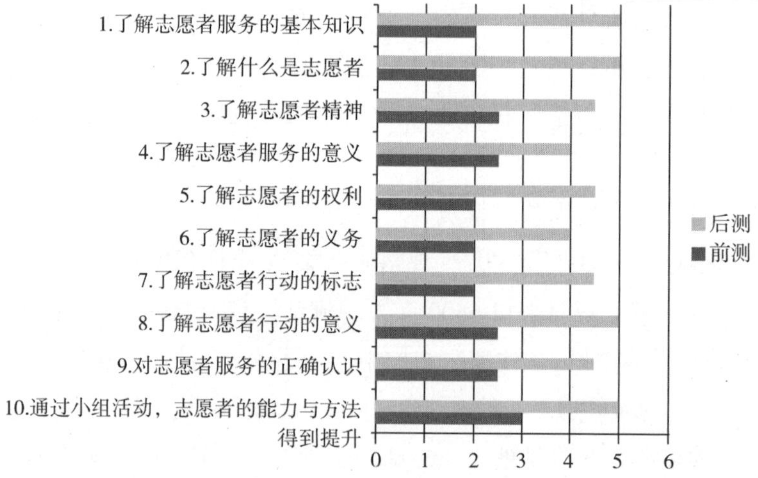

图 1　服务对象志愿服务成长前后效果

2. 服务对象志愿者队伍人员稳定性有待提高

在过去 7 期的常态志愿服务中，参与人数浮动大，但是相对稳定的人

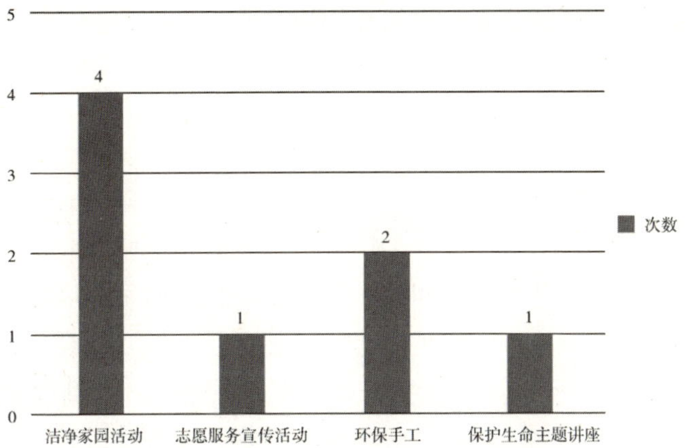

图 2　服务对象参与志愿服务情况

数仅有 10 人左右，参与稳定性不足（如图 3 所示）。

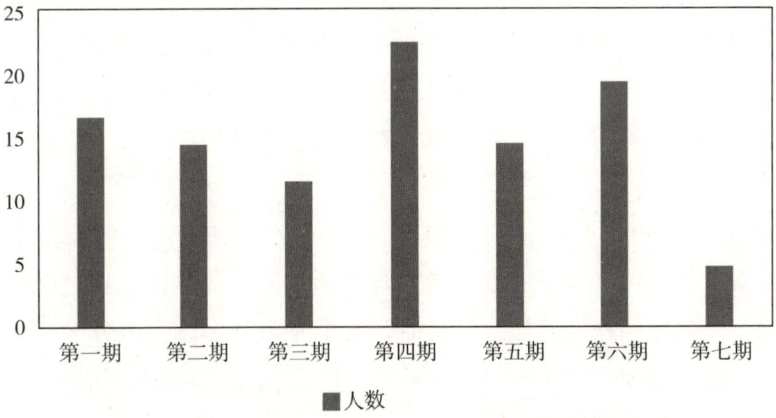

图 3　服务对象参与“小小益生‘君’”活动的出席率

（二）服务资源分析

1. 场地资源

社区配有文化活动中心、图书室、电子阅览室等公共文化设施以及 3 个小区书屋，为辖区亲子家庭提供就近参与、就近服务的平台。

2. 群体资源

在往期的儿童志愿服务活动中，家长们自发成为志愿者进行现场协助、安全看护等志愿服务工作；疫情期间数位家长骨干主动协助社区进行疫情防控工作，社区存在家长志愿者参与社区服务的良好基础，也为儿童志愿者参与社区治理提供了一定的支持与助力。

三、服务计划

（一）理论基础和服务模式

1. 理论基础

地区发展理论作为社区社会工作三大实务理论模式之一，由美国学者罗斯曼提出，通过对社会整体和社区内部的分析，假定可以通过和谐的共识手法，达到社区的稳定，使居民有归属感而且能够互相合作，从而促进社区内部人力、物力资源的综合发展。鼓励居民通过自助或者互助的方式，广泛参与社区事务，解决社区问题，推动社区发展。其工作重点是提高社区居民的参与意识，培养当地人才，发动居民关注所处社区存在的问题，通过分析研究，进而解决问题。

通过对社区现实状况与发展需求的分析，社会工作者在开展服务中着力鼓励服务对象参与社区志愿服务，形成正式与非正式的同质支持网络。社会工作者开展专业服务时及时回应服务对象的实际需求，为其搭建一个稳定有序的社区参与环境，带动服务对象的参与感与融入度，积极融入社区中。

2. 服务模式

社会工作者以“亲子家庭社区参与能力提升”为主线，通过多元化服务带动亲子家庭的社区参与，进而提升儿童参与社区志愿服务的参与感和主观能动性，推动“社区+社工+家长三助力，家庭+家长+儿童三反哺”的儿童参与社区治理模式。

（二）服务目标

项目综合运用“三社联动”模式开展服务，围绕“志愿者孵化与培育”主线，通过社会工作专业服务促进服务对象社区参与意识与能力双提升，打造“小小益生‘君’”志愿者服务队伍。具体目标如下：

1. 培育一支稳定的不低于15名服务对象的志愿者服务队伍。

2. 在“小小益生君”的队伍中，70%的服务对象通过志愿服务，社区参与感得到提升，自信心增强，能更好地参与社区服务。

3. 建立有效、适用的“小小益生君”志愿者服务队伍管理运营制度与服务反馈机制。

（三）服务策略

1. 依托社区志愿服务的需求，开展以亲子为主的社区志愿服务，引导儿童认识志愿服务，吸纳更多的儿童加入志愿服务行列。

2. 结合学校暑期社会实践的要求，依托社区治理的志愿服务需求，邀请儿童以参与社区志愿服务的方式获取社会实践证明，进而提高儿童对社区志愿服务的参与感和认同感。

3. 常态化开展儿童社区志愿服务，通过“少数人带动多数人”的方式，吸引社区儿童加入志愿服务行列，提升社区治理的水平。

4. 建立儿童志愿服务反馈机制，激励儿童群体自愿且积极地参与到社区治理当中。

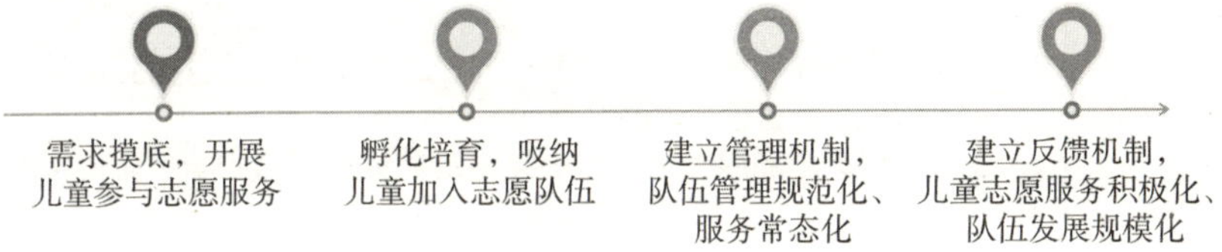

图 4　“小小益生‘君’”服务程序

四、服务实施过程

（一）服务开展情况

1. 通过儿童志愿成长小组，形成一定规模的志愿服务队伍。

在往期亲子服务的基础上，邀请社区数十名积极热心的儿童开展“小小益生‘君’”儿童志愿者成长小组，以为期 6 次的小组内容为契机，让服务对象对志愿服务的内容、理念和精神拥有更加具体的认识与了解，并列出志愿服务清单，带领社区儿童参与志愿服务，将理论与实践相结合，并在志愿者成长小组的最后正式建立“小小益生‘君’”儿童志愿服务队。

活动主题	主要内容
益生“君”首次聚首	1. 破冰游戏，活跃气氛，打破初识时小组成员间的陌生与拘谨 2. 社会工作者与小组成员一起讨论，共同建立小组规范与契约，了解小组的性质与内容 3. 通过游戏培养小组成员的奉献精神与团队意识，对志愿服务精神初步接触与了解

续表

活动主题	主要内容
志愿服务知多少	1. 增强组员对小组的适应性，促进小组关系的稳定 2. 播放志愿者服务视频短片，带领小组成员讨论交流与分享志愿者的内容，促进小组成员对志愿者服务的认识与学习
当我们在一起	1. 带领小组成员进行历奇游戏，感受志愿服务的精神与团队力量，提升小组成员关系的稳定 2. 锻炼小组成员“互助”和“进步”的理念，培育小组成员的团队精神
我心中的志愿者	1. 通过观看视频，让小组成员对志愿者服务知识进一步深入了解与学习 2. 小组成员进行分组讨论，分享自己心中的志愿者，提升小组成员对志愿者的身份认同，以及志愿者内容学习的自主性
小小的我大能量	1. 通过游戏回顾志愿服务的内容，并带领小组成员进行头脑风暴，分享自身如何更好地参与志愿服务 2. 总结并列出志愿服务清单，引导小组成员将志愿服务理念转化为实际行动，完善儿童志愿者服务队伍的功能
小小行为大贡献	1. 引导小组成员将志愿者理论与实践相结合，根据小组志愿服务清单开展儿童志愿者看望老兵志愿服务活动 2. 处理小组离别情绪，正式建立“小小益生‘君’”儿童志愿服务队，并对后续的志愿服务活动进行说明，延伸志愿者服务小组的社会实践

2. 开展服务对象志愿服务系列活动，吸纳儿童加入“小小益生‘君’”儿童志愿者服务队伍，促使队伍规模化。

（1）以“主题教育走近公益”的方式开展服务对象志愿意识培养、志愿精神学习等系列服务。

活动主题	主要内容
儿童植树节绿植 DIY 活动	1. 社会工作者组织服务对象利用废弃物品进行环保花瓶 DIY 2. 社会工作者引导服务对象在 DIY 的花瓶上种植植物，分发植物认领卡和温馨提示卡，让服务对象写下名字、提示语等，粘贴到花瓶上 3. 服务对象根据 DIY 的绿植布置居民活动室一角，履行照顾绿植的责任义务

续表

活动主题	主要内容
儿童志愿服务意识线上打卡活动	1. 社会工作者分享学习雷锋视频链接，邀请服务对象观看；观看结束后，社会工作者引导服务对象通过拍照、语音、文字打卡等方式分享观后感 2. 社会工作者在群内发布学习雷锋志愿精神有关的题目链接，组织服务对象进行雷锋志愿服务知识竞答

（2）以“美化生活就近营造”的方式开展服务对象参与社区治理建设志愿行动等系列服务

活动主题	主要内容
儿童志愿者“净走”活动	1. 结合社区“垃圾小屋”，社会工作者实地介绍垃圾分类的常规知识，包括垃圾类别、日常如何进行垃圾分类等 2. 社会工作者给每支队伍的小队长分发洁净家园的工具，开展洁净家园志愿服务并将捡拾的垃圾根据要求进行分类，投放进相应的垃圾桶里
儿童志愿宣传倡导活动	1. 社会工作者以分组的形式带领服务对象在小区门口、沿街店面以及超市门口进行宣传倡导 2. 由社会工作者带领服务对象进行分享，引导服务对象思考如何更好地开展志愿服务

（3）以“科普创新亲近自然”的方式开展服务对象生命教育、认知提升主题教育等系列服务。

活动主题	主要内容
儿童志愿者生命教育主题活动	社会工作者通过对自然生命简史进行介绍，帮助服务对象认识到自然环境的脆弱性、资源的有限性，激发服务对象的责任意识与环保意识，鼓励服务对象参与到保护环境的行动中，从身边的小事做起，保护资源，爱护环境
儿童志愿者环保手工活动	社会工作者通过 PPT 播放的形式向服务对象介绍太阳能的有关知识及作用，介绍太阳能手工的拼接、制作过程和效果，引导服务对象进行手工制作；通过户外试验讲解太阳能让手工品“活”起来的原理，提升儿童志愿者保护环境的意识

3. 建立服务对象志愿管理制度，促进队伍管理与发展规范化

通过建立“小小益生‘君’儿童志愿者队伍管理制度，对“小小益生‘君’”人员招募与注册、活动条件和范围、工作流程、权利与义务、退出机制以及奖惩机制作了相应的制度说明，以便队伍管理规范化，促进队伍正向发展。

4. 建立服务对象志愿服务奖励机制，激励儿童参与志愿服务积极化

（1）通过节日性庆祝联欢会，营造欢乐氛围，植入志愿情结，吸引粉丝加盟“小小益生‘君’”，扩大队伍基数容量。

活动主题	活动内容
儿童志愿者庆“六一”主题活动	1. 社会工作者开展为期 7 天的阅读打卡活动，服务对象选定自己喜爱的课外读物，设定每日阅读时长或页数，说明打卡规则 2. 社会工作者开启儿童志愿者“六一”线上云晚会，为服务对象送上节日祝福

（2）借助常态化季度生日会，营造家庭氛围，在“小小益生‘君’”内部开展季度生日会，提高团队凝聚力，增强团队幸福感和归属感。

活动主题	活动内容
儿童志愿者半年度生日会活动	1. 社会工作者播放“小小益生‘君’”往期活动视频，对服务对象的志愿服务行动表示肯定 2. 社会工作者联动家长志愿者、服务对象一起为上半年过生日的服务对象庆生 3. 期间，社会工作者向服务对象公布截至当前的积分累积情况，明确志愿服务队伍的积分制度和奖励制度

（3）结合主题性国际志愿者日，营造主角氛围，根据志愿服务积分情况为积极参与社区治理志愿行动的服务对象开展表彰、颁奖仪式，提升服务对象的认同感和价值感。

（二）服务实施中的困难及其应对

主要困难：在儿童的志愿者队伍建设过程中，出现成员不稳定、队伍扩大速度慢的问题。

应对方法：社会工作者通过环保手工、文化活动等方式，丰富儿童志愿者的服务渠道，提高志愿服务的吸引力，并建立服务反馈机制；结合多

种渠道进行志愿服务宣传，提高社区居民知晓率和服务对象参与率。

五、评估和结案

（一）评估的方法

1. 过程评估

目的在于评价活动质量，包括服务的使用情况、服务使用者的特征和背景、投进服务的资源和人员配备等。

2. 成果评估

目的在于评价有关项目达成预期目标的程度。

3. 效益评估

这部分评估包括两个方面：成本效益，即所取得的工作成果与所付出的代价孰大孰小的问题；社会效益，指所提供的服务对服务对象产生的正向改变，从而带来的社会文化福利的提高。

（二）服务成效

1. 目标达成度

通过为期一年的服务，“小小益生‘君’”儿童志愿服务队已拥有40余名成员，其中稳定参加活动的成员有20名以上，累计开展了10余场线下志愿服务活动，在参与社区服务的过程中，儿童的社区参与感和自信心得到了一定程度的提升，并形成招募与注册、活动、退出以及奖惩机制，有效地调动了社区儿童参与志愿服务的积极性，最初目标已经达成。

2. 过程效果

通过前期的培育服务，形成一定规模的志愿服务群体，并在行动中参与双向联动，“小小益生‘君’”队伍人数稳步扩增，通过社区多元的志愿服务使得儿童志愿服务常态化运行，并通过制度保障、活动宣传扩大队伍的影响力，带动社区更多儿童参与社区志愿服务，在社区中逐步形成社区治理品牌。

3. 结果成效

通过环境保护、慰问帮扶、节日氛围营造、文明宣传等多种方式和渠道参与到社区建设和社区治理中，总计服务超过500人次居民，并在活动中帮助社区儿童树立社区参与意识，提升社区参与的素养与能力。“小身板，红马甲”“小小益生‘君’”等已成为社区居民口中称赞的名词，是

J社区中常常会在小区里遇到的一道风景线。

（三）评估和结案的困难及其应对

主要困难：由于每次活动参与成员有所变动，志愿服务成效难以全面整合体现。

应对方法：社会工作者通过“前后测”的方式在每次志愿服务开展前、结束后开展效果评估，进而进行汇总，呈现服务成效。

六、总结和专业反思

（一）经验、创新和不足

1. 经验与创新

（1）小组培育，形成队伍

针对儿童志愿者服务能力不足，志愿服务意识薄弱等问题，通过小组工作召集对志愿服务感兴趣的服务对象，进行角色转化、意识培育、能力提升，促进对志愿者的身份认同，从而为志愿服务队伍的成立形成一定的基础。

（2）志愿清单，系列服务

根据前期征集儿童志愿者的意愿兴趣，形成志愿服务清单，并以此来开展相应的环境保护、慰问帮扶、节日氛围营造、文明宣传等多种形式的志愿服务活动，保证儿童志愿者参与社区的积极性，同时不断拓展志愿服务队伍的实践范围。

（3）制度保障，广泛宣传

通过建立志愿者队伍的管理制度，对儿童志愿者人员招募、活动、权利与义务、退出机制以及奖惩机制进行相应的制度说明，并通过季度生日会、节日性庆祝联欢会、志愿者表彰活动等，提升儿童志愿者的身份认同和荣誉感，并向居民广泛宣传儿童志愿服务队伍情况及服务内容。

（4）平台搭建，品牌打造

抛开家庭教育、学校教育之外，服务对象的社会教育也同样重要，而“小小益生‘君’”儿童志愿服务队伍为社区儿童提供了“学习、参与、奉献、交流”的平台。在此过程中，社会工作者不仅发挥了服务提供者、支持者、倡导者等角色作用，通过服务对象的志愿服务品牌打造，也成功吸引了社区家长参与到志愿服务行列当中。

2. 不足

然而本案例在实施过程中明显存在不足之处：由于“小小益生‘君’”一直以来以社会工作者为主导，队伍中的儿童年龄较小，未能自主运营、自主参与社区志愿服务，仍需社会工作者的组织与引导方能较好地开展志愿服务。

（二）专业反思

1. 目前“小小益生‘君’”队伍对社会工作者的依赖性较强。

在后续服务中，社会工作者可借助小组工作手法开展儿童志愿者骨干培育小组，帮助服务对象塑造共同的价值观，形成队伍中的核心团队，逐步提高队伍的自主性。

2. 通过正向激励促进服务对象的内在驱动力。

自我决定论认为，儿童的归属感、自主感和胜任感这三种心理需要得到满足，就能促进其内在动机形成。后续服务中，社会工作者可通过团队建设、专题训练、服务认领等方式引导服务对象感受到团队的爱和接纳，设置任务让服务对象自己决定行动措施，并给予及时的认可和鼓励，让服务对象觉得自己有能力做到，进而提高成员在队伍中的稳定性，激发其内在驱动力。

“青春不一 Young · 文明童相伴”

——青少年参与社区志愿服务项目

永泰县大樟树青少年社会工作服务中心　徐　晶

一、案例介绍

为深入推进共青团改革，贯彻落实市委、市政府关于加强和完善社区治理的工作部署，引领广大青少年积极投身基层社会治理建设，增强新形势下团组织对青年的凝聚力和影响力，打造青年“身边的共青团”，福州市团市委推动各县市区创建青春家园。为此永泰县大樟树青少年社会工作服务中心携手南门社区，开展“青春不一 Young · 文明童相伴”青少年参与社区志愿服务。

本项目面向青少年提供服务的“实体门店”，延伸共青团联系青年、服务青少年的工作臂膀，打造青年共同参与社会治理的模式，打通团组织联系和服务基层青少年的“最后一公里”。以青少年为抓手，通过成立志愿队伍和开展志愿服务，引导其参与社区治理，带动社区居民，填补社区物业服务的空白。

二、分析预估

（一）服务资源分析

1. 社区情况

南门社区位于城关中心地段，社区内所有楼宇都是独立存在的，是典型的开放式无物业管理的老旧小区，社区总面积约 0.8 平方千米，共 17 个居民小组，总户数 1453 户，总人口 4177 人。其中，老年人 569 人，低保户 26 户，16 岁以下儿童 455 人，困境儿童 4 人，事实无人抚养儿童 1 名。

2. 社区资源

南门社区 2013 年 9 月成立社区大党委，以网格划分为基础，下设 4 个党支部，社区现有“两委”成员 8 名，党委兼职委员 3 名，党员 145 名，60 岁以上老党员 110 人，居民代表 50 名，社区工作者 7 名，辖区内 25 家机关企事业单位党组织有机联结，打造“1+25”共建联盟，共同为民服务解难题。

（二）服务对象的问题分析和需求预估

1. 青少年层面

（1）加强亲子沟通，丰富课余生活的需求：南门社区儿童青少年数量较多，多数是双职工子女，孩子放学后无人看管，存在安全隐患，监护不到位，疫情居家隔离期间，亲子间矛盾多发，缺乏有效沟通机制，亲子关系问题更加紧张。

（2）加强社区融合，社区共治的需求：社区缺乏针对社区青少年开展教育互动支持服务。以垃圾分类为例，社区青少年对环保知识以及垃圾分类知识的认知存在不足，对公民责任欠缺承担。

2. 社区层面

（1）丰富社区活动的需求：南门社区内所有楼宇都是独立存在的，典型的开放式无物业管理的老旧小区，居民与社区主要是行政和公共事务上的联系，日常缺乏互动交流，居民欠缺交往及沟通的渠道，对社区的归属感较低，而在社区硬件设施方面，社区娱乐活动空间小，小区活动中心有限，设施较为缺乏，功能单一。

（2）形成社区规范、保护社区环境的需求：不同利益群体之间形成了对抗，阻碍了社区和谐。居民表示希望居委会能够出面与部分社区居民沟通，禁止乱丢垃圾、乱堆杂物不文明养宠等不文明行为。

三、服务计划

（一）理论基础和服务模式

项目基于地区发展模式理论指导，通过调动社区居民的参与、互助合作，再加上“1+25”共建联盟和永泰县大樟树青少年社会工作服务中心的协助和支持，动员社区内外资源，解决社区问题，满足居民需求。项目实施中注重居民的参与和合作沟通，加强居民在参与社区发展过程的个人能力、公共意识和社区归属感的培养，而不仅仅是社区物质环境的建设。

（二）服务目标

1. 总目标

以青少年为抓手，通过成立志愿队伍和开展志愿服务，引导其参与社区治理，带动社区居民，填补社区物业服务的空白。

2. 具体目标

（1）帮助青少年学习环保知识，树立正确的环境意识，培养保护环境的能力，提升青少年的能力建设。

（2）建立 2 支志愿者队伍，一支彩虹志愿队和一支小小文明督导队志愿队。

（3）响应社区需求，引导青少年参与环保、助老等领域的社区治理，缓解社区家长缺乏时间指导的问题。

（三）服务策略

1. 搭建平台，对社区硬件进行环境建设。项目入驻社区后进行环境建设，将社区提供的活动空间加以改造，并开展一系列青少年活动，在项目实施中始终以人的能力提高、公德意识培养、社区归属和认同感的培养

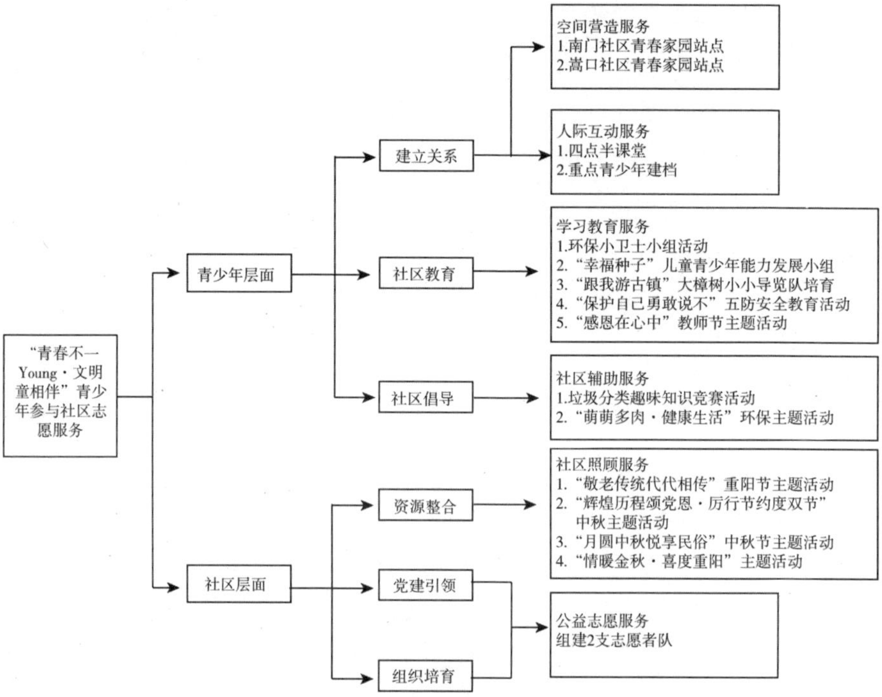

图 1

为主要目的，有意识地为社区居委会所开展的工作及服务做宣传，使得参与活动的居民认识到社区为居民做的诸多服务，加强居民对社区的归属感和认同感。在大樟树社工引导下，部分热心居民能够主动相约开展社区楼组值班，以楼道每周轮流值班的形式确保楼道卫生、安全等事项，已经初步显现出居民参与社区治理的雏形。

2. 以志愿服务活动缓解居委会基层组织力量薄弱。通过青少年组织或者参与开展丰富多彩的社区活动，如倡导文明言行、倡导社区环境保护、倡导爱护社区公共设施等。发挥青少年主体作用，并引导青少年所在家庭参与社区志愿帮扶活动。社区治理中每个家庭积极参与，可以为社区邻里增添人情味，提高社区凝聚力，创建温馨社区。青少年所在家庭参与到社区服务中，开展志愿帮扶活动，提高了社区服务水平，也增强了社区居民幸福指数，并对弘扬社会正能量起到表率作用。

四、服务实施过程

（一）项目准备阶段，社区调研（2020 年 7 月）

1. 文献调查。通过社区的一些相关文献、公众号文章、社区的简报等了解社区相关情况。

2. 访谈法。与社区书记、主任、居民、社区党员等进行访谈进一步掌握社区的人口、社区资源、居民需求等情况。

（二）建立关系阶段，在社区居委会邀请下社工介入社区开展活动，初步与居民建立关系（2020 年 8 月）

社工以四点钟课堂服务为介入点，丰富社区儿童课余生活，解决社区家长看管问题，与社区居民建立信任关系，并在接触家长过程中引导他们发现社区问题及需求，思考问题解决办法以培养公共意识。

（三）具体执行阶段，根据项目介入策略实施（2020 年 9 月 ~2020 年 12 月）

1. 促进居民的个人发展。通过传统节假日、青少年环保教育小组、青少年儿童能力发展小组活动等方式提高社区儿童环境保护意愿、培养沟通交流的能力、提高自我管理能力，走出家门，融入社区中，在集体中感受社区的关怀，增强社区融入感。

2. 提供服务和发展资源。通过开展亲子活动垃圾分类趣味知识竞赛，青少年在锻炼胆量的同时也增进亲子间的互动，以小手牵大手以实际行动践行绿色环保意识，提高各家庭对社区活动的参与度，增强家庭对社区的归属感和荣誉感。

3. 社区参与。通过志愿者培育并挖掘一支青年志愿者队伍和一支小小文明督导队志愿者队伍，时常组织青年志愿者与社区干部一起入户帮扶辖区内困境儿童、空巢老人等困难群体；举办端午节、重阳节、春节等节日慰问关怀活动，缓解空巢老人孤独、苦闷的情绪，营造爱老护老的社区氛围；引导居民树立主人翁意识，挖掘热心居民参与社区事务，以楼道每周轮流值班的形式确保楼道卫生、安全等事项。

五、评估和结案

（一）评估方法

1. 服务对象评价。一方面，社工设计满意度调查表，在活动结束后邀请服务对象填写，经统计，满意度达到92%；另一方面，社工在活动结束后会进行电话回访，通过访谈法了解家长对社工服务的看法及建议，并加以改正，为居民链接更好的活动资源。

2. 外部评价。由共青团福州市委办公室从福州市青少年社会工作专家人才智库中抽取共青团福州市委员会青少年社会工作专家人才郑玥老师、祝韵老师及林映麟老师三人对项目开展线下评估，得到了83.18分，评估等级为良好。

（二）服务成效

1. 获得了服务对象的认可，青少年参与热情高、出勤率高。活动获得青少年家长的大力赞赏，家长自发地形成了家长志愿者参与四点半课堂服务，通过家长在业主群和小区内口口相传，形成了文明向上的社区氛围。

2. 社区居民对社区问题的关注度和参与感明显提升。部分热心居民能够主动相约开展社区楼组值班，以每周轮流值班的形式确保楼道卫生、安全等事项，已经初步显现出居民参与社区治理的雏形。

3. 激活社区资源，项目盘活了永泰县农村信用社、人民银行、贝贝成长园、武夷澜庭、检察院、红十字会、司法局、团县委、福州小考拉图书室资源（社会组织、党支部、商家、爱心志愿者等），反哺社区，为社区活动提供支持。

六、总结和专业反思

项目在地区发展模式指导下，将25家机关企事业单位的党组织有机联结，打造“1+25”共建联盟，通过青少年组织或者参与开展丰富多彩的社区活动，发挥青少年主体作用，并引导青少年所在家庭参与社区志愿帮扶活动，开展志愿帮扶活动，以志愿服务活动缓解居委会基层组织力量薄弱的问题，为提高社区服务水平，增强社区居民幸福指数、弘扬社会正能量起到表率作用。

该项目是社工对社区治理的探索，还存在不足，社工在项目设计与服务开展之间缺乏内在联系，整体服务较零散；在项目实施中对角色定位不清晰，多数情况下还是主导者角色，对居民引导不够，没有充分发挥居民自主性；社区资源社工也未充分利用，尚未形成有效的资源服务网络，需盘活资源，撬动多方力量参与。

青春邻聚里，家园传帮带

——服务阵地“青春家园天宝站”建设

福清融心青少年事务社工中心　蔡秀芳

一、案例介绍

（一）案例概述

社区作为社会治理的基本单元，是城市治理的“最后一公里”。建设共建共治共享的城乡社区治理体系，需要社会各方力量参与。为引领广大青少年积极参与社区治理，自2020年起，福州团市委在各县市区开展“青春家园”青少年参与社会治理项目。福清团市委立足实际，将服务大局和服务青年有机结合起来，打造了一个由党建引领、共青团主导、整合各方力量广泛参与、专业社工执行，面向基层青少年提供“量身定制”的“服务实体门店”——“青春家园天宝站”，引领社区青少年主动参与打造服务阵地，为青少年在新时代成长成才、施展抱负做好“传帮带”工作，以传帮带青少年成长成才、优化社区治理服务为主要目的，倡导“传”出智慧、“帮”出成长、“带”出文化，擦亮福清青年工作的“金招牌”。

传：在传播、传承、传递中筑牢信念基石。作为党领导的先进青年的群团组织，传递党的温暖、服务青年发展是共青团的重要职责。在福清团市委的推动下，“青春家园天宝站”以社区的党建引领和团干助力为优势，整合辖区力量和资源“以强补弱”，帮助青少年积极参与社区治理，达到“青参与、童治理、共享有”的目的。团市委通过搭建“青春家园”服务平台，将党、团组织的核心思想、先进理念传播至青年朋友，同时畅通交流渠道，将青年群体的心声传递到党团组织，在相互交流中，凝聚青春力量，将“党有号召、团有行动”“竭诚服务青年”“开风气之先”“朝气蓬勃”的光荣传统不断传承，发扬光大，进一步推动“青春家园”工作有形化、日常化。

帮：在帮扶、帮教、帮助中锻炼过硬本领。加强党建引领下的基层自治和社区共治，建设符合城市特点和规律的社会治理体系，是趋势、是要求，也是广大青年的向往。帮扶协助青少年“往社区走”，实现了“多赢”效果。一方面，青少年投身基层社会治理与社会服务，让社区更有获得感；另一方面，促进青少年在融入社区、服务社区中成长成才，也让青年更有获得感，引领更多青年成为社会活力和正能量的倡导者与传播者；同时，在新时代依托社区加强对青少年的引领、服务与凝聚，进一步巩固和扩大了党执政的青年群众基础。

带：在带头、带领、带动中提升文明内涵。以志愿服务形式参与社会治理是加强未成年人思想引领和价值引领，培育践行社会主义核心价值观，传播青春文明正能量的有效途径。“青春家园”的青年志愿者们以天宝社区为基地，辐射周边社区、学校和企事业单位，成为福清共青团组织动员团员青年参与社会治理工作的重要力量。如今，“青春家园”已成为全市青少年“身边的共青团”，引领带动青少年参与社会治理，构筑起福清市一道流动的文明风景线。

团市委持续为“青春家园”链接优质资源、注入项目资金，根据青少年的兴趣“点单上菜”、开展服务，吸引青少年回归社区，引导他们主动成为社区治理创新的生力军，有效打通联系和服务基层青少年的“最后一公里”，切实提升群众的获得感、幸福感、满足感。截至目前，“青春家园天宝站”组建成立了社区少工委、志愿服务队伍，号召志愿者 52 人；开展主题课堂 30 场、志愿者服务 33 场、社区活动 15 场；入户探访社区居民 223 户，累计直接服务 3512 人次；受益人群达 16000 余人。

（二）社区基本情况

龙江街道天宝社区辖有 5 个小区（中联名城、核电生活区、壹品江山、龙江壹号、观音埔家园）共 5800 多户，18237 人。其中，其中，青少年和青年（13~45 岁）为 10230 人，占比约 56.1%。学龄期青少年 1000 多人。由于天宝社区是新兴社区，一方面，青少年呈现出对社区的归属感不足，青少年之间缺乏互动的特点；另一方面，社区的青少年有一定的参与社区治理意愿，但缺少一个有效的互动平台，相关活动较少，对如何更好地参与社区治理缺乏指导。

（三）龙江街道天宝社区基本情况

天宝社区地处城区东南侧，是龙江街道行政管辖的新兴社区。辖区户籍5800户，人口18237人。其中，青壮年占一半以上，学龄期青少年2000多人。辖区内有市委党校、团市委、少年宫等11家共建单位，有南江滨幼儿园、滨江小学观溪校区2所学校，有党建公园、则徐公园和福清市儿童公园3个。社区下有5个小区，管辖区域面积为1.01平方千米，社区骨干业主作用较为明显，核电小区和中联名城等部分业主在干群联动、群防群治和社区志愿服务提升中作用较为突出。

二、分析预估

（一）服务对象的问题分析和需求预估

1. 问题分析

一是社区居民归属感和融合度亟待提升。天宝社区是一个新兴社区，由于人新、地新、物新的特点，邻里关系较为生疏，人际关系疏离，缺乏沟通，居民缺乏共同意识，对公共问题关注度不大，对社区的归属感、认同感较为薄弱，辖区居民整体的社区认同感有待提升。

二是青少年缺乏机会有效参与社区治理。社区的青少年有参与社区治理的意愿，但是缺乏促进青少年参与社区治理的有效平台，相关活动不多，同时青少年缺乏有效参与社区治理的指导和组织，相关知识不足。

三是未发挥区位优势，资源借力不足。天宝社区的“两委”班子组织力和战斗力很强，但是辖区内有市委党校、工会、共青团、妇联、退役军人事务局、小学、幼儿园、福清核电生活区等十余家机关企事业单位，高素质人才较为丰富，尚未充分挖掘与利用，形成合力参与到社区治理中。

2. 需求预估

一是居民社交，社区融合的需求。由于天宝社区是一个新兴社区，且外来的新福清人较多，社区居民有社交、归属感和认同感等社区融合方面的需求较为迫切。

二是构建平台，共商共建的需求。青少年有参与社区治理提升综合素质的需求，构建支持青少年参与社区治理平台，让青少年“可”参与。

三是多方联动，优化治理的需求。高素质人才较为丰富，尚未充分挖掘与利用，形成合力参与到社区治理中，如加以充分挖掘利用，可以更好地助力青少年健康成长成才。

（二）服务资源分析

一是辖区内公共文化设施资源较多。辖区内有被评为世界灌溉工程遗产的天宝陂，有党建公园、则徐公园和福清市儿童公园3个，地理位置较为优越，辖区内有市委党校、工人文化宫、少年宫等群众文化活动重要阵地。

二是辖区内机关企事业单位较多。辖区内有福清市委党校、市妇联、团市委、少年宫、退役军人事务局、市中央公园管委会、气象局、应急管理局、老干部活动中心、福清市总工会、市水务公司11家单位，还有福清市南江滨幼儿园、滨江小学观溪校区2所学校。

三是高素质人才资源较为丰富。辖区不仅有工青妇等与社区互动密切的机关单位公务员，还有福清核电的生活区，高素质人才资源较为优质且丰富。

三、服务计划

（一）理论基础和服务模式

20世纪90年代，治理（governance）理论逐渐进入政治学、管理学、经济学等多学科研究领域的视野，日益引起人们的广泛关注，开始成为社会政治等多领域实践中的话语。社区治理要实现对公共事务的有效管理，实现公共利益的最大化，关键性因素在于建立多元主体之间的协调和参与网络，实现政府和公民社会的多边合作。

罗伯特·普特南认为：社会资本指的是社会组织的特征，例如信任、规范和网络，它们能够通过推动协调的行动来提高社会的效率，而信任、合作、互惠正是社会资本的核心内容和基本要素，这就使得我们发现社区治理的本质与社会资本的内涵之间具有天然的契合性，要实现公共利益的最大化，关键因素在于建立多元主体之间的协调和参与网络，而这种参与网络是政府、社区组织和居民等多方利益主体在持续的互动过程中经过重复的博弈而建立的合作与互惠关系，它的形成与维持离不开有效的社会规范、共享的信念和价值观在背后支撑，这些都是维系社区网络结构持续稳定发展的价值和道德基础，是联系社会横向合作和互惠关系的纽带。

有鉴于此，由团市委牵头、天宝社区和青少年社工中心联动、社区青少年主动参与的服务阵地——“青春家园天宝站”，将服务大局和服务青年有机结合起来，在福清市委的坚强领导下，打造了一个由党建引领、共青团主导、整合各方力量广泛参与、专业社工执行，面向基层青少年提供

"量身定制"的"服务实体门店"。

在党建引领的指导下，通过开展社区主题活动和小组活动，如制定社区公约，加强文明教化、树立文明标杆，培育青少年参与社区治理意识；倡导文明行为，让文明内化于心外化于行，让青少年参与活动的同时带动文明风尚的传播，在参与服务过程中促进青少年合作，增加青少年之间的信任与沟通，重新建立社区中的组织网络，达致共融的社会目标。

（二）服务目标

项目目标分为一个形成两个推动，一个形成指的是：形成互助、和谐的社区文化，两个推动指的是：推动各界高素质人才引领青少年成长成才，在传帮带过程中推动社区融合发展。具体目标如下：

1. 个人增能层面

依托学习教育服务以增强青少年群体解决社区问题的信心和能力，目标是提升80%的小组组员参与社区治理的能力。

2. 小组增能层面

创建四点半课堂服务，增强青少年群体的人际沟通与互动，通过"自治社区"任务，提升80%的小组组员与伙伴共同解决问题的能力，创建至少2次针对社区环境问题协商并提出解决问题的方案的经验；70%的青少年能通过自己的动员邀请家长参与到活动中来，亲子参与次数达3次以上。

3. 社区增能层面

培育社区治理型社会组织，培养组织骨干能力，完善管理机制，引导骨干自主开展活动，提高团队组织力。依托公益志愿服务，组建一支15人的志愿者服务队，为青少年打造一个参与社区治理的平台；创建青少年群体与社区居民共同探讨社区治理的机会3次以上，以达到社区共治的目标。

（三）服务策略

党建引领：在党建引领基础上，根据天宝社区实际情况，用"传帮带"作为工作理念来开展活动，推动各界高素质人才引领青少年成长成才，在传帮带过程中推动社区融合发展。

关系介入：通过开展垃圾分类、平安宣传、法制宣传等社区活动去创建与社区居民之间的关系，促进邻里关系友好发展。

社区教育：通过对青少年开展垃圾分类、平安宣传、法制宣传等相关知识的培训进行教育，满足青少年对第二课堂的需求。

社区倡导：通过青少年（儿童视角参与社区建设与社区治理）使用新媒体（例如：AI 智慧社区系统、腾讯会议、微信群 QQ 群直播功能、微信 QQ 业主群等）进行宣传垃圾分类、平安宣传、法制宣传知识。

组织培育：通过前期招募、选拔、培训组建了一支青少年志愿者队伍，让青少年志愿者队伍成为社区治理工作中的生力军。

社区议事：青少年加入社区议事，形成社区垃圾分类、平安宣传、法制宣传等公约和社区习惯的养成，提升社区垃圾分类、平安宣传、法制宣传等意识，提高社区居民凝聚力。

（四）服务程序

1. 宣传发动和完善平台搭建阶段（2020 年 3 月 ~2020 年 4 月）

主要工作内容：进一步加强宣传，打造青春家园品牌，完善青春家园的阵地进行营造和建立。

2. 组织实施阶段（2020 年 4 月 ~2021 年 8 月）

主要工作内容：开展调研工作、创新服务形式、整合资源和培育骨干，构建多元参与。

3. 探索提升阶段（2021 年 8 月 ~2021 年 11 月）

主要工作内容：在实践中不断征求居民意见、总结实践经验，完善行动队伍工作内容以及运转模式，推进社区治理工作的进程。

四、服务实施过程

（一）服务开展情况

1. 宣传发动和平台搭建

在党建引领、共青团主导、整合各方力量广泛参与、专业社工执行的基础上，完善青春家园的阵地营造和建立。

为了让居民更广泛地知晓青春家园，联合社区开展了中心的宣传工作，通过在各小区摆放宣传点位、走访辖区居民等形式，尽可能让更多居民了解青春家园的位置、功能及作用，然后再逐步引导居民进入青春家园活动，使各个功能区活跃起来。通过开展社区主题活动拉近与社区居民之间的距离，对“青春家园”项目进行宣传与动员，同时对青少年进行登记工作，进行微信建群联络工作。

在党建引导下，打造青春家园品牌：以传帮带，带青少年成长成才、优化社区治理服务为主要目的，倡导“传”出智慧、“帮”出成长、“带”出文化。

2. 组织实施阶段

（1）调研

2020 年 3 月，对走访进行规划，并设计统计表。以社区网格为范围，对网格内的 100 户居民进行走访，宣传青春家园项目，了解社区状况，居民个性需求等情况，形成相应的调研报告，同时将该报告与社区、街道进行沟通和报备，为项目实施争取社区乃至街道层面的支持。

（2）创新服务形式

结合服务对象特质，创新活动形式，开展以服务对象需求为导向的多形式活动，在青少年参与社区治理的同时，增强了青少年对于社区的归属感。

（3）整合资源

鼓励并支持联络群中的青少年积极参与青春家园活动，协助其发掘自身所具有的内在力量和外在资源。同时鼓励有一定参与社区治理经验的青少年，在联络群中分享自身经历，群体间进行探讨，形成互帮互助共建社区的良好氛围，强化青少年在社区的主人翁意识，增强其对于社区的认同感。

（4）培育骨干，构建多元参与

发掘并培育社区居民骨干，以骨干为核心抓手，推动社区青少年群体共同参与社区治理，探究组建青少年志愿者队伍，借此搭建社区治理多元参与平台；同时积极引导青少年参与社区治理的事务讨论，拉近社区、社会组织与居民之间的关系，青少年参与带动社区其他群体参与社区治理，进而构建参与性社区。

3. 探索提升阶段

社区治理的阶段性瓶颈在于社区各群体参与社区事务积极性较低。社区社会工作者对天宝社区的介入服务，青少年参与社区治理，以青少年为重点突破对象，在组建社区青少年志愿者队伍的基础上，探究构建生活共同体，努力把社区建设成为和谐文明、共建共享的参与性社区。

（二）服务实施中的困难及其应对

1. 服务实施中的困难

青少年参与是社区治理核心要素，但是青少年学业压力大，也存在缺乏有效的参与载体，造成青少年在社区治理中参与不足、参与被动。

一是缺乏有效联系青少年的互动平台。当前天宝社区缺乏有效的互动联系青年平台，除了社区微信群、社区公众号和公示栏简单发布社区信息外，未能有效地组织、动员、宣传，造成有的青少年不知道如何参与、不“会”参与。

二是缺乏提升青少年能力的培训平台。当前，天宝社区的医疗志愿者活动、法律咨询活动、文艺会演志愿者活动等专业性强的活动，深受群众欢迎，而青少年参加较少，主要原因是青少年存在“本领恐慌”，又缺乏培训和训练，导致青少年不敢参与。

三是缺少青少年便捷式的参与平台。当前社区活动受到场地时间的限制，大多需要白天时间参加实地实践，缺少利用新媒体、互联网等多途径参与方式，由于青年平时工作较忙，参与不便捷，不“好”参与，大大降低了参与率。

四是缺少与青少年对话的协商平台。活动开展方式传统，既与青少年生活联系不紧，又无法满足青少年需求，更不能较好发挥青少年作用，难以引起青少年人的关注和兴趣，造成青少年不想参与、被动参与的现象。

因此，要推动青少年积极有效参与社区治理，必须拓宽青少年参与的有效载体。

2. 应对方法

（1）构建支持青少年参与社区治理平台，让青少年“可”参与

构建支持青少年参与社区治理平台，关键就是让基层党组织加大组织宣传动员能力，让人力、物力、财力多向社区倾斜，营造社区治理良好氛围，让青年“可”参与、“多”参与。

（2）搭建青年专业化学习平台，让青年“会”参与

解决青少年“本领恐慌”，关键是创建专业化青少年社会工作者学习平台，为青少年提供学习培训机会，提升青少年参与社区治理能力，让青少年“会”参与、“敢”参与。

(3) 创建“互联网+”便捷式参与平台，让青少年“好”参与

依托社区阵地及社区微信群、公众号、抖音等新媒体，搭建“互联网+”多途径的参与平台，让青少年“好”参与、“常”参与。

(4) 搭建青少年精准服务平台，让青少年“想”参与

搭建青少年精准服务平台，打造社区特色项目，开展精品服务，让青少年有兴趣、有收获、有机会，实现青少年从不想参与、不愿参加到想参与、要参与的转变。

五、评估和结案

(一) 评估的方法

1. 观察法

在天宝社区实地观察社区环境，观察天宝社区中人们的生活形态、互动方式，了解天宝社区地理、人文、社会、环境、经济发展等情况，并记录下来；同时直接参与到天宝社区活动，社区的青少年以社区成员角色出现，通过直接的观察，收集青少年是否愿意参与到社区治理中的资料。

2. 访谈法

设计访谈提纲，采用半结构式访谈，寻访居住在天宝社区或工作在此社区的、对天宝社区非常了解的人访谈，访谈人数 69 人。

3. 问卷调查法

通过多种形式了解被调研对象的基本情况，设计问卷，前期先将问卷分发给社区工作人员进行试用，并根据社区工作人员试用的反馈进行修改问卷，与社区工作人员一起分发、回收问卷，最后对数据进行分析。

(二) 服务成效

1. 促进社区居民社交融合。通过开展各类社区活动，促进社区居民沟通交流，提升居民对社区的归属感和认同感，在系列公共问题活动交流中，不断促进社区居民融合。

2. 提升青少年参与社区治理能力。在已有的 5 个微信及 QQ 的业主群里进行直播垃圾分类相关知识，并直播了 3 场公益知识的宣传，拍摄了 3 条关于社区治理的公益视频，同步发送到业主群和公众号。

提升了青少年参与社区治理意识；通过社区治理小组主题活动的开展，青少年参与社区治理提升综合素质的需求得到满足，构建支持青少年

参与社区治理平台，让青少年“可”参与。

3. 多方联动，优化社区治理。组建了2支青少年志愿队，培养了52名青少年志愿者参与到社区治理中，辐射16000多名社区居民；充分挖掘与利用辖区内高素质人才，形成合力参与到社区治理中，助力青少年健康成长成才。

六、总结和专业反思

（一）经验

打造以青壮年为主、以主干家庭为主、核心家庭为辅家庭结构类型的“新青年社区”，提升社区认同感，促进社区居民融合，提升社区治理和居民参与热情。打造以社工、社区、居民骨干+志愿者的“3+X”青春社区服务队，以服务青少年为主线，建立起6~25岁青少年的社区支持网络系统，为服务青少年，社区提升打下坚实的人力基础，带动社区全面提升的、既温馨又活力的新兴现代社区。

1. 亮点一：在党建引领上做加法

“青春家园天宝站”以社区的党建引领和团干助力为优势，“以强补弱”，形成了我们独有的“传帮带”工作理念。

传：传播党团号召，通过开展“青年一起谈初心”活动，召集社区青年一起学习习主席的初心；传递青年声音，通过开展议事会来传递青年声音；传承光荣传统，通过开展重阳节敬老爱老等活动，使中华民族仁孝美德在他们思想底蕴中生根、开花。

帮：帮助互动融合，通过链接周边商铺资源，带领孩子们一起开展DIY书签、灯笼、纸帽等活动；帮教成长成才，开展公益“四点半课堂”，如垃圾分类你我同行成长小组活动，助力孩子成长成才；帮扶困难救助，通过组织青少年与社区干部一起走进辖区内留守、流动儿童等困难群体，帮助他们尽快融入社区，引导青少年树立正确的人生导向。

带：带头先锋模范，通过开展红领巾垃圾分类宣讲员活动，组织孩子带头入户向居民宣传垃圾分类知识，参与社区治理；带领守护家园，通过开展“见圾行事”活动，让孩子们参与社区卫生整治；带动生态文明，通过开展巡河小卫士系列成长主题活动，引导青少年增强生态环保意识，号召广大团员青年争做生态文明的宣传者、绿色家园的守护者。

2. 亮点二：数字化治理，打造智慧青春家园

数字化时代的到来，青少年对电子设备使用格外感兴趣，天宝社区与时俱进，引入社区智慧系统。青春家园充分利用数字化社区的功能优势，创新开展服务。

（1）智慧屏，点亮万家。我们是福清首个引入智慧系统用于社区的治理，我们通过智慧屏让宣传点亮万家。

（2）红领巾广播员，“声”入人心。进行红领巾广播员招募，培训辅导，最终选拔出优秀的广播员，用居民更加喜闻乐见的方式提供垃圾分类、平安、法治宣传等不同主题的内容。

（3）数字监控，齐看平安。青年志愿者们定期到社区数字化监控室查看社区治安、环境等问题，在参与社区治理中发挥少年活力。

（二）不足

1. 社区管理人员的能力与重视程度不够。社区党委及社会工作者的思维意识和综合能力存在一定短板，对治理型社会组织的建设理解深度不足，对社区治理的有关知识储备不足，社区针对平安治理需要的举措发挥作用有限。

2. 社区、社工中心宣传及教育功能发挥不足。宣传教育功能是社区和社工中心的重要职能之一，而社区、社工中心现有宣传形式、宣传成效存在高投入低产出的情况，深入性及有效性不够明显，社区居民参与社区治理意识有待提升。

（三）专业反思

针对项目执行的设计、预估、执行、评估整个流程中项目的成效进行总体反思，从社区意识、有效联动、品牌建设及宣传、可持续性四方面简要反思。

1. 社区意识

（1）从社区治理现状而言，缺乏基于本土化经验的可操作路径，更多依赖不同群体在政策下的发展，新兴社区也面临较多的社会问题，治理情况更加复杂，治理型社会组织培育因此较为困难。

（2）从项目执行而言，社区工作人员更多以行政工作为主，对社会组织培育不了解，也难以发挥重要作用，社工项目团队也缺乏社会组织培育

经验，需要更好地予以引导。

2. 有效联动

因天宝社区属于新兴社区，因而在联动基础方面存在弱势，并且企业、个人参与社区治理的意愿较低，更需要基于共同社区需求点出发，发掘有意愿参与人员。利用区内共同体互动因素，增强认知和形成不同个体的社会信任，更有利于组织的培养。

3. 品牌建设与宣传

在开展服务过程中要重视社区社会组织及其相应队伍的宣传，通过举办大型活动促进周边居民的了解，尤其由相应组织举办活动，更好地让党员、群众了解服务的主体和定位，举办社区社会组织宣传日等活动，同时提供志愿者报名、咨询等活动。这些宣传是社区治理中促进居民对社区了解比较有效的方式。

4. 可持续性

可持续性主要受社区工作人员意识、参与人员意识、资源的支持程度三方面影响。本项目虽然通过培养形成一定的机制及凝聚力，但由于项目周期较短面临着组织支持的资源难以为继，也面临社区工作人员的重视程度不足难以有效开展持续性引导的情况，组织发展的可持续性问题面临挑战。

后　记

在我们的身边，有这样一群为青少年服务、维护青少年权益的工作者——青少年事务社工。在本书编撰的过程中，我们的脑海里浮现一个又一个青少年事务社工的身影和服务场景，如此真实与温暖。

在案例里，我们看到青少年事务社工的“爱”，因为一颗“爱青心”，社工们与偏差行为青少年、困境儿童、涉罪未成年人一起面对问题，运用专业的方法解决问题，帮助青少年学会了情绪管理，为困境儿童插上了理想的翅膀，为涉罪未成年人再造生活秩序、构建社会支持体系。同时，我们还感受到青少年事务社工的“真诚”，出于对生命的热爱，社工们与青少年一起面对困难与挑战，重塑生活信心；出于对社会的责任，社工们引导儿童青少年积极参与城乡社区治理，建设青春家园，在志愿服务中谱写青春华章。在此，由衷地感谢勇于探索、善于思考的青少年事务社工们，汇聚爱心，点亮世界，用心服务青少年，为青少年及其家庭带来希望；用心撰写案例，为青少年社会工作服务提供借鉴，助力青少年事务社会工作专业化发展。

我们还要感谢集美大学海洋文化与法律学院社会工作专业硕士郁高飞、林锶、牛犇、黄仕权、付婧婕、王偎偎、王睿、聂文鑫，青少年事务社工李晓曼、叶俊辉等参与案例整理工作。

本书收入的案例都源自于实际工作，真实地反映了福建省青少年事务社工在市域治理现代化视角下，秉持扶贫济弱的专业理念，服务重点青少年群体和引导青年参与社会治理的过程。希望通过这些案例，让更多的人了解青少年事务社工、关注青少年事务社工群体、支持青少年事务社工的服务，共同推进青少年事务社会工作事业蓬勃发展。

《市域社会治理现代化视角下福建省青少年社会工作案例》编委会
2021 年 10 月